供应链整合视角下跨境电商公共海外仓运作模式与绩效评价研究

王琦峰　李肖钢　费　阳　著

ZHEJIANG UNIVERSITY PRESS
浙江大学出版社

图书在版编目（CIP）数据

供应链整合视角下跨境电商公共海外仓运作模式与绩效评价研究 / 王琦峰，李肖钢，费阳著. —杭州：浙江大学出版社，2021.6
ISBN 978-7-308-21303-5

Ⅰ．①供… Ⅱ．①王… ②李… ③费… Ⅲ．①电子商务－物流管理－研究 Ⅳ．①F713.365.1

中国版本图书馆 CIP 数据核字（2021）第 075193 号

供应链整合视角下跨境电商公共海外仓运作模式与绩效评价研究
王琦峰　李肖钢　费　阳　著

责任编辑	杜希武
责任校对	胡岑晔
封面设计	刘依群
出版发行	浙江大学出版社
	（杭州市天目山路 148 号　邮政编码 310007）
	（网址：http://www.zjupress.com）
排　　版	杭州好友排版工作室
印　　刷	广东虎彩云印刷有限公司绍兴分公司
开　　本	710mm×1000mm　1/16
印　　张	13
字　　数	219 千
版 印 次	2021 年 6 月第 1 版　2021 年 6 月第 1 次印刷
书　　号	ISBN 978-7-308-21303-5
定　　价	59.00 元

本成果系浙江省哲学社会科学规划课题(编号:18NDJC283YB)、宁波市科技局软科学课题(编号:2017A10068)、2020年度浙江万里学院科研创新团队的研究成果

内容简介

本书立足于传统外贸转型升级和跨境电商发展的宏观背景,紧密围绕跨境电商公共海外仓建设与优化运作的现实需求,综合应用供应链整合、跨境电子商务、物流与供应链管理、数字化转型等相关领域的理论研究和实践成果,以"跨境电商公共海外仓优化运作与绩效评价"为中心线索,从跨境电商公共海外仓的本质特征及跨境电商供应链整合机理入手,在分析供应链整合对跨境电商公共海外仓运作影响机制的基础上,研究了供应链整合下跨境电商公共海外仓优化运作模式框架及其在数字化环境下的运营模式,并对供应链整合下跨境电商公共海外仓的运作绩效进行了评价,最后以宁波跨境电商综试区为例,在分析公共海外仓发展现状的基础上,研究供应链整合下公共海外仓建设的途径并提出政策建议,从而为研究跨境电商公共海外仓和推进公共海外仓建设提供理论指导。

本书适用于跨境电子商务、物流管理、管理科学与工程等专业研究生和高年级本科生阅读,也可供企业和政府主管部门实际工作人员参考。

前　　言

　　跨境电商是"互联网＋外贸"的新型业态,已经成为我国创造外贸新需求,并成为对接"一带一路"助力"中国制造"向外拓展的重要途径和重要突破口。我国跨境电商发展速度的提升,离不开跨境物流的支持。传统的跨境物流模式,如国际快递、邮政小包、海运拼箱等物流形态虽然能够实现商品的跨境流动,但存在如物流时间长、成本高、消费者服务体验差等问题。海外仓作为跨境电商物流模式的重大创新,通过供应链整合实现跨境贸易本地化,提升消费者购物体验,从而解决跨境电商物流成本高昂、配送周期漫长、服务体验差等问题,能极大提高跨境出口电商企业在出口目的国市场的竞争力。

　　我国高度重视跨境电商公共海外仓的发展,2014 年,《关于支持外贸稳定增长的若干意见》提出建设海外仓等国际营销网络。2015 年 5 月,商务部发布了《"互联网＋流通"行动计划》,提出要运用市场化机制,推动建设 100 个电子商务海外仓。2016 年《政府工作报告》也明确提出"扩大跨境电子商务试点,支持企业建设一批出口产品海外仓"的工作要求。2020 年 11 月,国务院发布《关于推进对外贸易创新发展的实施意见》,明确指出要促进跨境电商等新业态发展,包括"支持建设一批海外仓"。全国各跨境电商综试区在其实施方案中均将建设公共海外仓作为推进跨境电商发展的重要任务和举措。海关总署的公开数据显示,截至2020 年底,我国的海外仓数量已经超过 1800 个,分布在俄罗斯、美国、英国、澳大利亚、日本、韩国等国家和地区,比 2019 年增加 80％以上。疫情期间,海外仓支撑下的跨境电商成为稳定外贸的重要力量。海外仓已经成为支撑电商发展、扩展国际市场的新型外贸基础设施。因此,在传统外贸向"互联网＋外贸"的跨境电商新模式发展及国家大力发展海外仓的宏观背景下,立足我国跨境电商产业发展的客观实际及跨境电商综试区公共海外仓建设的现实需求,对跨境电商公共海外仓的运作机制及其绩效评价相关理论问题开展研究,对促进跨境电商理论和实践创新、推动传统外贸向"互联网＋外贸"发展具有重要的理论意义和现实意义。

本书综合应用供应链整合、跨境电子商务、物流与供应链管理、数字化转型等相关领域的理论研究和实践成果,对供应链整合下跨境电商公共海外仓运作模式与绩效评价问题进行研究。本书主要研究内容包括以下几个方面:第一,对供应链整合、跨境电商、公共海外仓等理论的内涵、要素及国内外的相关研究和发展现状进行系统的梳理和分析;第二,结合跨境电商公共海外仓服务价值创造的特点,对供应链整合下跨境电商公共海外仓服务价值共创的动力机制及战略要素进行分析;第三,提出了基于公共海外仓的跨境电商物流产业链共生耦合模式与机制;第四,在分析跨境供应链整合、数字化能力、公共海外仓绩效等概念的基础上,提出了供应链整合对跨境电商公共海外仓运作绩效影响的假设,构建了研究模型并进行了实证研究;第五,研究了供应链整合下跨境电商公共海外仓运作模式,并提出了供应链整合下跨境电商公共海外仓数字化运作的实现路径,为公共海外仓运营商数字化转型提供了理论指导;第六,基于SCOR模型从四个维度构建了供应链整合下跨境电商公共海外仓绩效评价的指标体系,提出了基于区间直觉模糊评价方法的跨境电商公共海外仓运作绩效的评价方法并进行了实证分析;第七,以宁波跨境电商公共海外仓建设为例开展实证研究,提出了跨境电商公共海外仓建设的途径和推进的对策建议。

在本书在研究和写作过程中,宁波金洋化工物流有限公司顾明岳、翁永祥、张海雷、王斌等在供应链整合相关理论和实践应用方面给予了大量有益的指导;中国人寿保险股份有限公司宁波分公司梁晗颖,浙江万里学院物流工程专业研究生袁雪宁、闫伟等同学参与了项目调研、数据分析、素材整理、稿件校对等工作;中国(宁波)跨境电商综试区办公室、宁波市跨境电商协会、宁波市口岸协会等相关领导和同仁为作者提供了大量有益的建议和素材,在此向大家表示感谢。

本书的出版得到了浙江省"十三五"一流学科——管理科学与工程和宁波市重点学科(A类)——管理科学与工程的支持和出版资助,在此表示衷心的感谢。

由于作者经验、水平所限,书中存在不足之处在所难免,敬请读者提出宝贵的批评和建议。

作　者

2021 年 2 月于宁波

目　　录

第1章 绪 论

1.1 研究背景与研究意义

1.1.1 研究背景

在全球外贸增长放缓和互联网经济高速发展的背景下,作为"互联网＋外贸"新型业态的跨境电商已经成为我国创造外贸新需求,并成为对接"一带一路"助力"中国制造"向外拓展的重要途径和重要突破口。近年来,随着跨境电商行业的快速发展,我国对外贸易的新途径、新模式不断涌现。2019年,我国跨境电商行业交易规模超过 10 万亿元,跨境电商的增长远超传统外贸,占当年我国进出口总值的 33.29％,2019 年通过海关跨境电商管理平台进出口 1862.1 亿元,同比增长 38.3％,2016—2019 年四年平均增速超过50％(如图 1-1 所示)①。目前,我国跨境电商以跨境出口为主,但跨境进口占比不断提升。由于我国拥有全球最完备的制造产业链,海外对我国产品的依赖度高。从跨境出口来看,我国跨境电商的国际竞争优势显著提高,出口品牌化建设成效显著,尤其是我国对"一带一路"沿线国家和拉美国家出口比重不断提升,新市场开拓效果明显。在跨境进口方面,跨境电商平台不断引入新零售模式,线上线下结合,跨境进口发展迅速②。

从全球来看,跨境电商在我国的起步较早,我国跨境电商的发展最早可以追溯到 1999 年阿里巴巴公司的成立,当时跨境电商的模式主要以线上信息展示为主,交易环节仍在线下完成。随着互联网技术的发展和传统外贸

---

① 亿邦智库.2020 跨境电商发展报告[R].2020 年 11 月第 7 页.
② 广发证券.跨境电商逆势爆发:短期红利还是长期趋势[R].2020 年 7 月,第 22-27 页.

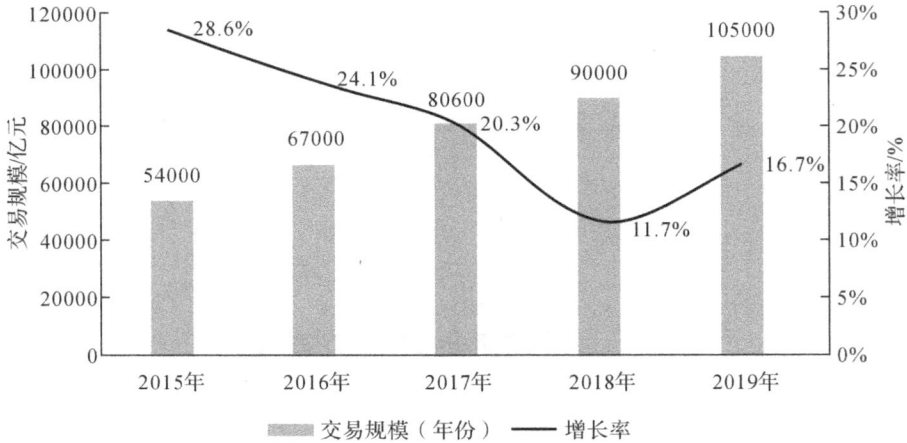

图 1-1　中国跨境电商市场规模及其增长率
数据来源:网经社电子商务研究中心。

的转型升级,跨境电商逐步从线上展示发展到线上交易、线上支付乃至跨境电商生态圈的形成。在跨境电商的发展过程,国家相关政策的出台为我国跨境电商产业的健康发展起了重要的助推和保障作用[①]。2015 年,国务院批复杭州成为国内首个跨境电商综合试验区,在"六体系两平台""三大领域"等八个方面进行探索和突破,以实现跨境电子商务自由化、便利化、规范化发展。接着,我国分别又于 2016 年、2018 年、2019 年和 2020 年先后设立了 104 个跨境电商综合试验区(详见表 1-1),重点在技术标准、业务流程、监管模式和信息化建设等方面开展先行先试。我国于 2018 年正式通过《电子商务法》,给予包括跨境电商在内的电商平台在立法上的监管和引导,进一步完善了监管流程和体系。同时,由于其对进出口贸易的带动作用,跨境电商已经逐渐成为我国对外贸易的重要形式,国家对跨境电商的政策支持力度不断加大,政策红利持续释放。据不完全统计,自 2005 年以来,我国在国家及部委层面对跨境电商的支持政策达 50 多项,涉及效率提升、流程优化、试点城市、基础建设、降低税费等各个方面。尤其是 2013 年以后,国务院和多部委密集出台了包括《关于实施支持跨境电子商务零售出口有关政策意

---

①　华西证券股份有限公司.跨境电商行业专题报告(一)跨境电商蓬勃发展,政策红利不断释放[R].2020 年 7 月,第 2-7 页.

见的通知》(国办发[2013]89号)、《关于开展跨境电子商务企业对企业出口监管试点的公告》(海关总署公告2020年第75号)等35项支持政策,为我国跨境电商营造有序、健康环境的同时也带动了跨境电商产业的快速发展。

表 1-1 我国跨境电商综合试验区

批次	设立时间	跨境电商综试区试点城市
第一批	2015年3月7日	杭州
第二批	2016年1月6日	天津、上海、重庆、合肥、郑州、广州、成都、大连、宁波、青岛、深圳、苏州
第三批	2018年7月24日	北京、呼和浩特、沈阳、长春、哈尔滨、南京、南昌、武汉、长沙、南宁、海口、贵阳、昆明、西安、兰州、厦门、唐山、无锡、威海、珠海、东莞、义乌
第四批	2019年12月24日	石家庄、太原、赤峰、抚顺、珲春、绥芬河、徐州、南通、温州、绍兴、芜湖、福州、泉州、赣州、济南、烟台、洛阳、黄石、岳阳、汕头、佛山、泸州、海东、银川
第五批	2020年5月6日	雄安新区、大同、满洲里、营口、盘锦、吉林、黑河、常州、连云港、淮安、盐城、宿迁、湖州、嘉兴、衢州、台州、丽水、安庆、漳州、莆田、龙岩、九江、东营、潍坊、临沂、南阳、宜昌、湘潭、郴州、梅州、惠州、中山、江门、湛江、茂名、肇庆、崇左、三亚、德阳、绵阳、遵义、德宏傣族景颇族自治州、延安、天水、西宁、乌鲁木齐

根据网络资源整理。

跨境电商活动是集合了信息流、资金流、商品流和物流的复杂活动。我国跨境电商发展速度的提升,离不开跨境物流的支持。随着传统贸易向跨境电商的转型,尤其是B2C跨境电商的快速发展,碎片化、多频度、零担低值货物的全球流动使客户对跨境物流需求发生了新的变化。传统的跨境物流模式,如国际快递、邮政小包、海运拼箱等物流形态虽然能够实现商品的跨境流动,但存在如物流时间长、成本高、消费者服务体验差等问题,跨境电商的发展亟须解决跨境电商物流体验的诸多痛点,实现本土化运营,提升消费者黏性。强化跨境供应链的掌控能力和提升仓储物流服务质量已经成为跨境电商企业的核心竞争力。海外仓作为跨境电商物流模式的重大创新,通过供应链整合实现跨境贸易本地化,提升消费者购物体验,从而解决跨境电商物流成本高昂、配送周期漫长、服务体验差等问题,能极大提高跨境出口电商企业在出口目的国市场的竞争力。因此,海外仓建设已经成为解决跨境出口电商物流问题的创新性举措。2015年5月,商务部发布了《"互联网+流通"行动计划》,提出要运用市场化机制,推动建设100个电子商务海外仓。2016年政府工作报告也明确提出"扩大跨境电子商务试点,支持企业建设一批出口产品海外仓"的工作要求。全国各跨境电商综试区在其实施方案中均将建设公共海外仓作为推进跨境电商发展的重要任务和举措。但目前,在跨境电商公共海外仓建设推进过程中还存在较多的问题,如缺乏顶层设计、海外仓规模偏小、服务单一、产业协同度低、抗风险能力弱等。因此,如何提升公共海外仓的运作绩效,通过公共海外仓的建设和运营来优化和重构跨境出口电商供应链,有效对接中国制造,促进跨境电商产业的快速健康发展是摆在学界、产业界和政府主管部门面前迫切需要解决的问题。

为此,本书在浙江省哲学社会科学规划课题"供应链整合视角下浙江省跨境电商公共海外仓运作机制与推进路径研究"(项目编号:18NDJC283YB)的资助下,立足于我国跨境电商产业发展的客观实际及跨境电商综试区公共海外仓建设的现实需求,深入探究供应链整合对公共海外仓运作的影响机制,在实证分析的基础上研究供应链整合下公共海外仓优化运作机制,并以宁波跨境电商综试区为例,在分析宁波跨境电商公共海外仓现状的基础上,提出供应链整合下宁波公共海外仓建设推进途径和政策建议。这对促进跨境电商理论和实践创新,推进我国跨境电商综试区的建设具有重要的理论价值和实践意义。

1.1.2　研究意义

海外仓的布局不仅能提高客户的满意度,增加产品的销量,还能扩大海外市场。此外,海外仓还具有缩短物流时间、降低物流成本、提高成交量、提升产品曝光率以及提升产品竞争力等潜在优势。因此,海外仓的推进实施已经成为解决跨境出口电商物流问题的创新性举措,成了各跨境电商综试区实施方案中的重要任务。本书立足于跨境电商海外仓发展的客观实际,通过对现阶段跨境电商物流及海外仓发展现状的分析,从供应链整合的角度对跨境电商公共海外仓的运作模式及绩效评价进行深入研究,并提出对策和建议,旨在促进我国跨境出口电商企业公共海外仓业务运作的优化,使我国跨境出口电商企业在激烈市场竞争中能够脱颖而出,打响中国制造品牌,推动"中国制造"向"中国创造""中国智造"的转变,对有效促进跨境电商理论和实践创新,推动传统外贸向"互联网+外贸"发展具有重要的理论意义和现实意义。

从理论层面来看,本书拓展了供应链整合在跨境电商领域的研究。目前供应链整合在跨境电商新业态下的研究还较少。本书针对跨境电商公共海外仓领域,围绕供应链整合对公共海外仓运作的影响机制进行理论研究,研究和揭示了供应链整合下跨境电商公共海外仓运作的模式,并构建了基于供应链整合的公共海外仓绩效评价指标体系,能够丰富和发展供应链整合在跨境电商领域的研究和应用,有利于加强实践创新,为促进我国"互联网+外贸"发展提供理论支持。

从应用层面来看,本书有利于促进我国跨境电商产业的发展和外贸的转型升级。本书结合我国跨境电商产业的现状及产业特点,提出了公共海外仓推进路径和运作模式,对促进跨境电商企业更好地融入境外流通体系、降低跨境物流总成本、提升和优化跨境电商的海外战略布局、提升跨境电商综合竞争力、推进供给侧结构性改革、促进"中国制造"品牌化发展具有重要的意义。同时,能够为跨境电商行业主管部门政策制定提供参考与借鉴。本书结合国内各跨境电商综试区公共海外仓建设的目标,从创新服务、规范与标准制定、推进公共海外仓培育工程、强化金融与人才支持等方面提出了相关政策建议和措施,为政府层面制定相关的政策提供依据和参考。

1.2 国内外研究现状综述

跨境电商是"互联网+外贸"的新型业态,跨境电商产业链涉及营销、交易、支付、物流、服务等多个环节。对跨境出口电商而言,跨境物流是提升客户体验、降低运营成本的核心环节,跨境物流的效率低、本土化服务水平低已经成为制约跨境出口电商发展的主要瓶颈。要提升跨境电商物流的本土化服务水平和整体运作绩效,需要同时考虑跨境出口电商的供应链整合和跨境电商物流的海外仓模式。结合本书的研究内容,下面分别对供应链整合和海外仓国内外研究现状进行综述。

1.2.1 供应链整合国内外研究现状

供应链整合是企业为了实现为最终客户提供最大化价值的目标,从战略上与供应链成员合作,管理企业内部与企业之间的流程,实现产品、服务、信息、资金、决策的有效流动[1]。供应链整合是企业之间相互作用的动态过程,强调企业之间战略层面的合作[2],供应链整合配置包含定制、提升、循环和协调四个过程[3]。供应链整合作为供应链管理的核心领域之一,引起了国内外学者的广泛关注,目前供应链整合的研究主要围绕供应链整合的维度、供应链整合与企业绩效以及供应链整合的影响因素等方面展开。

在供应链整合维度研究方面,供应链整合一般可以分为内部整合和外部整合。其中,内部整合是供应链企业内部各部门之间的信息共享,数据和信息系统的整合和跨部门合作;外部整合是企业与其供应商、客户通过合作伙伴关系,实现跨组织战略、行动和流程的集成与协同[4]。也有学者从供应链整合的跨度和强度方面开展研究,如 Leuschne 认为供应链整合包括两个维度,即跨度和强度[5]。Wierczek 认为供应链整合的强度反映了供应链成员之间的关系质量[6];文风从供应链整合的两个维度"跨度与强度"出发,分别探讨供应链整合在两个维度上的演进机理,并指出供应链整合是供应链成员依赖于关系学习的两个维度相互作用、互动演进的有限过程[7];Kannan 和 Tan 则通过实证研究发现供应链整合跨度维度与企业绩效之间的正相关关系[8];Per 则围绕工程项目的供应链整合问题,从整合强度、范围、持续时间和深度四个维度对供应链整合的框架进行了分析[9]。

在供应链整合对绩效影响研究方面,大部分研究认为供应链整合对企业绩效(包括运营绩效和商业绩效)具有正向影响。在对企业运营绩效影响方面,Frohlich、Iyer 等研究发现供应链整合正向影响供应链的运营绩效[10-11]。Prajogo 和 Olhager 发现物流整合正向影响企业的运营绩效[12]。Gimenez 等发现供应链的复杂度会调节整合对绩效的影响,当供应链的复杂性较高时,供应链整合对企业绩效会有正向影响,当供应链的复杂性较低时,供应链整合对企业绩效没有显著影响。研究还发现当供应链的复杂度较高时,在供应链整合中使用结构化的交流方式会负向影响成本绩效[13]。Herry 等发现供应链整合通过影响生产和客户服务正向影响运营和商业绩效[14]。Yim 和 Leem 发现供应链整合正向影响企业绩效,其中企业绩效包括创新导向绩效、运营导向绩效以及成长导向绩效[15]。Davis 等进行了跨文化研究,发现在美国和新加坡,供应链整合对企业的运营绩效都有正向影响,而总体的数据也表明这一关系是正向的[16]。霍宝锋构建了内部整合、外部整合、财务、运营和供应链绩效的理论模型,实证结果表明,内外部整合是相互影响的,且运营绩效在内部整合和外部整合都很高时最大。同时还发现供应商整合中等水平时内部整合和外部整合与运营绩效、财务绩效和供应链绩效显著正相关[17]。在供应链整合对商业绩效影响方面,大部分研究认为供应链整合正影响商业绩效,如 Hsu 发现供应商电子化整合正向影响企业的竞争优势,包括企业的盈利和市场份额[18]。Chang 等发现供应链整合正向影响供应链绩效,供应链绩效主要是指商业绩效和运营绩效[19]。Huang 等发现供应链整合对供应商绩效有正向影响,这种关系随需求不确定性的增强而减弱,随技术不确定性的增强而增强[20]。Xu 等发现供应商集成提升商业绩效具有显著的影响,而客户集成对提升商业绩效具有略微显著的影响[21]。

在供应链整合的影响因素方面,驱动供应链整合的因素有很多,包括外部的市场竞争环境、政策因素、企业战略、IT 能力和系统等。如 Xu 等发现高层管理支持和信息技术有助于提升供应链集成,但作用不同。同时,供应商集成对提升商业绩效具有显著的影响,而客户集成对提升商业绩效具有略微显著的影响[21]。许德惠研究了环境不确定性、供应链整合战略以及企业绩效之间的关系,环境不确定性显著影响供应链整合战略实施。内部整合显著提升企业绩效,客户整合仅显著提升运作绩效,而供应商整合对于企业绩效无显著影响[22]。曾敏刚研究了环境不确定性与政府支持对供应链整合的影响,环境不确定性是供应链整合的驱动因素之一,而政府支持能够改变环境不确定性对外部整合的影响[23]。Cao 等通过分类与聚类分析发现高度的本地化竞争、跨国竞争和运营压力促进供应链的整合,同时,跨国竞争比本地竞争对供应链整合的影响更显著[24]。Bruque-Cámara 发现社区云计算技术对供应链整合和运作绩效都具有显著的影响[25]。周驷华构建了一个以供应链复杂度为调节变量,从 IT 能力到信息整合再到供应链绩效的理论模型,IT 能力整合对供应链整合和供应链绩效具有正向作用[26]。Kum 认为缺乏信任和授权、变革阻力、运作与战略目标不匹配、缺乏资源和绩效评价失效是航运物流行业供应链整合面临的主要障碍[27]。

从上面的分析可以看出,供应链整合作为提升企业商业绩效和运营绩效的策略,已经引起了学术界的广泛关注和研究。在供应链整合维度、绩效及影响因素等方面学者已经开展了大量卓有成效的研究,现有研究也揭示了跨国竞争和运营压力会促进供应链的整合,但目前在跨境电商的供应链整合的理论和实证研究还相对较少。出口跨境电商作为"互联网＋外贸"的一种新业态,其优化运作既涉及供应链整合,同时"互联网＋"的技术和商业模式也会对供应链整合产生影响,因此,供应链整合的策略和整合机制以及供应链整合对出口跨境电商的影响机制还有待深入研究。

1.2.2 海外仓国内外研究现状

跨境电商是分属不同关境的交易主体,通过电子商务平台达成交易、进行支付结算,并通过跨境物流送达商品、完成交易的一种国际商业活动。跨境电商活动是集合了信息流、资金流、商品流和物流的复杂活动,相对于国内电子商务交易流程,跨国物流环节是跨境出口电商流程的主要瓶颈之一。现有的跨境出口电商物流存在多种形式,主要包括邮政、国际快递、国际专线物流、边境仓、海外仓等,其中,邮政业务是目前跨境出口电商物流的主要形式,我国跨境电子商务出口业务 70％的包裹都是通过邮政系统投递的。现有主流的跨境出口电商物流模式存在物流配送成本高,物流配送的及时性和安全性难以保障,快递服务在取送、退件、客户投诉等方面的问题较多,不能提供本土化的购物体验,以及供应链高端和增值服务能力弱等问题[28-31],跨境电商物流发展急需一种新型的组织模式。跨境电商供应链整合与协同,能够整合境内外物流各方内外部资源,优势互补,形成覆盖全球的物流网络,提高跨境电商物流整体运作效率。要实现本土化竞争优势,海外仓建设是通常的解决对策[32-35]。相对于传统的国内发货模式,海外仓模式是将货物先从本国出口运送至海外的仓库储存,海外仓再根据订单指令完成订单履行,其实质是以海外仓储为核心的综合物流配套体系,具有发货速度快、稳定性高、退换货方便、提升卖家利润空间和客户满意度的优势[36]。海外仓颠覆了以往商家与物流配送的关系,从以往商家被动等待物流公司配送转变为商家主动掌控物流管理链,这不仅有利于流程优化和成本降低,更在无形中提升了海外买家的信任和购买力。由于海外仓相对于目前其他的跨境电商物流模式具有明显的优势,近年来,海外仓的建设和运营引起了学术界和产业界的高度关注。

理论研究主要集中在海外仓的建设策略和运营方面,其中,在海外仓建设策略和发展模式选择的研究方面,葛岩在分析海外仓建设存在区域政治、所在地文化、运营能力、资金成本等多方面问题制约的基础上,对加强大数据建设和应用,进行混合式经营管理,借鉴引入 PPP 模式、加强第三方海外仓建设等策略进行了研究[37]。韩朝胜从政策利用、个性化服务、信息管理系统、支付业务管理体系等方面提出了海外仓建设的建议[38]。柯颖认为政府应进一步出台以促进 B2C 跨境电子商务便利化为重点的专项政策,而企业则需要构建第四方物流联盟,并致力于为顾客提供定制化跨境物流服务[39]。鲁丹萍在分析温州海外仓建设现状的基础上提出了应尽快确定海外仓建设标准、出台海外仓扶持政策、探索海外仓合作模式、做好海外仓产品运营、打造海外仓物流体系等对策和建议[40]。孙康在对海外仓利弊分析的基础上,提出通过提供本土化服务,完善管理信息系统,边境仓与海外仓共同发展,虚拟海外仓等促进海外仓发展的措施[41]。孙从众对宁波地区海外仓需求模式、供应主体与发展困境进行了分析,并从供需对接、认定标准与政策扶植等各方面提出了宁波推进海外仓建设的政策建议[42]。张慧等分析了当前宁波跨境电商海外仓的现状及创造的问题,并从推进虚拟海外仓构建、完善本土化服务体系、与本地门店开展合作、引入现代信息管理系统及加强法律法规建设等方面提出了对策建议[43]。

田丰银在分析海外仓现有模式的基础上,对海外仓当前的发展现状进行了分析,针对存在的问题提出了相应的对策建议,并以俄速通为例进行了实证分析[44]。董雪在分析海外仓建设中存在资金、经营方式、员工招聘等问题的基础上,从考虑国家宏观经济政策、建立虚拟海外仓、推进企业向智能化方向转型等方面提出了具体对策建议[45]。蒋礼在分析海外仓模式选择约束条件的基础上,采用成本分析法对海外仓模式选择进行了研究并以大龙网为例进行了实证分析[46]。孟亮等在分析当前海外仓运作模式存在问题的基础上提出跨境电商企业要结合各自产品属性、业务规模、品牌定位、行业地位等进行综合决策选择适合的海外仓模式[47]。牟娟娟从宏观、微观两个层面研究影响海外仓模式选择的主要因素的基础上,采用层次分析模型对兰亭集势的海外仓选择进行了实证研究[48]。陈幸吉结合泸州电商企业实际情况,综合分析海外仓模式选择影响因素的基础上提出泸州电商企业自建海外仓的建议[49]。廖润东针对中小型跨境电商企业在使用海外仓过程中存在的问题,提出了政府与第三方跨境电商平台共建中小企业公共仓,组建海外仓联盟,调整出口产品、平台和国家(地区)以及线上线下拓宽销售渠道等对策建议[50]。张国友等在分析海外仓现状、模式、优劣势及存在的问题的基础上,建议企业应顺应大数据等信息技术支撑选择适合自身需求的海外仓模式[51]。鲁旭在分析了跨境电商产业集群的海外仓建设风险的基础上,从促进物流集聚、加强"前展"功能、设立海外仓运营中心和拓展海外仓网络等方面提出了对策建议[52]。袁娅娅在分析宁波海外仓建设中在标准、平台、功能、信息化等方面存在问题的基础上,从营造良好的海外仓建设政策环境等六个方面提出了推进宁波海外仓建设的策略[53]。柴利等在分析中俄跨境电商物流问题的基础上,提出应结合大数据分析管理系统打造智慧物流和把握两国相关政策等策略来推进俄罗斯海外仓的建设[54]。王俊程在分析三种海外仓国内外案例的基础上,基于影响物流模式的相关因素构建模型,分析了义乌小商品出口的海外仓建设模式选择方法并提出了相应的对策建议[55]。朱雅娜等通过文献研究法和案例分析法分析了现有海外仓模式的优缺点,提出了完善管理信息系统、加强政策扶持等方面的建议[56]。崔彩周针对第三方物流企业在海外仓运作中存在的问题,从设定动态行业标准、鼓励自建海外仓、发展第四方物流等方面提出了海外仓建设的策略和建议[57]。瞿亚森在分析海外仓建设必要性的基础上,提出了紧抓"一带一路"倡议发展机遇、大数据的建设和应用等方面的建设思路和对策[58]。车小英基于共享物流的理念研究的跨境电商物流海外仓联盟的构建策略[59]。陈韦辰以洋葱OMALL海外仓为例,分析了海外仓的影响和建仓经验,提出了建设海外仓的对策和建议[60]。

在海外仓的运营管理方面,潘意志分析海外仓内涵、优缺点的基础上对海外仓运营管理、物流成本控制和风险管理进行了研究[61]。孙宝栋从企业微观层面对海外仓构建运营问题进行了研究,认为服务商的选择是运营管理的基础,快速供应链协同运作是运营管理的保障,海外仓库存控制是运营管理的重点[62]。Wang和Sang认为跨境第三方物流有助于电子商务发展,构建了基于多Agent的跨境电商环境下第三方物流管理模型[63]。鲁旭认为第三方物流是海外仓建设的主体之一,并从跨境供应链整合的角度对第三方物流企业海外仓建设的策略进行了研究[64]。资道根在分析海外仓模式下物流成本构成要素的基础上构建了海外仓模式下物流成本控制数学模型并进行了优化求解[65]。陈祥燕以中远、中海和中国邮政为例,提出了建设海外仓是航运企业发展跨境电商的突破口,并对海外仓建设的风险进行了分析[66]。陈幸吉在分析海外仓的运作流程和模式的基础上,提出企业实力、企业战略、企业特性和商品特性是决定海外仓模式选择的主要因素[67]。杨林霞分析了基于海外仓策略的本地知识嵌入、商业关系嵌入和政治关系嵌入对跨境 B2C 出口企业绩效影响机制[68]。张爽爽研究了第三方海外仓与自建海外仓两种模式的跨境电子商务物流服务系统的协调决策问题,在构建模型的基础上采用基于成本共担的收益共享契约对决策进行协调[69]。汪玲钰从供应链整合的理念出发对"跨境电商＋海外仓"的国有外贸新商业模式进行了研究[70]。李肖钢等基于并联耦合共生理论,设计了基于公共海外仓的国际货代企业和海外仓储企业双主体协同管理的并联耦合共生模式,并对该模式的信息交互机制、共生企业选择机制和产业链协同机制进行了研究[71]。朱明基于并联耦合共生理论,构建基于国际货代企业和海外仓储企业双主体协同管理的并联耦合共生模式以及并联耦合共生运行机制[72]。肖亮等在实证分析目的国网络嵌入、本土化服务能力与跨境 B2C 出口企业绩效的基础上,提出了海外仓情境下跨境 B2C 出口企业绩效提升路径的建议[73]。

在行业实践方面,我国政府积极出台各项政策,促进海外仓的发展。2015 年 5 月 15 日,商务部在《"互联网＋流通"行动计划》中首次提出"海外仓"这个名词,首次从战略高度对"海外仓"进行强调。2015 年 6 月 16 日,国务院办公厅在《关于促进跨境电子商务健康快速发展的指导意见》中提出要重视跨境电子商务零售出口企业与境外企业的合作,利用"海外仓"这种物流方式,为双方合作奠定基础,促进我国对外贸易活动健康发展。随着国家跨境电子商务综合改革试验区的推进,各综试区都将公共海外仓的建设作为推进跨境电商发展的重要抓手。以浙江省为例,其已先后认定两批 30 家公共海外仓,公共海外仓建设工作有条不紊地推进。一些跨境电商企业开始布局海外仓网络。如亚马逊首先向海外卖家开放,提供了 FBA 服务,在全球建立了 90 多个仓储中心,形成了全球仓储网络;eBay 与外贸电商服务商万邑通合作,针对平台卖家推出了 Winit 美国、英国、澳大利亚和德国四个海外仓;Wish 携手出口易在美国提供海外仓服务;速卖通 2015 年上线海外仓服务,在美国、英国等 9 个国家拥有海外仓;大龙网在俄罗斯和乌克兰地区提供海外仓服务;中海集团牵手阿里巴巴涉足跨境物流和海外仓。递四方、四海邮、斑马、全麦等海外仓企业陆续出现。

从上面的分析可以看出,海外仓作为跨境物流一种新型的组织模式已经引起了学术界、产业界和行业主管部门的高度重视,海外仓建设的策略、运营管理等方面已经积累了较多的成果并在行业层面出现了很多成功案例。但是,目前的研究大部分侧重在宏观层面的建设策略和从仓储管理或物流中心运作的视角对海外仓的运营管理进行研究,基于跨境电商供应链整合视角的研究成果还较少。同时,如何基于数字化技术推动公共海外仓的数字化运营和商业模式创新,目前的研究还较少涉及。而作为跨境电商物流的创新模式,公共海外仓的建设需要驱动跨境电商供应链整合与协同,以提升跨境电商产业链的整体绩效。

1.3　研究思路与研究方法

　　本书立足于跨境电商公共海外仓建设与优化运作的现实需求,通过广泛挖掘和科学吸收、利用供应链整合、跨境电子商务、物流与供应链管理、数字化转型等相关领域的理论研究和实践成果,紧密围绕"跨境电商公共海外仓优化运作与绩效评价"这个中心线索,从跨境电商公共海外仓的本质特征及跨境电商供应链整合机理入手,在揭示供应链整合对跨境电商公共海外仓影响机制的基础上,研究提出供应链整合下跨境电商公共海外仓优化运作模式框架及其在数字化环境下的运营模式,并采用直觉模糊方法对供应链整合下跨境电商公共海外仓的运作绩效进行评价,最后立足于我国跨境电商产业发展,以宁波跨境电商综试区为例,在分析公共海外仓发展现状的基础上,研究供应链整合下公共海外仓建设的途径并提出政策建议。

　　基于上述研究思路,本书主要采用如下研究方法:

　　(1)文献研究与理论分析。通过 Elsevier、Springer Link、中国知网、万方数据库等国内外主要学术期刊数据库和图书馆等途径搜集、梳理、分析供应链整合、跨境电子商务、海外仓、跨境电商综试区实施方案等相关的学术资料和政策文件,为本研究提供重要的研究背景、理论方法与行业发展趋势。通过对供应链整合、公共海外仓、跨境物流服务体系优化等进行研究和理论分析,试图比较全面地把握相关领域的发展态势和研究动态,并运用客观规范分析法构建本课题研究的基本理论框架。

　　(2)系统分析与跨学科融合研究相结合。针对本书研究跨学科交叉的特点,在文献研究的基础上,综合应用供应链整合、跨境电子商务、服务科学、数字化转型等多学科知识,通过系统分析、理论演绎等方法揭示数字化背景下供应链整合对公共海外仓运作的影响机制;采用系统分析法对供应链整合下公共海外仓的运作模式进行理论分析,并提出跨境电商公共海外仓发展路径、数字化运营机制和政策建议。

(3)问卷调查与实证分析。首先,结合文献研究和理论分析,参照国内外相关成熟问卷,针对跨境电商平台、第三方物流企业、跨境电商企业分别设计符合本课题研究的调查问卷;其次,在宁波跨境电商综试区选取典型的跨境物流服务企业、跨境电商企业、跨境电商平台进行抽样调查,获得 100个以上样本数据,并选择 10 个以上企业进行实地调研;再次,在问卷调查和实地调研的基础上,对所获得的数据和资料运用 SPSS 等软件和相关理论方法进行处理,对供应链整合对公共海外仓运作影响机制模型进行实证分析和模型修正。

(4)个案研究与深度访谈法。为深入剖析供应链整合对公共海外仓运作的影响机制并提出浙江跨境电商公共海外仓的发展路径,本书选择业内具有代表性的公共海外仓运营企业进行实时跟踪和深入调研。个案研究过程主要包括:典型企业选择、相关背景资料和数据准备、访谈内容准备、上门访谈、电话跟踪、数据文献整理和案例剖析等,结合理论研究、调研数据和访谈内容,通过对典型公共海外仓的建设和运营案例分析,对理论研究成果进一步修正。

(5)基于直觉模糊的综合评价方法。为进一步研究跨境电商公共海外仓的运作绩效,基于 SCOR 模型从四个维度构建了供应链整合下跨境电商公共海外仓运作绩效的评价指标体系。在此基础上,结合评价指标的特点,采用基于区间直觉模糊评价理论对供应链整合下跨境电商公共海外仓的运作绩效进行评价,并提出提升运作绩效的对策和建议。

1.4 研究内容与研究框架

本书研究的目的是立足于"互联网＋外贸"宏观背景下我国跨境电商发展战略下公共海外仓建设的现实需求,在分析跨境电商公共海外仓服务价值共创动力机制的基础上,从理论的视角研究供应链整合对跨境电商公共海外仓运作的影响机制,并提出供应链整合下跨境电商公共海外仓的运作

模式及其绩效评价方法,希望通过理论与实证研究构建供应链整合下跨境
电商公共海外仓运作及其绩效评价的理论体系,以期为我国跨境电商公共
海外仓建设和运营提供理论借鉴和参考。基于上述研究目的,本书的研究
框架安排如图 1-2 所示。

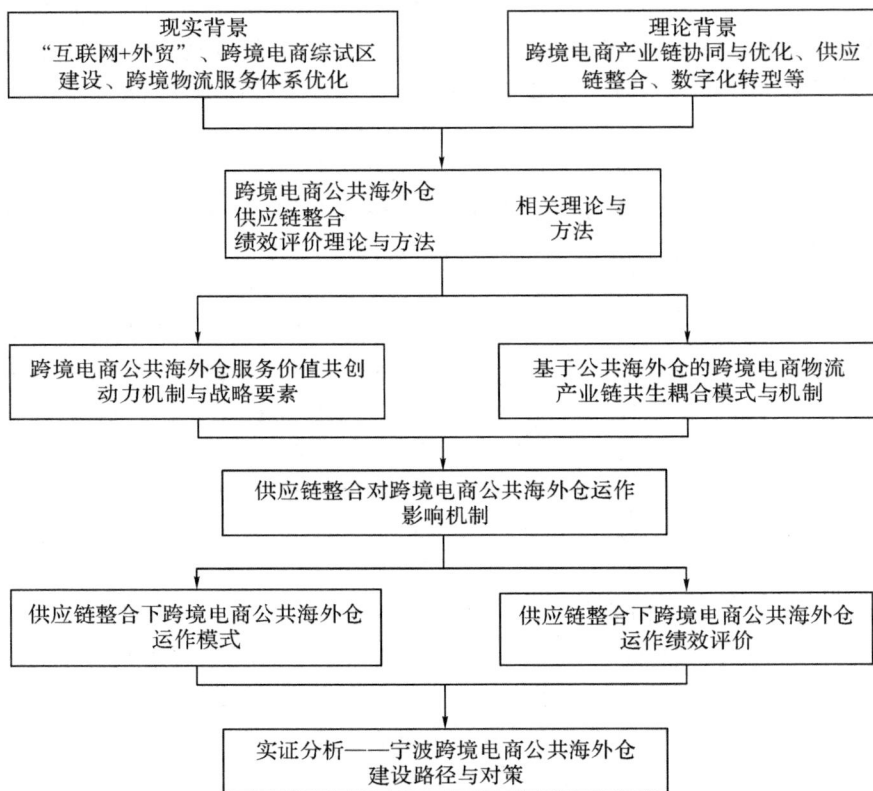

图 1-2　本书的研究框架

本书的研究内容共分 8 章进行展开,主要包括以下方面的内容。

第一章:绪论。介绍本书的研究背景和研究意义,对供应链整合和海外
仓的国内外研究成果及产业实践进行综述。在此基础上,对本书的研究思
路与研究方法、研究内容框架及本书的创新点等进行介绍。

第二章:相关理论与方法。本章对本书研究相关的理论和技术方法进
行回顾和分析。首先,对供应链整合的相关理论进行了综述,介绍了供应链

整合的概念及其发展过程,分析了供应链整合的要素、维度及其影响因素,并对供应链整合的相关支撑技术进行了研究;其次,分析了跨境电商相关的理论,对跨境电商的概念、发展历程、跨境出口电商物流及其主要模式进行了分析和比较;再次,对海外仓的基本概念与特征、海外仓的运作流程、海外仓分类、公共海外仓服务流程进行了分析,并分析当前主流的公共海外仓服务提供商的海外仓服务,为跨境电商企业选择公共海外仓服务商提供了参考;最后,分析了绩效评价的理论基础及主要的绩效评价方法,为下一步的研究奠定了理论和技术基础。

第三章:跨境电商公共海外仓服务价值共创动力机制与战略要素。本章在分析价值共创基本理论的基础上,结合跨境电商公共海外仓服务价值创造的特点,对供应链整合下跨境电商公共海外仓服务价值共创的动力机制及战略要素进行分析。首先,构建了"三位一体"的跨境电商公共海外仓服务价值共创动力机制模型。其次,在此基础上,采用 PARTS 模型分别从跨境电商企业海外仓服务运作的利益相关者、附加值、规则、战术和范围五个要素及其相互关系对跨境电商公共海外仓服务价值共创的战略要素进行了分析。最后,从构建跨界融合、众创共享的跨境电商公共海外仓服务价值共创生态圈,创新驱动、提升基于"互联网+"平台的跨境电商公共海外仓创新能力,强化智能科技应用、打造线上线下融合的跨境电商新业态三个方面提出了促进跨境电商公共海外仓服务价值共创的策略。

第四章:基于公共海外仓的跨境电商物流产业链共生耦合模式与机制。本章基于产业链理论在分析服务业产业链内涵的基础上,通过分析并联耦合共生理论提出了并联耦合共生的三大机制,并根据公共海外仓模式下跨境电商物流产业链的特征,运用并联耦合共生理论,设计了基于国际货代企业和海外仓储企业双主体协同管理的并联耦合共生模式及其相应的共生机制,为基于公共海外仓的跨境物流产业发展提供了理论参考。

第五章:供应链整合对跨境电商公共海外仓运作影响机制。本章首先在分析跨境供应链整合、数字化能力、公共海外仓绩效等概念的基础上,提出了供应链整合对跨境电商公共海外仓运作绩效影响的假设,并构建了研究模型;其次,以跨境电商主管部门工作人员和跨境电商企业中高层管理者为调查对象来进行详细的调查问卷设计;最后,通过问卷数据分析,验证了跨境供应链整合中供应商整合、客户整合和内部整合对公共海外仓绩效具有显著的正相关关系,说明公共海外仓绩效随着跨境供应链整合的强化而显著提升。同时,在跨境供应链内部整合与公共海外仓绩效的关系中,数字化能力起着显著的中介作用。

第六章:供应链整合下跨境电商公共海外仓运作模式。本章围绕供应链整合下跨境电商公共海外仓的运作模式开展研究。第一,在分析跨境供应链整合必要性的基础上,分别从跨境供应链的横向集成、纵向集成对跨境电商供应链的整合形式进行了分析;第二,从供应链整合的角度构建了基于供应链整合的跨境电商公共海外仓运作模式框架,并在此基础上分析了供应链整合下跨境电商公共海外仓运作的关键环节和关键支撑技术;第三,基于数字化的视角分别从公共海外仓运作数字技术赋能、公共海外仓运作流程变革、数字化环境下跨境供应链供需生态转变三个方面重构了供应链整合下跨境电商公共海外的运作逻辑;最后,提出了供应链整合下跨境电商公共海外仓数字化运作的实现路径,为公共海外仓运营商数字化转型提供了理论指导。

第七章:供应链整合下跨境电商公共海外仓运作绩效评价。本章首先对跨境电商公共海外仓运作绩效进行了综述;其次,在分析供应链整合下跨境电商公共海外仓运作绩效评价指标体系构建原则的基础上,基于 SCOR模型从四个维度构建了供应链整合下跨境电商公共海外仓绩效评价的指标体系;第三,提出了基于区间直觉模糊评价方法的跨境电商公共海外仓运作绩效的评价方法并进行了实证分析;最后,结合实证的评价结果提出了提升跨境电商公共海外仓运作绩效的建议。

第八章:实证分析——宁波跨境电商公共海外仓建设路径与对策。本章以宁波跨境电商公共海外仓建设为例开展实证研究。第一,对国内典型城市跨境电商公共海外仓建设的相关政策及建设发展情况进行了梳理和总结;第二,通过问卷和实地调研的方式对宁波跨境电商公共海外仓发展现状及存在的问题进行了分析;第三,基于宁波跨境电商公共海外仓的发展实际,从宁波企业现有自用海外仓的开放与功能拓展,宁波航运企业延伸产业链建设和运营公共海外仓,携手海外宁波帮共建公共海外仓,政、企、园区联动,PPP 模式建设公共海外仓,利用第三方的海外仓资源开展跨境电商业务等方面分析了宁波跨境电商公共海外仓的建设路径;最后,提出了宁波推进跨境电商公共海外仓建设的政策建议。

1.5　本书的主要创新点

在国家大力推进跨境电商和企业数字化转型的大背景下,本书基于供应链整合的理念,对跨境电商公共海外仓的运作模式及其绩效评价进行了研究。围绕跨境电商公共海外仓服务价值共创的机理分析了推动跨境电商公共海外仓服务价值共创的动力机制,围绕当前跨境物流的痛点分析了基于公共海外仓的跨境物流产业链共生耦合机制,深入剖析了供应链整合对跨境电商公共海外仓运作的影响机制,提出了基于供应链整合的跨境电商公共海外仓运作模式及其绩效评价方法。相关研究结论对推进我国跨境电商公共海外仓建设和提升公共海外仓运作绩效具有一定的理论和现实意义。本书的创新点主要体现在以下三个方面:

(1)本书提出并验证了供应链整合对跨境电商公共海外仓运作的影响机制。本书从分析跨境供应链整合、数字化能力、公共海外仓绩效等因素入手,提出了供应链整合对跨境电商公共海外仓运作绩效影响的假设,并构建了研究模型,即跨境供应链整合能够对跨境公共海外仓绩效产生积极的正向影响、数字化能力对公共海外仓绩效产生积极的正向影响、跨境供应链整合对公共海外仓数字化能力提升产生积极的正向影响和在跨境供应链整合与公共海外仓绩效的关系中数字化能力起着显著的中介作用。在此基础上,通过问卷调查和实地分析获取数据,并基于调查数据分析验证了跨境供应链整合的三个维度,即供应商整合、客户整合和内部整合对公共海外仓绩效具有显著的正相关关系,说明公共海外仓绩效随着跨境供应链整合的强化而显著提升。同时,在跨境供应链内部整合与公共海外仓绩效的关系中,数字化能力起着显著的中介作用。最后,提出基于供应链整合的跨境电商公共海外仓运作的数字化赋能的路径可以通过夯实数字化基础、接受平台赋能,以及应用人工智能 AI 技术等途径来实现。

(2)本书基于数字化的视角分别从公共海外仓运作数字技术赋能、公共海外仓运作流程变革、数字化环境下跨境供应链供需生态转变三个方面重构了供应链整合下跨境电商公共海外的运作逻辑,为供应链整合下跨境电商公共海外仓运作提供了一个新的视角。本书在分析跨境电商供应链整合维度的基础上,构建了基于供应链整合的跨境电商公共海外仓运作的模式框架、关键环节和支撑技术；并基于数字经济大环境从数字化视角提出了一种新的跨境供应链整合下公共海外仓运作模式；最后，分别从公共海外仓运作数字化赋能的实现路径、公共海外仓数字化运营的实现路径和强化公共海外仓数字化转型的保障等三个维度提出了供应链整合下跨境电商公共海外仓数字化运作的实现路径，为公共海外仓运营商数字化转型和创新公共海外仓增值服务提供了理论指导。

（3）本书提出了一种供应链整合下跨境电商公共海外仓运作绩效评价体系。本书在分析公共海外仓运作绩效评价基本原则的基础上构建了由评价目标确定、评价指标体系构建、指标权重确定、评价方法研究、评价数据采集与绩效评价、持续改进六个环节构成的绩效评价流程；在此基础上基于SCOR模型建立了由客户满意度、标准化能力、协同服务与价值创造能力、运营盈利能力四个维度，十六个评价指标构成的供应链整合下跨境电商公共海外仓运作绩效评价指标体系；最后，提出了基于区间直觉模糊爱因斯坦几何 Choquet 积分算子的绩效评价方法并进行了实证分析，为跨境电商企业评价公共海外仓服务绩效提供了方法参考。

1.6　本章小结

本章在分析我国传统外贸向跨境电商转型、跨境电商综合试验区建设以及提升跨境物流效率的基础上，提出了在国家大力发展跨境电商背景下推进建设公共海外仓的必要性和紧迫性。在此基础上，对本书研究相关的供应链整合、海外仓等理论国内外研究现状及产业实践进行了分析。最后，对本书研究的思路与方法、研究内容和研究框架、创新点进行了总结，为接下来的理论和实证研究提供了基础。

1.7　本章参考文献

[1] Zhao X, Huo B, Flynn B, Yeung J. The impact of power and relationship commitment on integration between manufacturers and customers in a supply chain [J]. Journal of Operations

Management，2008，26(3)：368-388.

[2] Flynn B，Huo B，Zhao X. The impact of supply chain integration on performance：A contingency and configuration approach[J]. Journal of Operations Management，2010，28(1)：58-71.

[3] Christos T，Carlos M. Supply chain integration configurations：Process structure and product newness，International Journal of Operations & Production Management，2015，35（10）：1437-1459.

[4] Zhao X，Huo B，Selen W，Yeung，J. The impact of internal integration and relationship commitment on external integration. Journal of Operations Management，2011，29(1-2)：17-32.

[5] Leuschner R，Rogers D S，Charvet F F. A meta-analysis of supply chain integration and firm performance[J]. Journal of Supply Chain Management，2013，49(2)：34-57.

[6] Wierczek A. The impact of supply chain integration on the "snowball effect" in the transmission of disruptions：An empirical evaluation of the model[J]. International Journal of Production Economics，2014，157：89-104.

[7]文风,成龙,冯华.供应链整合跨度与强度二维互动演进机理研究[J].重庆大学学报(社会科学版),2016(4)：81-87.

[8] Kannan V R，Tan K C. Supply chain integration：Cluster analysis of the impact of span of integration[J]. Supply Chain Management：An International Journal，2010，15(3)：207-215.

[9] Per E E. Partnering in engineering projects：Four dimensions of supply chain integration. Journal of Purchasing and Supply Management，2014，21(1)：38-50.

[10] Frohlich M T. E-Integration in the supply chain：Barriers and performance[J]. Decision Sciences，2002，33(4)：537-556.

[11] Iyer K N，Germain R，Claycomb C. B2B e-commerce supply chain integration and performance：A contingency fit perspective on the role of environment[J]. Information & Management，2009，46(6)：313-322.

[12] Prajogo D，Olhager J. Supply chain integration and performance：The effects of long-term relationships，information technology and sharing，and logistics integration [J]. International Journal of Production Economics，2012，135 (1)：514-522.

[13] Gimenez C，Vaart T，Donk D. Supply chain integration and performance：The moderating effect of supply complexity[J]. International Journal of Operations & Production Management，2012，32(5)：583-610.

[14] Henry Jin Y，Fawcett A M，Fawcett S E. Awareness is not enough：Commitment and performance implications of supply chain integration [J]. International Journal of Physical Distribution & Logistics Management，2013，43(3)：205-230.

[15] Yim B，Leem B. The effect of the supply chain social capital [J]. Industrial Management & Data Systems，2013，113(3)：324-349.

[16] Davis J，Mora-Monge C，Quesada G，et al. Cross-cultural influences on e-value creation in supply chains[J]. Supply Chain Management：An International Journal，2014，19(2)：187-199.

[17] 霍宝锋,曹智,李丝雨等. 供应链内部整合与外部整合的匹配研究. 系统工程理论与实践,2016,36(2)：363-373.

[18] Hsu P. Commodity or competitive advantage? Analysis of the ERP value paradox [J]. Electronic Commerce Research and Applications，2013，12(6)：412-424.

[19] Hsin C H，Tsai Y，Hsu C. E-procurement and supply chain performance[J]. Supply Chain Management：An International Journal，2013,18(1)：34-51.

[20] Huang M,Yen G,Liu T. Reexamining supply chain integration and the supplier's performance relationships under uncertainty [J]. Supply Chain Management：An International Journal，2014,19(1)：64-78.

[21] Dehui Xu，Baofeng Huo，Linyan Sun. Relationships between

intra-organizational resources，supply chain integration and business performance，Industrial Management & Data Systems，2014,114(8)：1186-1206.

[22] 许德惠,李刚,孙林岩,赵丽.环境不确定性、供应链整合与企业绩效关系的实证研究.科研管理,2012,33(12)：40-49.

[23] 曾敏刚,朱佳.环境不确定性与政府支持对供应链整合的影响.科研管理,2014,35(9)：79-86.

[24] Zhi Cao，Baofeng Huo，Yuan Li，Xiande Zhao. Competition and supply chain integration：a taxonomy perspective. Industrial Management & Data Systems, 2015, 115 (5)：923-950.

[25] Sebastián B，José M，Juan M. Supply chain integration through community cloud：Effects on operational performance. Journal of Purchasing & Supply Management, 2016, 22：141-15.

[26] 周驷华,万国华.信息技术能力对供应链绩效的影响:基于信息整合的视角.系统管理学报,2016,25(1)：90-102.

[27] Kum F，Vinh T. Barriers to supply chain integration in the maritime logistics industry，Maritime Economics & Logistics，2016：1-22.

[28] 李向阳.促进跨境电子商务物流发展的路径[J].中国流通经济,2014(10)：107-112.

[29] 张滨,刘小军,陶章.我国跨境电子商务物流现状及运作模式[J].中国流通经济,2015(1)：51-56.

[30] 曹旭光,王金光,刘希全.跨境电子商务的物流商业模式及其创新途径[J].对外经贸实务,2015(10)：93-96.

[31] 慕艳平.我国跨境电商物流解决方案分析与选择[J].物流技术,2015,34(5):83-84,90.

[32] 范静,袁斌.国外跨境电子商务物流模式创新的经验与启示[J].商业经济研究,2016(6)：133-135.

[33] 冀芳,张夏恒.跨境电子商务物流模式创新与发展趋势[J].中国流通经济,2015(6)：14-20.

[34] 赵静.跨境电子商务与物流协同发展研究[J].物流技术,2015,34

(9)：76-77.

[35] 庞燕.跨境电商环境下国际物流模式研究[J].中国流通经济，
     2015(10)：15-20.

[36] 李旭东,安立仁.跨境电商物流企业综合服务体系及其实证研究
     [J].中国流通经济,2015(11):49-57.

[37] 葛岩.跨境物流海外仓存在问题及对策建议[J].山东财经大学学
     报,2016,28(3)：77-82.

[38] 韩朝胜.我国B2C跨境电子商务海外仓存在的问题与对策[J].物
     流技术,2015,34(8)：54-57.

[39] 柯颖.我国B2C跨境电子商务物流模式选择[J].中国流通经济,
     2015(8)：63-69.

[40] 鲁丹萍.温州海外仓建设现状及发展对策[J].企业经济,2016,
     430(6)：160-163.

[41] 孙康.海外仓的利弊分析及未来发展对策研究[J].对外经贸,
     2016(6)：29-31.

[42] 孙从众."互联网＋跨境电商"背景下宁波海外仓发展现状研究
     [J].长沙航空职业技术学院学报,2018,18(1)：107-111.

[43] 张慧,楼百均.宁波市跨境电商物流海外仓模式分析[J].中国市
     场,2019(6)：166-167.

[44] 田丰银.跨境电商物流海外仓的发展现状及对策分析——以俄速
     通为例[D].天津：天津商业大学,2018.

[45] 董雪.海外仓建设中存在的问题及对策研究[J].河北企业,2019
     (4):110-111.

[46] 蒋礼.我国跨境电子商务海外仓模式选择的策略研究[D].长沙：
     湖南大学,2018.

[47] 孟亮,孟京.我国跨境电商企业海外仓模式选择分析——基于消
     费品出口贸易视角[J].中国流通经济,2017,31(6)：37-44.

[48] 牟娟娟.中国跨境电商企业海外仓模式选择研究[D].兰州：兰州
     财经大学,2018.

[49] 陈幸吉.跨境电商环境下海外仓运营模式选择及发展对策研
     究——以泸州电商企业为例[J].企业科技与发展,2019(3)：
     32-33.

[50] 廖润东.中小型跨境电商企业零售出口(B2C)海外仓使用困境及对策[J].企业经济,2019(6):76-80.

[51] 张国友,王利军.关于我国跨境电子商务中海外仓发展的综合研究[C].第十三届(2018)中国管理学年会论文集,2018:1-8.

[52] 鲁旭.跨境电商产业集群的海外仓建设特色及风险[J].对外经贸实务,2018(11):25-28.

[53] 袁娅娅."一带一路"背景下宁波海外仓建设及推进策略研究[J].科技视界,2018(10):87-91.

[54] 柴利,吴濛."丝路电商"视角下俄罗斯海外仓的建设对策[J].安徽商贸职业技术学院学报,2019,18(2):22-25.

[55] 王俊程.跨境电商时代:义乌小商品出口的海外仓建设模式选择[D].杭州:浙江大学,2018.

[56] 朱雅娜,谢洁,吴婷,印凯璐.我国跨境电商物流的海外仓模式研究[J].现代商贸工业,2018(34):25-26.

[57] 崔彩周.基于跨境电商发展需求的第三方物流海外仓建设[J].物流技术,2018,37(12):31-35+77.

[58] 瞿亚森.我国海外仓的建设思路[J].物流工程与管理,2019,41(4):21-23.

[59] 车小英.共享物流理念下跨境电商物流海外仓联盟的探讨[J].对外经贸实务,2019(3):81-84.

[60] 陈韦辰,邹雪霏,王静菲等.海外仓新模式探索[J].2019,41(7):16-19.

[61] 潘意志.海外仓建设与跨境电商物流新模式探索[J].物流技术与应用,2015(9):130-133.

[62] 孙宝栋.LT公司海外仓运营管理案例研究[D].北京:首都经济贸易大学,2015.

[63] WANG Y,SANG D Y. Multi-agent Framework for Third Party Logistics in E-commerce [J]. Expert Systems with Applications,2005(1):431-436.

[64] 鲁旭.基于跨境供应链整合的第三方物流海外仓建设[J].中国流通经济,2016(3):32-38.

[65] 资道根.海外仓模式下跨境电商物流成本控制[J].物流技术,

23

2015,34(8):175-177,180.

[66] 陈祥燕.海外仓:航运企业发展跨境电商的突破口[J].世界海运,2015(9):4-7.

[67] 陈幸吉.跨境电商背景下海外仓运营模式及影响因素分析[J].攀枝花学院学报,2019,36(3):43-38.

[68] 杨林霞.目的国网络嵌入、本土化服务能力与跨境B2C出口企业绩效:海外仓策略视角[J].杭州:浙江工商大学,2017.

[69] 张爽爽.海外仓模式下跨境电商物流服务系统的协调机制研究[D].杭州:浙江工商大学,2017.

[70] 汪玲钰.国有外贸公司基于"跨境电商＋海外仓"的商业模式创新研究——以Z公司为例[D].南京:东南大学,2018.

[71] 李肖钢,王琦峰.基于公共海外仓的跨境电商物流产业链共生耦合模式与机制[J].中国流通经济,2018,32(9):41-48.

[72] 朱明.跨境电商物流产业链共生耦合模式与机制探讨——基于公共海外仓视角[J].商业经济研究,2019(7):87-90.

[73] 肖亮,余福茂,杨林霞.目的国网络嵌入、本土化服务能力与跨境B2C出口企业绩效:海外仓策略的一个理论解释[J].商业经济与管理,2019(1):5-15.

第 2 章　相关理论与方法

2.1　供应链整合相关理论

2.1.1　供应链整合的概念及发展过程

供应链是以客户需求为导向,以提高质量和效率为目标,以整合资源为手段,从而实现产品设计、采购、生产、销售、服务等全过程高效协同的组织形态[1]。供应链管理对供应链涉及的全部活动进行计划、组织、协调和控制。供应链从性质上可以分成产品供应链和服务供应链[2]。随着信息技术的发展和经济全球化的不断推进,供应链成为学术界和产业界关注的热点。英国经济学家克里斯多夫认为"未来世界上不存在企业与企业之间的竞争,存在的是一个供应链与另一个供应链之间的竞争"。美国经济学家弗里德曼在其著作《世界是平的》中将全球供应链列为把世界夷为平地的十大力量之一[3]。MIT 全球供应链研究中心尤西·谢菲教授在其著作《物流集群》中重点对产业供应链与城市供应链进行了研究,认为"物流集群"的出现可能意味着世界经济的一个新的飞跃[4]。美国经济学家帕拉格·康纳在《超级版图》中提出所有国家都将成为全球供应链的一部分,世界将进入"非国家"状态[5]。在国家和产业层面,2012 年 2 月,美国发布了《全球供应链安全国家战略》,美国将全球供应链列为"安全国家战略"。2014 年 APEC 会议明确提出打造全球供应链体系是全球及区域经济发展的战略支撑点,该观点得到普遍共识[6]。2017 年 10 月,国务院办公厅发布《关于积极推进供应链创新与应用的指导意见》,供应链正式上升为国家战略。供应链管理已经成为国家、区域、产业和企业提升竞争力的重要战略支撑。

供应链整合概念的提出始于 20 世纪 80 年代,供应链整合是供应链管理战略最重要的组成部分之一。供应链整合是成员企业不同职能部门之间的互动与合作过程。随着后工业化时代的到来,企业只有不断通过加强供应链管理以获取竞争优势,而供应链整合作为一种有效提高供应链运营绩效的管理方法逐渐引起了学术界和产业界的高度重视,供应链整合成为供应链管理研究的热点。Maloni 等认为供应链整合是一种供应链伙伴之间为了给顾客提供更高的价值和提高竞争优势而进行更高水平的合作的管理[7]。Kahn 等认为供应链整合是一个不同部门间的整合或不同部门间的协作并促进各部门融合成一个紧密组织的过程[8]。Naylor 认为供应链整合是通过消除所有壁垒,使商流、物流、资源流和提高信息流顺畅流通的管理过程[9]。赵先德教授对供应链整合的概念进行了系统的总结[10],他认为供应链整合是企业与供应链合作伙伴进行战略合作,通过协同管理组织内部和组织间流程,以实现产品和服务、信息、资金和决策有效与高效流动,最终以低成本和高速度为客户提供最大的价值,他强调战略合作是供应链整合的关键要素,其次,供应链整合是全面的,包括组织内和组织间的过程,最后,供应链整合的主要目标是为客户提供最大的价值[11]。

　　供应链整合是一个不断发展演化的过程,供应链整合的发展逐渐由企业内部走向外部,由企业内部的职能部门走向整个产业链,由企业与供应商之间的整合走向商业伙伴关系的整合。从发展历程来看,供应链的整合可以分为四个阶段,即独立整合阶段、功能整合阶段、内部整合阶段和外部整合阶段[12]。首先是独立整合阶段。独立整合阶段主要是早期以生产为导向的企业管理中生产流程上的整合,以生产部门为中心在企业内部围绕生产流程加强相关部门的沟通,通过分析企业的生产价值链以提高生产效率,满足客户需求。其次是功能整合阶段。功能整合阶段是企业为了更好地满足客户的需求和提高企业运作效率,对企业内部的相关职能,如物资供应、生产、销售、物流、售后服务等职能进行重新优化配置并相应地对企业的组织结构进行调整和优化整合的过程。再次是内部整合阶段。内部整合阶段是企业内部的所有职能部门以物流职能为中心,通过企业内部供应链计划和企业资源计划 ERP 系统的应用,以提高企业内部的反应能力,优化资源配置和降低生产成本,从而提升企业的市场竞争力和客户的满意度。第四是外部整合阶段。外部整合阶段是在企业功能整合和内部整合的基础上,围绕产业链上下游业务关联,企业与产业链上游的供应商、下游的客户之间开展信息共享、资源整合、网络优化等方面的整合,通过外部整合以优化资源的利用效率,完善产品和服务以增加整体供应链的竞争优势。

从学术研究的角度来看,当前供应链整合的研究主要从以下几个视角展开[13]:一是基于资源基础观的研究视角,认为企业在供应链整合过程中能够得到独特的能力和优势,从而获得持续的市场竞争优势和更优的企业运作绩效[14]。二是基于关系观的研究视角,认为通过供应链整合获得的竞争优势依赖于企业间关系租金的产生[15]。三是基于知识基础观的研究视角,认为供应链整合可以有效利用跨越供应链中组织边界的有价值信息交流所形成的知识资源[16]。四是基于交易成本的研究视角,认为通过供应链整合能够帮助企业减少交易成本[17]。五是基于信息处理理论的研究视角,认为通过供应链整合可以增加信息流和提高信息质量,从而能够引导决策者改善企业运作绩效,并对供应链绩效具有积极的影响[18]。

2.1.2　供应链整合的要素

成功实施供应链整合要抛弃传统的管理思想,将企业内部以及供应链节点企业之间的各种业务看成一个整体功能过程,形成集成化的供应链管理体系。通过信息、制造及现代管理技术,将企业经营过程中的人、技术、信息、资源、管理模式等要素有机整合并优化,将企业内部供应链与外部供应链有机整合起来进行管理,达到全局动态最优,以适应新的竞争环境下高质量发展的需要。

供应链整合集成了供应链中所有节点企业,从原材料的供应开始,经过产业链中不同节点企业的制造加工、组装、分销等过程直到最终用户,供应链整合的链条是一条连接供应商、核心制造企业及客户的物料链、信息链、商务链、资金链。因此,供应链整合既涉及供应链上宏观运作的商流、物流、信息流和资金流,也涉及供应链上供应商、核心企业、客户等微观组成要素[6]。

(1)供应链整合的宏观要素分析

供应链的运作集商流、物流、信息流和资金流于一体,供应链整合就是要将商流、物流、信息流和资金流有效集成起来以提升供应链的运作绩效。

① 商流。商流是指一种交易活动的过程,通过商流实现商品所有权的转移。供应链企业间交易的发生和商品的转移都通过商流得以体现。

② 物流。物流是指商品在空间和时间上的位移,包括采购供应、生产加工、仓储包装、配送等流通环节中货物的移动情况,物流是供应链中业务

发生的重要载体。在新的技术支撑下,供应链物流具有数字化、网络化、智能化等特点。

③ 信息流。信息流包括商品信息的提供、市场营销、交易及售后服务等内容,也包括询价单、报价单、订单、到货通知、付款通知等商业贸易凭证,还包括交易方的支付能力、支付信用和中介信誉等。信息流的产生伴随着供应链业务的整个流程,随着供应链业务的发展及信息技术的应用,信息流的作用越来越凸显。

④ 资金流。资金流是指供应链成员间随着商品实物及其所有权的转移而发生的资金往来流程,资金流是供应链企业运作的"生命线",在供应链的运作过程中扮演着关键的角色。

(2)供应链整合的微观要素分析

供应链整合中的微观要素,是供应链业务运作过程中商流、物流、信息流和资金流的承载者,主要包括供应链上游的供应商、供应链核心企业和下游客户。供应链各节点企业在需求的驱动下,通过职能分工与协作,实现整个供应链的价值创造。

① 供应商。在供应链上,任何需求信息都要被分解成供应信息,由供应商通过订单完成。供应商是物流的始发点,是资金流的终点也是信息流的重点端点。根据在供应链中所处的位置不同,供应商可以分为成品供应商、原产料供应商和辅配料供应商。

② 供应链核心企业。在供应链中,核心企业可以是制造商、分销商或零售商。核心企业上游对接供应商,下游对接第三方物流企业和客户。同时,核心企业需要通过信息共享和信息服务以满足客户的需求和实现与供应商的业务协同。

③ 客户。客户可以是下游的制造商、经销商或最终消费者。以客户为中心,通过客户参与和协同是供应链实现价值创造、吸引和提高客户黏性的关键。

2.1.3 供应链整合的维度和影响因素

从本质上来说,供应链整合就是企业内部、企业之间通过价值链以及信息网络所实现的一种整合,实现各部门之间、各企业之间的无缝合作,实现业务运作过程中商流、物流、信息流和资金流的无缝连接和有机协同,提供实时产品和服务。供应链整合能够有效提升供应链整体的竞争力和运营绩效。近年来国内外学者从不同视角对供应链整合的维度进行了研究。目前主流的研究认为供应链整合的维度可以划分为内部整合和外部整合两大类，其中外部整合又包括供应商整合和客户整合[19-22]。

供应链的内部整合是在企业内部各部门之间采取必要的整合技术与方法，能够促进相互间信息交互并协调优化企业的运营流程，以便于与外部供应商开展有效合作，并最大限度地满足客户需求，从而从内部主动适应当前以顾客需求为导向的社会经济环境与形势[23-25]。具体包括对企业内部采购与物流管理、生产规划与控制、库存管理等内部流程进行有效的整合。

供应链的外部整合是企业通过与外部合作伙伴结盟，将组织间的战略、活动和流程协调成合作的、一致的流程的程度。关于外部整合的评价指标划分方面，有研究提出应从集中度的角度，通过供应商集中度和客户集中度进行衡量。其中，供应商整合通过与主要的供应商进行合作，以谋求核心企业可拥有更好的竞争优势，包括企业与供应商的信息交流、企业与供应商之间的战略伙伴关系、供应商参与企业的相关活动（例如新产品研发、质量改进、采购与生产）等方面。客户整合是核心企业与其客户之间的协作，通过信息共享、联合决策、系统耦合和协作计划来管理下游组织相互之间的活动，以提高客户满意度和客户忠诚度[26-28]。在供应链外部整合中涉及信息整合、关系整合、资源整合以及客户导向整合等多个维度[12]。

供应链整合的绩效受多种因素的影响，从当前国内外的研究情况来看，影响供应链整合的因素包括[29]：一是环境与战略，主要包括环境不确定性、战略积极性、产品生命周期阶段、企业文化、组织结构、制度因素、风险、产品模块化和业务流程模块化等[30-31]。二是信息技术，信息技术的发展及其在供应链管理中的应用极大地提高了供应链管理的效率，是有效实现供应链整合实践的重要基础和条件。现有研究表明信息技术的采纳和应用均正影响供应链的内、外部整合[32-33]。三是关系与权力，主要包括信任、承诺、依赖、合作等关系性因素与权力。许多研究的结果表明，权力和关系性因素均对供应链整合具有重要的影响[34-35]。

2.1.4　供应链整合的相关支撑技术

供应链整合技术是供应链整合得以顺利实施的重要技术支撑，供应链整合技术并不是简单地将各项技术互联在一起，而是全方位地把相关的技术和系统有机地组合成一个一体化、功能优化的新型系统，从而确保应用效益最优。供应链整合技术包括大数据集成技术、环境支撑技术、管理与决策技术、标准化技术等。

（1）大数据集成技术。大数据集成技术是实现供应链信息整合和协同优化的关键支撑技术，包括数据聚合技术、数据存储技术、大数据分析技术等。通过大数据集成技术的应用可以实现供应链中各信息系统的信息共享、信息传输、信息协同及大数据智能分析，从而为供应链内、外部整合提供数据支撑。

（2）环境支撑技术。供应链整合要解决各类软硬件系统、供应链环境、人员配备相关的一切面向整合的问题，这就要求实现供应链整合的各要素之间的互联、互通和互操作。供应链整合的环境支撑技术包括5G网络、大数据中心、云计算、物联网、区块链等新一代信息技术和平台，以及计算机支持的协同工作与人机接口技术。新型基础设施的建设为供应链整合提供了重要的技术支撑环境。

（3）管理与决策技术。供应链整合的总体目标和战略规划的实现需要各种决策技术和系统的支持，在供应链整合过程中应立足全局最优，应用运筹学、商业智能、大数据分析等技术及供应链协同、协同补货、供应商管理库存等管理方法为决策者提供多角度、多层面的决策服务和管理支持。

（4）标准化技术。供应链整合是要将供应链上的各主体围绕共同的目标为客户创造价值，标准化技术可以通过统一数据的表达和传输格式、方便数据的共享和交换以提高运作效率和消除信息孤岛。标准化技术包括数据交换标准化、业务流程标准化、过程信息标准化、数据格式标准化、物流信息标准化等。

2.2 跨境电商相关理论

2.2.1 跨境电商的概念及发展历程

跨境电商主要指分属不同关境的交易主体，通过电子商务平台达成交易、进行支付结算，并通过跨境物流送达商品、完成交易的一种国际商业活动。跨境电商将贸易活动重组为跨境一体的电子商务生态，跨境电商包括以下四个方面的要素[36]：一是信息和交易相关的各类 2B/2C 进出口应用；二是平台，主要是围绕应用的电子商务平台、供需信息平台、交易平台、供应链平台、信用平台等与跨境电子商务产业链各环节相关的平台；三是各类基础服务（如物流、支付、贸易通关、检测验货等）和衍生服务（如代运营、咨询培训、翻译、法务等）；四是环境，主要涉及国家环境（包括文化、市场、法律差异等）、技术环境（如互联网、云计算等）、贸易规则、监管及政策环境（如关、检、税、汇以及进出口管制政策等）。按交易类型来看，主要分为 B2B、B2C、C2C 等，其中 B2C、C2C 都是面向最终消费者，因此也称为跨境网络零售[37]。从经营主体来看，跨境电商主要分为平台型、自营型与混合型（平台＋自营），其中平台型电商的收入来源主要为抽取佣金和广告费等形式，而自营型电商则依靠产品的买卖价差获利[38]。目前，我国主要跨境电商经营模式及分类如表 2-1 所示。

表 2-1　我国主要跨境电商经营模式及分类

经营模式	平台型	自营型
跨境 B2B（出口）	阿里巴巴国际站、中国制造网、环球资源网、敦煌网	—
跨境 B2B（进口）	1688.com、海带网	
跨境电商零售（出口）	速卖通、eBay、Amazon、Wish	兰亭集势、DX、米兰网
跨境电商零售（进口）	天猫国际、洋码头、淘宝全球购	网易考拉、京东全球购、聚美优品、小红书等

资料来源：阿里研究院。

目前我国跨境电商仍以 B2B 为主，但近年来 B2C 发展迅速。根据中国电子商务研究院的数据来看，2016 年我国跨境电商的交易模式中 B2B 占比达 88.7%，B2C 交易占比 11.3%。从交易结构上来看，由于我国 B2B 电商出现较早，目前市场是以 B2B 为主，但随着订单碎片化以及跨境电商品牌在海外消费市场的逐渐建立，交易结构正逐渐从卖给企业向直接卖给消费者转换，B2C 市场交易占比逐年快速提升。

我国跨境电子商务的发展大致经历了以下四个阶段，实现从信息服务、在线交易、全产业链服务到政策推动的产业转型，这些阶段是持续交叉向前发展的。

第一阶段（萌芽期，1997—2005 年）：跨境电商在中国起步于 20 世纪末。最早出现的是帮助中小企业出口的 B2B 平台,代表企业有阿里巴巴(国际站)、中国制造网等。1997—1999 年,中国的外贸 B2B 电子商务网站中国化工网、中国制造网、阿里巴巴(国际站)等相继成立,这些跨境电商平台为中小企业提供商品信息展示、交易撮合等基础服务。其中,阿里巴巴(国际站)是目前全球最大的跨境 B2B 平台,并且已经从线上 B2B 信息服务平台,逐步发展成 B2B 跨境在线交易平台。

第二阶段(探索期,2006—2012 年):随着全球网民渗透率的提高,以及跨境支付、物流等服务水平的提高,2008 年前后,面向海外个人消费者的中国跨境电商零售出口业务(B2C/C2C)蓬勃发展起来。DX(2006 年)、兰亭集势(2007 年)、阿里速卖通(2009 年)皆是顺应这一趋势成长起来的跨境电商 B2C 网站。跨境电商零售的发展导致国际贸易主体、贸易方式等发生了巨大的变化,大量中国中小企业、网商开始直接深入参与国际贸易。2012年底国家发改委和海关总署在郑州召开动员大会,开启跨境电商城市试点。

第三阶段(发展期,2013—2019 年):海关通关服务试点开启。"沪杭甬郑渝＋广深",首批形成"5＋2"格局,促进海淘阳光化,考拉、蜜芽、聚美等大批电商涉足保税进口,2013 年外贸 B2C 兰亭集势 IPO 纽交所成为跨境首股,同年,Wish 转型为跨境电商平台。2014 年中国对跨境电商零售进口做出监管制度创新,促进了中国跨境电商零售进口的迅猛发展,诞生了一大批跨境电商零售进口平台和企业,包括天猫国际、网易考拉、聚美优品、洋码头、小红书等,整个行业在 2015 年迎来了爆发式增长。杭州跨境模式得到推广,截至目前,共 5 批跨境电商综试区获批,综试区增至 105 个,形成区域全面覆盖格局。

第四阶段(成熟期,2020 年以后):跨境电商配套政策、电子化监管模式趋于稳定,跨境电商公共平台作用完善。全球邮政推进邮件电子化通关,极大便利了小件包裹跨境物流。各大跨境电商平台提供一站式外贸供应链服务,为全球更大范围提供多地区、多语种的外贸在线零售,跨境电商再出发,形成外贸制高点。

目前,跨境电商已在我国外贸中占比三成以上,成为我国对外贸易的重要形式,国家也在跨境电商的政策上不断加大支持力度,政策红利不断释放。据不完全统计,2005 年至今,我国对跨境电商的支持政策多达 50 多项,涉及跨境电商效率提升、流程优化、试点城市等,具体如表 2-2 所示。

表 2-2　我国对跨境电商的部分支持政策(2015 年以来)

时间	政策名称	发文部门
2005 年 1 月	关于加快电子商务发展的若干意见	国务院
2007 年 12 月	关于促进电子商务规范发展的意见	商务部
2009 年 11 月	关于加快流通领域电子商务发展的意见	商务部
2012 年 3 月	关于利用电子商务平台开展对外贸易的若干意见	商务部
2012 年 5 月	关于组织开展国家电子商务示范城市电子商务试点专项的通知	发改委
2012 年 9 月	关于促进外贸稳定增长的若干意见	国务院
2013 年 2 月	支付机构跨境电子商务外汇支付业务试点指导意见	商务部
2013 年 4 月	关于进一步促进电子商务健康快速发展有关工作的通知	发改委等
2013 年 7 月	关于促进进出口稳增长、调结构的若干意见	国务院
2013 年 8 月	关于实施支持跨境电子商务零售出口有关政策的意见	国务院
2013 年 11 月	关于支持跨境电子商务零售出口的指导意见	质检总局
2013 年 12 月	关于跨境电商零售出口税收政策的通知	财政部等
2014 年 1 月	关于增列海关监管方式代码的公告	海关总署
2014 年 5 月	关于支持外贸稳定增长的若干意见	国务院
2014 年 7 月	关于跨境贸易电子商务进出境货物、物品有关监管事宜的公告	海关总署
2014 年 7 月	关于整列海关监管方式代码的公告	海关总署
2014 年 10 月	关于开展电子商务与物流快递协同发展试点有关问题的通知	财政部等
2014 年 11 月	关于加强进口的若干意见	国务院
2014 年 11 月	关于促进内贸流通健康发展的若干意见	国务院
2015 年 1 月	关于开展支付机构跨境外汇支付业务试点的通知	外汇管理局
2015 年 1 月	支付机构跨境外汇支付业务试点指导意见	商务部
2015 年 2 月	关于加快发展服务贸易的若干意见	国务院
2015 年 3 月	关于同意设立中国(杭州)跨境电子商务综合试验区的批复	国务院
2015 年 4 月	关于改进口岸工作支持外贸发展的若干意见	国务院
2015 年 5 月	"互联网＋流通"行动计划	商务部
2015 年 5 月	关于进一步发挥检验检疫职能作用促进跨境电子商务发展的意见	商务部
2015 年 5 月	关于调整跨境贸易电子商务监管海关作业时间和通关时限要求有关事宜的通知	海关总署

续表

时间	政策名称	发文部门
2015 年 5 月	关于大力发展电子商务加快培育经济新动力的意见	国务院
2015 年 5 月	关于加快培育外贸竞争新优势的若干意见	国务院
2015 年 6 月	关于跨境电子商务进出口消费品检验监管工作的指导意见	商务部
2015 年 6 月	关于促进跨境电子商务健康快速发展的指导意见	国务院
2015 年 7 月	关于促进进出口稳定增长的若干意见	国务院
2015 年 9 月	关于推进线上线下互动加快商贸流通创新发展转型升级的意见	国务院
2015 年 10 月	关于天津市开展跨境贸易电商服务试点工作的报告	海关总署
2015 年 12 月	关于进出口货物报关单修改和撤销业务无纸化相关事宜的公告	海关总署
2016 年 1 月	关于同意在天津等 12 个城市设立跨境电子商务综合试验区的批复	国务院
2016 年 2 月	关于口岸进境免税店政策的公告	商务部
2016 年 3 月	关于跨境电子商务零售进口税收政策的通知	商务部
2016 年 4 月	关于公布跨境电子商务零售进口商品清单的公告	商务部
2016 年 4 月	关于公布跨境电子商务零售进口商品清单(第二批)的公告	商务部
2016 年 5 月	商务部新闻发言人"关于延长跨境电商零售进口监管过渡期的谈话"	商务部
2016 年 5 月	质检总局关于跨境电商零售进口通关单政策的说明	质检总局
2016 年 5 月	国务院关于促进外贸回稳向好的若干意见	国务院
2016 年 11 月	国务院关于推动实体零售创新转型的意见	国务院
2017 年 8 月	中华人民共和国海关监管区管理暂行办法	海关总署
2017 年 11 月	商务部等 14 部门关于复制推广跨境电子商务综合试验区探索形成的成熟经验做法的函	商务部等
2018 年 7 月	关于扩大进口促进对外贸易平衡发展意见的通知	商务部等
2018 年 8 月	关于同意在北京等 22 个城市设立跨境电子商务综合试验区的批复	国务院
2019 年 11 月	中共中央国务院关于推进贸易高质量发展的指导意见	国务院
2019 年 12 月	关于同意在石家庄等 24 个城市设立跨境电子商务综合试验区的批复	国务院

时间	政策名称	发文部门
2020 年 5 月	关于同意在雄安新区等 46 个城市和地区设立跨境电子商务综合试验区的批复	国务院
2020 年 7 月	关于开展跨境电子商务企业对企业(B2B)出口监管试点的公告	海关总署

资料来源:跨境电商蓬勃发展,政策红利不断释放,华西证券,2020-07-09

2.2.2　跨境出口电商物流及其主要模式

物流是跨境电商流程中最重要的环节之一。选择合适的物流方式,不仅可以节省成本,还可以极大地提升客户体验。目前,我国跨境出口电商企业所采用的物流方式主要分为四种:邮政包裹模式、国际商业快递模式、专线物流模式以及海外仓模式。根据海猫跨境编委会的不完全统计,中国出口的跨境电商 70% 包裹是由邮政系统投递的,其中中国邮政占 50% 左右。具体的跨境物流模式如下:

(1)邮政物流:邮政物流遍布全球,比其他任何跨境物流方式都要广。其中邮政小包的跨境电商占比 70% 以上。邮政小包虽然价格便宜,但是无法享受出口退税,时效较慢,同时对货物大小有严格的要求。

(2)国际商业快递:指在两个或两个以上国家或地区之间所进行的快递、物流业务。目前国际快递业主要有 DHL、UPS、FedEx、TNT 四大巨头。国际快递的时效快但成本高,对于高价值、体积小的产品比较适用。

(3)专线物流:又称货柜专线,跨境专线物流一般通过海运、航空包仓等方式将货物运输到国外,再通过合作公司进行目的国的派送。专线物流能够集中大批量发往某一国家或地区的货物,通过规模效应降低成本。一般专线物流都是双清包税,收件人不用担心清关问题。

(4)海外仓:海外仓模式是指卖家在销售目的地进行货物仓储、分拣、包装和派送的一站式管控与管理服务。一般运作流程包括头程运输、仓储管理、本土配送、信息更新四大部分。海外仓提高了整体派送时效,方便退换货,具有售后保障,物流体验最好。

跨境出口电商物流的模式各有特点,针对不同的出口商品品类及客户对物流时效和本地化的不同要求,卖家可根据各渠道的优劣势比较判断选择适合自身情况的物流方式,各种物流方式都各有优劣势,可以采取其中某一种方式,甚至可以通过多种方式实现组合。上述四种跨境物流模式各有优缺点,具体如表 2-3 所示。

表 2-3　跨境出口物流模式优缺点分析

序号	跨境出口物流模式	优点	缺点
1	邮政物流	邮政网络基本覆盖全球,比其他任何物流渠道都要广,可寄递的范围广。邮政渠道一般为国营性质,清关能力强,价格非常便宜	有明显的尺寸限制,重量要求在 2kg 以内,单边长不超过 60cm,三边之和不超过 90cm,只适合重量轻、体积小的轻小货物。价格便宜,时效也慢,易丢包
2	国际商业快递	速度快、服务好、丢包率低,尤其是发往欧美发达国家非常方便。比如,使用 UPS 从中国寄包裹送到美国,最快可在 48 小时内抵达,DHL 发送欧洲一般在 3 个工作日内可到达	价格昂贵,除运费以外还有燃油费、偏远费等其他附加费,且资费变化比较大。与邮政渠道相比,清关能力较差。一般跨境电商只有在客户强烈要求时效性的情况下才会使用,且会向客户收取运费
3	专线物流	集中大批货物发往目的地,通过规模效应降低成本,因此,价格比商业快递低,速度快于邮政小包,丢包率比较低	相比邮政小包来说,运费还是高了不少,而且在国内的揽收范围内相对有限,覆盖地区有待扩大
4	海外仓	相当于销售发生在本土,可提供灵活可靠的退换货方案,提高了海外客户的购买信心;发货周期缩短,发货速度加快,可降低跨境物流订单缺陷率;避免直邮的旺季排仓、爆仓等情况	对选品要求高,一旦选品不对造成滞销就特别难处理;库存仓储费用不便宜,从货物到达海外仓起就产生仓储费用,资金回流周期长;货物在海外可控性差,对仓储服务商的运营能力要求高,货物一旦被查被扣,对卖家影响巨大;对卖家在供应链管理、库存管控、动销管理等方面提出了更高的要求

随着全球买家对跨境电商购物体验的品质要求逐渐提高,海外仓模式逐渐成为跨境电商企业成长发展的核心物流模式之一。目前主流的物流方式普遍存在配送慢、清关慢、易丢包、退换难等核心问题。而海外仓通过海外提前备货的形式,一方面缩短了配送时间,提升客户满意度,有助于扩大产品销量。另一方面,该形式有助于企业实现本地化,提供完善的售后服务,实现退换货与本地维修,极大地提升海外买家的购物体验。此外,自建海外仓储系统可实现高效自动化管理,极大地提升跨境电商的销售效率与库存周转能力。

2.3　海外仓相关理论

2.3.1　海外仓的基本概念及特征

海外仓是从事出口跨境电子商务的企业在海外自建或租用仓库,将货物批量发送到海外仓库,实现国外销售、配送的跨国物流形式。实质是以海外仓储为核心的综合物流配套体系,其中包括大宗货物运输、海内外贸易清关、精细化仓储管理、个性化订单管理、包装配以及综合信息管理等。

经营海外仓的企业主要有以下四类企业。一是电商平台型企业,如 Amazon FBA,通过服务体系延伸,为平台上的跨境电商卖家提供更健全的服务;二是出口大卖家,这种模式一般以企业完全自营为主,如兰亭集势的海外仓从欧洲拓展到了北美;三是传统外贸企业,出于对自身跨境业务发展的支撑,同时也可以为其他跨境电商企业提供一站式海外仓服务;四是第三方物流,以国际物流、货代企业为主,如万邑通、出口易、中邮、递四方、飞鸟等较早涉足海外仓的专业企业,这类企业具备强大而专业的国际物流服务能力,专注于经营跨境卖家的物流服务。

2.3.2　海外仓运作流程及布局选址

海外仓为外贸电商在销售目的地进行货物仓储、分拣、包装和派送的一站式控制与管理服务。确切来说,海外仓储运作流程应该包括头程运输、仓储管理和本地配送三个部分,如图 2-1 所示。

图 2-1　海外仓运作流程

（1）头程运输：国内跨境电子商务卖家通过海运、空运、陆运或者多试联运方式将商品运送至海外仓库，过程中包括报关、保险等环节，集中运输节约了成本、时间。

（2）仓储管理：对运送至海外仓库中的商品进行归类存放、管理，实时更新库存量，当商品存量低于最佳库存量时提醒补货。此外，还要对存货设置一定的保护措施，以免商品毁坏、变质等。

（3）尾程配送：根据买家下单的地址，选择从最近的海外仓发货，海外仓可依据具体情况选择最优的物流公司进行最后的配送，将商品快速、安全地送达最终消费者。

从上面的海外仓运作流程可以看出，在跨境出口电商运作过程中采用海外仓的物流方式基于以下考虑：一是要降低物流成本。如从海外仓发货，特别是在当地发货，物流成本远远低于从中国境内发货，例如在中国发DHL 到美国，一公斤货物要 124 元人民币，在美国发货只需 5 美元。二是要加快物流时效。从海外仓发货，可以节省报关清关所用的时间，并且按照卖家平时的发货方式（DHL 5～7 天，FeDex 7～10 天，UPS 10 天以上），若是在当地发货，客户就可以在 1～3 天内收到货，大大地缩短了运输和配送时间，加快了物流的时效性。三是要提高产品曝光率。如果平台或者店铺，在海外有自己的仓库，那么当地的客户在选择购物时，一般会优先选择当地发货，因为这样对买家而言可以大大缩短收货的时间，海外仓的优势也能够让卖家拥有自己特有的优势，从而提高产品的曝光率，提升店铺的销量。四是要提升客户满意度。海外仓大大节省了物流的时效性，在一定层面上不仅能够重新得到买家的青睐，也能为卖家节省运输成本，减少损失。五是要有利于开拓市场。海外仓更能得到国外买家的认可，有利于卖家积累更多的资源去拓展市场，扩大产品销售领域与销售范围。

海外仓的布局是跨境出口电商企业采用海外仓服务的重要战略考量。

一般而言,海外仓的订单流及入仓成本是海外仓选址布局的关键因素。"市场在哪仓在哪"是跨境电商企业开展海外仓业务的基本原则。目前,从我国跨境电商的发展来看,主要以美国、英国、欧盟为主,其中,美国主要集中在纽约、芝加哥、洛杉矶等地设置了海外仓。英国由于国土面积不大,当地物流可以在 1～2 天内实现本地派送,目前,主要海外仓服务商已经在伦敦、曼彻斯特等地设置了海外仓。在欧盟,由于德国的地理位置位于欧盟中心位置且物流体系非常完善,所以在德国设仓能更快速高效地辐射到整个欧盟地区。下面分别对美国、英国及德国的海外仓按运作流程分别进行比较分析,具体如表 2-4 所示。

表 2-4　美国、英国及德国的海外仓服务分析

国别	海外仓选址	头程物流	尾程物流
美国	纽约、芝加哥、洛杉矶等	海运:货物从国内集货仓到通过海运方式运输至美西仓并上架,需要 28～32 个自然日;货物从国内集货仓到通过海运方式运输至美东仓并上架,一般需要 35～38 个自然日。空运:货物从国内仓集货仓到通过空运方式运输至美国仓(不分东西)并上架,一般需要 7 个自然日	美国的尾程物流主要包含邮政和商业快递体系。中国卖家主要选择的美国邮政服务是 USPS,商业快递主要是 FedEx 和 UPS
英国	伦敦、曼彻斯特等	海运:货物从国内集货仓到通过海运方式运输至英国海外仓并上架,一般需要 28～33 个自然日。空运:货物从国内集货仓到通过空运方式运输至英国海外仓并上架,一般需要 7 个自然日	英国的尾程物流主要包含邮政和商业快递体系。中国卖家主要选择的邮政服务是英国皇家邮政(Royal Mail)、比利时邮政(Bpost)、荷兰邮政(PostBL)。商业快递主要是 Yodel、UPS、DHL

续表

国别	海外仓选址	头程物流	尾程物流
欧盟	德国汉堡等	海运:货物从国内集货仓到通过海运方式运输至德国海外仓并上架,一般需要45个自然日。 空运:货物从国内集货仓到通过空运方式运输至德国海外仓并上架,一般需要7个自然日	商家选择的德国尾程物流多为德国邮政(Deutshche Post AG),德国邮政的主要业务有邮政、快递、敦豪物流供应链、敦豪全球货运物流等

2.3.3 海外仓的分类

根据运营主体的不同,海外仓可以分为自营海外仓、第三方公共服务海外仓及亚马逊 FBA。

(1)自营海外仓。自营海外仓模式是指由出口跨境电商企业建设并运营的海外仓库、仅为本企业销售的商品提供仓储、配送等物流服务的跨境物流模式,也就是整个跨境电商物流体系是由跨境出口电商企业自身控制的,类似于国内电商物流中的京东物流体系、苏宁物流体系。例如,外贸电商第一股兰亭集势自 2014 年起相继在欧洲、北美设立海外仓,实现中国商品在海外本土发货,采取的就是自营海外仓模式。

跨境出口电商通过海运、空运或者快递等方式将商品集中运往本企业经营的海外仓进行存储,并通过本企业的库存管理系统下达操作指令。其运作流程如下。

步骤一:跨境出口电商将商品运至,或者委托物流承运人将货发至本企业经营的海外仓。这段国际货运可采取海运、空运或者快递方式到达仓库。

步骤二:跨境出口电商使用本企业的物流信息系统,远程操作运送海外仓储的货物,并且保持实时更新。

步骤三:跨境出口电商物流部门根据作业指令对货物进行存储、分拣、包装、配送等操作。

步骤四:系统信息实时更新。发货完成后,跨境出口电商的物流系统会及时更新以显示库存状况,让跨境出口电商实时掌握。

（2）第三方公共服务海外仓。第三方公共服务海外仓模式是指由第三方物流企业或跨境电商平台建设并运营的海外仓库，并且可以为众多的跨境出口电商企业提供清关、入库质检、接收订单、订单分拣、多渠道发货、后续运输等物流服务的物流模式，即整个跨境电商物流体系是由第三方物流企业控制的，类似国内电商物流中的淘宝物流体系。例如，成立于 2012 年 11 月的万邑通信息科技有限公司，目前已在中国、美国、英国、德国和澳大利亚均拥有全球直营仓库，2013 年以来，万邑通针对 eBay 卖家推出了澳大利亚、美国、英国、德国四大公共海外仓服务，为包括中国的卖家提供国际物流管理、国内外仓储管理、"最后一公里"派送管理、数据分析等多项服务，是中国最著名的跨境电商物流整体解决方案提供商之一。

跨境出口电商通过海运、空运或者快递等方式将商品集中运往第三方物流企业经营的海外仓进行存储，并通过第三方物流企业的库存管理系统下达操作指令。其运作流程如下：

步骤一：跨境出口电商将商品运至，或者委托物流承运人将货发至第三方物流企业经营的海外仓。这段国际货运可采取海运、空运或者快递方式到达仓库。

步骤二：跨境出口电商通过第三方物流企业的物流信息系统，远程操作远送海外仓储的货物，并且保持实时更新。

步骤三：第三方物流企业根据跨境出口电商的作业指令对货物进行存储、分拣、包装、配送等操作。

步骤四：发货完成后，第三方物流企业的物流系统会及时更新以显示库存状况，跨境出口电商可实时掌握。

（3）亚马逊 FBA。亚马逊 FBA（Full Filling by Amazon）是由亚马逊提供的一站式物流服务，包括仓储、拣货打包、配送、收货、客户服务和退货处理。与其他的海外仓服务相比，在亚马逊 FBA 模式中，卖家把自己在亚马逊上销售的产品库存直接送到亚马逊当地市场的仓库中，客户下订单后就由亚马逊系统自动完成后续的发货。

根据自营海外仓、第三方公共服务海外仓、亚马逊 FBA 的运营主体及运营模式不同，三种模式各有优缺点，跨境出口电商企业可以结合自身的需求，选择不同的海外仓服务和运作模式。自营海外仓、第三方公共服务海外仓、亚马逊 FBA 的优缺点如表 2-5 所示。

表 2-5　自营海外仓、第三方公共服务海外仓和亚马逊 FBA 的优缺点分析

海外仓模式	优点	缺点
自营海外仓	自建仓最大的优点是灵活性强,公司可以自己掌控操作系统和管理	自建仓的风险和成本会更高,海外仓涉及的海关、法律和税务问题也会更麻烦。此外,如果销量小,没有规模优势,很难获得一个好的本地分销价格;管理来自不同文化的员工难度大
第三方公共服务海外仓	帮助提高单件商品的利润率;稳定的供应链有助于增加商品销量;海外仓采用的集中运输方式,突破了对商品重量、体积和价格的限制,有助于扩大销售品类;集中运输方式大大降低了单个货物的平均运费;稳定的销量和越来越好的买家评论将提高卖家的账号表现	存货量预测不准确可能导致商品滞销;货物跟踪错误会导致损失;本地化服务和团队管理不足会影响卖家的服务需求
亚马逊 FBA	通过提高产品页面排名,帮助卖家成为特色卖家,抢夺购物车,提高客户信任度,增加销量。拥有多年丰富的物流经验,仓库遍布全球,智能化管理;仓库大多靠近机场,配送时效快;亚马逊专业客服,可以提高用户体验	成本比直接从国内发货高,但也需要考虑产品的重量;客户服务不到位,灵活性差;标签扫描出问题会影响货物入库,甚至入不了库等

2.3.4　公共海外仓服务流程

在公共海外仓的服务过程中,海外仓服务商的运作流程如图 2-2 所示。

公共海外仓服务商具体的服务流程包括卖家下单、首公里揽收、国内仓操作、出口清关、进口清关、海外仓操作、尾程物流七个环节,具体如下:

(1)卖家下单。首先,卖家要在海外仓服务官网上下单,与海外仓服务商进行对接。

卖家　　首公里　国内仓　出口　　头程　　进口　　公共海外　最后一公　买家
下单　　揽收　　操作　　清关　　运输　　清关　　仓操作　　里配送　　取货

图 2-2　公共海外仓服务商运作流程

（2）首公里揽收。对接完成后,海外仓服务商会到卖家处进行揽货,并将货物运输至海外仓集货仓。

（3）国内仓操作。在海外仓集货仓中,海外仓服务商工作人员会对货物进行一系列复查工作(重量复秤、体积复量、产品复查、产品分拣、产品贴标、货物打托)。

（4）出口清关。完成复查工作后,工作人员会将货物装箱,进行出口报关,此时需要卖家提供公司材料、产品相关证书等报关资料。

（5）进口清关。顺利报关运输至目的港后,还需要进行进口清关,海外仓服务商会预先支付一部分税金并代理清关。货物符合目的国清关规定后,则会被放行离港,并由海外仓服务商运输至海外仓。

（6）海外仓操作。货物抵达海外仓后,海外仓工作人员会进行拆箱,并完成分拣上架工作(拆箱服务、仓储服务、贴标服务、Wish 预约)。

（7）尾程物流。一旦买家下单,则相关产品将由海外仓工作人员分拣给运输人员,并由当地的运输体系派送至买家手中。当然,尾程物流需要商家自行选择,建议商户按照当地的物流成本、配送距离和有效库存综合考虑,选择更优的配送服务。

2.3.5　代表性海外仓服务商分析

海外仓模式是目前跨境电商物流优化的热门方式,已经成为跨境物流的一种重要模式。伴随着跨境电商的发展,海外仓也迎来了建仓热期,同时市场上涌现大批的海外仓服务商。下面对有代表性的海外仓服务商进行简要的分析,如表 2-6 所示。

表 2-6　有代表性海外仓服务商分析

公司名	公司简介	服务内容	海外建仓情况	服务优势
万邑通	2012 年在上海注册成立,定位为中立开放的跨境电商产业支持平台	为全球客户提供领先的跨境售后物流服务体系	主要业务板块包括物流平台、金融平台以及数据信息平台,在全球设立了 9 个直营仓库,服务网络遍布澳大利亚、美国、欧洲等主要跨境贸易市场	基于供应链管理,通过互联网实现,有效降低库存、提高库存周转率和资金回报率,为跨境电商提供端到端的全面、透明稳定、合法合规、成本优化、基于客户体验的整体供应链解决方案
易达云	专注于跨境电商服务的互联网科技公司	通过智能跨境IT 云系统和智能柔性海外仓相结合,推出海外仓管式服务、全球云分销等多项"海外仓＋"服务,是 Amazon、Walmart 等官方合作伙伴	在美国、加拿大、英国、德国、等建有七大物流仓储中心,仓库面积 5 万多平方米	云系统:系统永久免费试用,一账号管理多平台,独家智能分仓并生成补货建议;云物流:全球七大物流仓储中心,物流网络覆盖欧美全境;云金融:物流费用授权垫付,货物出口提前收款等
递四方	专业为跨境电商提供全球仓储和全球物流的国际型公司	全球各大平台推荐物流服务商,拥有 50 余种产品和服务	在美国、加拿大、英国、德国、捷克、西班牙、澳大利亚、日本、等设有仓储物流中心,仓储面积近 20 万平方米	每日订单处理 100 万票以上,时效高;国际最先进的仓库管理系统、仓储容量大、价格优化;提供个性化退货拍照、合并、拆分包裹等服务

续表

公司名	公司简介	服务内容	海外建仓信息	服务优势
出口易	覆盖全球的跨境电商全程物流解决方案提供商	海外仓储、国际专线、FBA 头程、小包快递等物流服务及配套增值服务	在英国、美国、德国、澳大利亚、加拿大等国家布局有超过 4 万平方米的仓库面积	超过 10 年的海外仓自营经验,4 万多平方的超大库容;自主研发 WMS 系统,可实现全程可视化追踪;灵活的本地配送,可降低物流成本;7×24 小时视频监控,货物安全有保障;是 Amazon、Wish、AliExpress 等认可并共建的物流合作伙伴;专业关务风控团队,可免费提供关务资讯等
飞鸟国际	为跨境电商提供海外仓为核心的全球供应链综合服务商	跨境物流、3D海外仓、电商软件、海外税务、电商运营及供应链金融等	在英国、法国、德国、美国、澳大利亚等设有海外仓,海外仓容量近 4 万平方米	合规和预测能力强,能提前应对潜在风险;业务范围广,能帮助跨境电商企业解决业务过程中的棘手问题;团队经验丰富,能提供优质高效的服务
韵达速递	成立于 1999 年 8 月,是经国家主管机构批准的全国快递及物流供应商	为客户提供快递、物流及电子商务等门到门服务,为大客户订制仓配一体化解决方案	在日本、韩国、泰国、澳大利亚、加拿大、美国、荷兰、新西兰、国家和地区、德国等设有海外仓,仓储面积 3 万多平方米	境内境外一单到底无缝对接;拥有强大的全球货运跟踪系统,对货物实时监控;拥有强大的全球运单及订单管理系统;拥有强大的海外仓储系统;拥有强大的国内配送网络

注:根据网络信息整理。

2.3.6　优秀海外仓运营经验

　　自 2016 年 3 月,李克强总理在《政府工作报告》中提出"扩大跨境电子商务、支持出口企业,建设一批出口产品'海外仓',促进外贸综合服务企业发展"。商务部等五部门也在《商贸物流发展"十三五"规划》(商流通发〔2017〕29 号)中特别指出:"以跨境电子商务发展为重点,引导和鼓励有条件的企业科学规划、有序建设海外物流基础设施,打造具有较强辐射能力的公共海外仓"。近年来,随着跨境电商的快速发展,海外仓建设如火如荼地展开,截至 2020 年底,我国在海外建设的海外仓,超过 1800 个,服务发展覆盖全球,已经成为支撑跨境电商发展、拓展国际市场的新型外贸基础设施。为更好地推动公共海外仓发展,促进海外仓丰富功能、延伸服务和优化布局,国家商务部对在信息化建设、智能化发展、多元化服务及本地化经营等方面取得先行先试经验和良好运营效益的公共海外仓模式进行了总结,为其他公共海外仓运营企业提供了可借鉴的经验,具体的运营经验包括以下 12 个方面[①]:(1)建设信息管理平台。通过提升信息管理水平,有效加强仓储运营管理,提高操作准确性和履约时效性,增强服务能力和客户满意度。(2)提升智能化水平。智能化是优秀海外仓有别于传统仓储设施的重要标志,也是海外仓提高服务效能的重要措施。(3)助力提升外贸企业数字化水平。通过高效精准匹配产销,助力外贸企业提升数字化营销、生产能力。(4)与跨境电商平台联动发展。通过与跨境电商平台合作,实现营销、接单和仓储、配送的良性互动,有效提高订单转化率和仓内商品的周转率,提升海外备货的精准度。(5)建立"门到门"物流体系。以海外仓为支点,提供从国内揽收、国际货运、海外上架到终端配送的一站式跨境物流服务,有效提升综合物流效率,降低物流成本。(6)提供一站式通关服务。在跨境电商商品完成终端销售前清关入境,是开展海外仓业务的前提条件,已成为优秀海外仓重要的服务内容。(7)创新供应链金融服务。供应链金融服务创新能够有效降低跨境电商卖家运营成本,提高风险防控水平,提升卖家交易能力。(8)提供合规咨询服务。高质量合规咨询服务能够助力企业更好地开拓国际市场,避免违规风险,维护中国企业形象。(9)拓展数据资源效用。

---

　　① 商务部:商务部办公厅关于印发首批海外仓实践案例好经验好做法的函(商办贸函〔2020〕433 号),2020-12-29.

以大数据、人工智能等技术对海量数据进行及时、有效分析,助力企业提升运营效率,提高生产水平。(10)提供高质量售后服务。完善的售后服务能够减少产品回国返修和销毁成本,有效提高消费者的消费体验,提升产品和企业形象。(11)定制个性化服务。针对不同企业的需求,提供个性化、定制化服务,提升终端消费者体验。(12)坚持本土化运营。将海外仓有机融入所在国的经济和社会体系,实现共同发展,互利共赢。

2.4　绩效评价相关理论与方法

2.4.1　绩效评价概述

绩效是指正在进行的某种活动或者已经完成的某种活动取得的成绩。绩效既可以看作一个过程,也可以看作该过程产生的结果[39]。绩效不仅包含外部效果,也包含内在的努力程度,它往往可以通过投入、产出和成果来进行描述。绩效的科学内涵一般包括以下几个方面[40-41]。

(1)绩效是客观存在的,是人们实践活动的结果;绩效是产生了实际效果的实践活动结果。

(2)绩效是一定的主体作用于一定的客体所表示出来的效用,绩效有正、负绩效之分。

(3)绩效既是一个过程,也是结果;绩效是人们所从事的实践活动的过程和结果。其过程性体现在人们从事的实践活动一般都有一个明确的目标,并基于这个目标通过制订计划,安排相应的人力、物力、财力通过实施以达到所确定的目标。而结果性则体现在人们从事相关的实践其目标是达到预期的目标,但可能达成也可能未达成,而绩效则是衡量活动目标是否达成。

(4)绩效体现投入和产出关系。绩效的获得一般而言需要一定的人力、物力、财力的投入,一般情况下,投入越多,产生的绩效也越大。因此在绩效的衡量过程中不应以绝对值来评价,而应该综合考虑投入与产出的对比关系。

(5)绩效的可度量性。作为一个综合考虑投入产出的指标,绩效应该是可以度量和比较的。虽然在有些情况下绩效指标无法用精确的数字来表达而只能依靠定性的描述,但为了易于评价和比较,在实际的应用场景中也应通过一定的方法将定性描述定量化,从而便于评价和比较。

绩效评价是根据客观性、数量性的数据收集与分析方式,以数字或百分比的形式来衡量一个组织的效能与效率的评价方法[42]。在现代管理科学的研究中,绩效评级是综合应用数量统计和运筹学等方法,采用特定的指标体系,对照统一的评价标准,按照一定的程序,通过定量、定性分析,对特定主体在一定的期间内做出的效益和成绩进行客观、公正和准确的综合评判。一般情况下,开展绩效评价的目标主要包含以下几个方面:一是评判实践活动价值的有无及大小;二是通过绩效评价使评价客体对评价主体的价值尽量达到优化或满足;三是通过绩效评价为评价主体提供决策依据以利于其更好地决策和采取相应的措施[43]。

2.4.2 绩效评价体系

目前绩效评价体系众多,针对不同的环境也构建了不同的指标体系。本章重点对当前常用的几种绩效评价体系进行介绍[44]。

(1)基于投资回报率 ROI 的评价体系[45]

基于投资回报率 ROI 的评价体系是 20 世纪初由美国杜邦公司提出,该评价体系从系统化的角度对企业财务情况、绩效开展评价,得出更加全面的评价结果。ROI 评价体系是在关注利润及股东利益的基础上,关注企业盈利能力核心指标,对企业的总资产报酬率进行评价,参考杜邦公式对指标进行分解,使各部门能够明确自身的考核目标,利用分析方式了解企业经营过程中各财务指标的变动情况,从而为企业的管理决策提供信息上的帮助。基于投资回报率 ROI 的评价体系在管理上以财务管理为主线,实现企业价值的最大化。

(2)基于平衡记分卡 BSC 的评价体系[46-48]

平衡记分卡 BSC 是由哈佛商学院发明的一种绩效管理和绩效考核的工具。通过对短期及长期目标、财务与非财务指标的有效结合,实现对管理者注意力的转移,使企业管理者不仅关注企业短期发展利益问题,也能够关注企业的战略实现问题。基于平衡记分卡 BSC 的评价体系从顾客、学习和创新等角度构建评价体系。其中,财务指标主要是为了解企业当前设定的战略目标是否能够帮助企业改善当前的业绩情况;顾客指标主要用于衡量顾客满意度;内部过程指标主要用于衡量企业工作效率;学习与创新指标主要了解企业的发展动力等。这种指标改变了过去只考虑财务指标的评价模式,引入了非财务评价指标,实现了对评价指标体系的全面优化。

(3)基于 EVA 的绩效评价体系[49-52]

经济增加值模型(Economic Value Added)是 Stern Stewart 咨询公司研发的价值分析工具以及业绩评价指标。EVA 模型主要致力于企业的长时间发展,激励经营者能够拥有未来长时间受益的投资策略。EVA 模型最重要的作用就是对企业的经营业绩做评价,同时考察企业的增值保值状况,让企业向纯收益超过权益资本收益的目标进发。EVA 评价体系主要包括以下几个主要环节:一是在确定企业战略目标的时候,将市场当成核心,由市场形势、顾客导向以及产品需求组成的制约标准共同实现的。二是以战略目标为指导,对企业战略目标进行细致的划分以及可度量化,从而实现全面的展示。三是通过分析企业特征规划其他的基础要素并对其进行量化。四是通过企业的各个部门层面的共同商讨分析企业战略目标来设计满足企业战略的规划。五是以成本上的花费计算 EVA 指标。最后通过观察市场的反馈以及财务指标绩效的状况来对企业战略进行相应的修改。

(4)基于 ROF 参考模型的评价体系[53-54]

ROF 参考模型体系包括资源评价(Resources)、产出评价(Output)和柔性评价(Flexibility)三个方面。其中,资源评价通过成本及财务的指标来体现,具体包括各种资源的总成本、销售和配送过程中的运输成本及处理成本、制造成本、存货成本及投资回报率。产出评价主要通过销售额、利润额、订单完成率、顾客响应时间、生产响应时间、缺货率、制造前置时间、运输错误率、顾客满意度等指标来体现。柔性评价则通过时间柔性、数量柔性、产能柔性及混合柔性等指标来度量。资源评价、产出评价和柔性评价这三个层面之间相互作用彼此达到平衡。定量指标可以用具体数学数值表示,例如财务和成本等;定性指标则用来描述不能用数学指标来准确表示的评价因素,例如满意度和竞争力等。

(5)基于 SCOR 模型的评价体系[55-58]

SCOR 是由国际供应链协会开发的供应链运作参考模型,将业务流程重组、流程测评等理念集合到一个功能框架之中,为评价的全面性提供保障。SCOR 可以使企业之间准确交流供应链信息,从更客观的角度入手对性能进行评价,确定性能改进目标。该评价体系提供了以流程为核心及横向一体化的全新视角。该模型认为影响企业效率的最大要素就是流程效率,只有实现了对业务流程的整合才能够实现整体环节价值的提升,从而满足企业战略需要。基于 SCOR 模型的评价体系实现了对部门考核模式的转变,从流程考核入手打破了部门之间的限制,通过对流程的细分来寻找关键控制点,设定考评体系,建设以流程为导向的 KPI 考核指标体系。

从上面的分析可以看出,五种绩效评价体系各有侧重。基于投资回报率 ROI 的评价体系的数据来源企业的会计数据,是一种定量的评价方法,但数据只有会计期末才能得到和评价。基于平衡记分卡 BSC 的评价体系包含了客户满意度、学习能力等非财务指标,可以依托信息技术网络及时获取信息并进行评价,具有一定的动态性和综合性。基于 EVA 的绩效评价体系以战略目标为指导,对企业的经营业绩做评价,同时考察企业的增值保值状况。基于 ROF 参考模型的评价体系则从资源评价、产出评价和柔性评价三个层面,采用定性和定量相结合的方式对企业的绩效进行评价。基于 SCOR 模型的评价体系从供应链管理的理念出发,可以实时收集业务流程运作的信息,及时性强,能够进行动态评价,在供应链绩效评价中被广泛应用。

2.4.3 绩效评价常用方法

绩效评价的方法是绩效评价工作的核心和关键,是达到绩效评价结果的工具,直接关系到绩效评价结果的准确性[44]。供应链绩效评价的方法有很多种,目前广泛应用的方法有层次分析法、网络分析法、模糊综合评价法、数据包络分析法等。

(1)层次分析法(Analytic Hierarchy Process,AHP)[59-62]。AHP 方法由美国匹茨堡大学 T. L. Saaty 教授于 20 世纪 70 年代中期提出,AHP 模型在完成分析系统的组成部分和各部分的联系之后会建立起一个具有多层次结构的模型,将各个要素放入到对应的层次当中;利用评价客观事实的结果,把每个层次逐层地进行比较,随后能够得到各个层次具有的重要程度,通过得到的这个数据来构建出判断矩阵,通过数学方式来得到不同指标的相对权重;最终按顺序把各个指标在总目标中具有的权重计算出来。层次分析能够将人的主观经验判断与数学处理整合到一起,可以通过对目标准则体系的分析获取各个层次之间存在的非序列关系。因为 AHP 具有实用、系统性以及简洁的优点,AHP 是在绩效评价中运用最普遍的方法之一。

（2）网络分析法（Analytic Network Process，ANP）[63,64]。网络分析法ANP 是美国匹兹堡大学的 T. L. Saaty 教授于 1996 年提出的一种适应非独立的递阶层次结构的决策方法，它是在 AHP 的基础上发展而形成的一种新的实用决策方法。ANP 首先将系统元素划分为两大部分：第一部分称为控制因素层，包括问题目标及决策准则。所有的决策准则均被认为是彼此独立的，且只受目标元素支配。控制因素中可以没有决策准则，但至少有一个目标。控制层中每个准则的权重均可用 AHP 方法获得。第二部分为网络层，它是由所有受控制层支配的元素组成互相影响的网络结构，它由所有受控制层支配的元素组成，元素之间互相依存、互相支配，元素和层次间内部不独立，递阶层次结构中的每个准则支配的不是一个简单的内部独立的元素，而是一个互相依存、反馈的网络结构。网络分析法的特点是在 AHP的基础上，考虑到各因素或相邻层次之间的相互影响，利用"超矩阵"对各相互作用并影响的因素进行综合分析得出其混合权重。

（3）模糊综合评价法[65-67]。美国自动控制专家 Zadeh 教授于 1965 年提出了模糊集合理论的概念，用于表达事物的不确定性，学者们在此基础上不断发展，提出了模糊综合评价法。该方法以模糊数学为基础将不易划清界限、难以定量的问题定量化，利用模糊数学的隶属度理论对受到多种因素制约的事物或对象做出一个总体评价。其基本原理是首先确定被评价对象的因素（指标）评价集，再分别确定各因素的权重及隶属度向量，得到模糊评判矩阵，最后把模糊评判矩阵与因素的权向量进行模糊运算并进行归一化，得到模糊综合评价结果。在实际运用中可分为以下五个步骤：一是确定评价对象的因素集和评语集；二是进行单因素评价；三是确定各指标的模糊权重向量；四是多因素模糊评价；五是对模糊综合评价结果进行分析。

（4）数据包络分析法[68,69]。数据包络分析方法（Data Envelopment Analysis，DEA）是运筹学、管理科学与数理经济学交叉研究的一个新领域，DEA 方法及其模型由美国著名运筹学家 A. Charnes 和 W. W. Cooper 在1978 年提出，它是根据多项投入指标和多项产出指标，利用线性规划的方法，对具有可比性的同类型单位进行相对有效性评价的一种数量分析方法。DEA 方法具有以下特点：一是适合用于多输出—多输入的有效性综合评价问题，在处理多输出—多输入的有效性评价方面具有绝对优势；二是应用DEA 方法建立模型前无须对数据进行量纲化处理；三是无须任何权重假设。DEA 方法已广泛应用于不同行业及部门，并且在处理多指标投入和多指标产出方面有显著的优势。

2.5　本章小结

　　本章分别对本书研究的相关内容的理论和技术基础进行了分析:第一,从供应链整合的概念、内涵出发,分析了供应链整合的发展过程、供应链整合的要素、维度及影响因素,并从大数据集成技术、环境支撑技术、管理与决策技术、标准化技术等方面对供应链整合相关支撑技术进行了分析;第二,分析了跨境电商的基本概念和发展历程,并对跨境出口电商物流要素,跨境出口电商涉及的邮政包裹模式、国际商业快递模式、专线物流模式、海外仓模式等跨境物流模式进行了比较分析;围绕海外仓模式,对海外仓的基本概念、特征、运作流程、海外仓分类及公共海外仓的服务流程进行了分析,在此基础上,对目前市场上典型的海外仓服务企业进行了分析;最后,分析了绩效评价的理论基础及主要的绩效评价方法,为下一步的研究奠定了理论和技术基础。

2.6　本章主要参考文献

[1] 国务院办公厅.关于积极推进供应链创新与应用的指导意见(国办发〔2017〕84号),2017.
[2] 丁俊发.中国供应链管理蓝皮书(2017)[M].北京:中国财富出版社,2017.
[3] 托马斯·弗里德曼.世界是平的:21世纪简史[M].北京:东方出版社,2006.
[4] 尤西·谢菲.物流集群[M].北京:机械工业出版社,2015.
[5] 帕拉格·康纳.超级版图:全球供应链、超级城市与新商业文明的崛起[M].北京:中信出版社,2016.
[6] 丁俊发.中国供应链管理蓝皮书(2016)[M].北京:中国财富出版社,2016.
[7] Maloni, M. J, Benton, W. C. Supply chain partnerships:

opportunities for operations research〔J〕. European Journal of Operational Research，1997，101（3）：419-429.

〔8〕 Kahn，K. B，Mentzer，J. T.. Marketing's integration with other departments〔J〕. Journal of Business Research，1998，42：53-62.

〔9〕 Naylora J. B，Naima M. M，Berryb. D. Leagility：Integrating the lean and agile manufacturing paradigms in the total supply chain〔J〕. International Journal of Production Economics，1999，62（1-2）：107-118.

〔10〕蔡妮娜.供应链整合对企业商业模式创新影响研究：资源重构的视角〔D〕.杭州：杭州电子科技大学，2019.

〔11〕 Flynn，B. B.，Huo，B. and Zhao，X. The impact of supply chain integration on performance：A contingency and configuration approach〔J〕. Journal of Operations Management，2010，28（1）：58-71.

〔12〕方云龙.供应链整合与供应链风险研究〔J〕.上海：华东师范大学，2012.

〔13〕高志军，朱卫平，陈圣迪.物流服务供应链整合研究〔J〕.中国流通经济，2017（10）：46-54.

〔14〕 Chen H，Daugherty P J，Roath A S. Defining and operationalizing supply chain process integration〔J〕. Journal of Business Logistics，2009（1）：63-84.

〔15〕 Deveraj S，Krajewski L，Wei J C. Impact of e-business technologies on operational performance：The role of production information integration in the supply chain〔J〕. Journal of Operations Management，2007（10）：1199-1216.

〔16〕 Paulraj A，Lado A A，Chen I J. Interorganizational communication as a relational competency，antecedents and performance outcomes in collaborative buyer-supplier relationships〔J〕. Journal of Operations Management，2008（1）：45-64.

〔17〕Lee G J. Employee flow as an integrated and qualitative system：impact on business-to-business service quality〔J〕. Journal of

Business-to-business Marketing,2010(7):1-28.

[18] Wong C Y, Boon S, Wong C. The contingency effects of environmental uncertainty on the relationship between supply chain integration and operational performance [J]. Journal of Operations Management,2011(9):604-615.

[19] Chang W J, Ellinger A E, Kim K, etc. Supply chain integration and firm financial performance: a meta-analysis of positional advantage mediation and moderating factors [J]. European Management Journal, 2016, (34):282-295.

[20] 霍宝锋,曹智,李丝雨等.供应链内部整合与外部整合的匹配研究 [J].系统工程理论与实践,2016, 36(02):363-373.

[21] 霍宝峰,李丝雨.供应链整合与绩效:文献综述[J].北京联合大学 学报(自然科学版),2015,29(03):81-92.

[22] Huo B F, Ye Y X, Zhao X D, etc. The impact of human capital on supply chain integration and competitive performance[J]. International Journal of Production Economics, 2016, (178): 132-143.

[23] 张建军.供应链整合评价研究——基于制造企业的数据[D].太 原:太原理工大学,2019.

[24] 孙平,王兴元.智能供应链整合驱动的商业模式创新研究——生 产性服务流通企业升级的案例分析[J].科技促进发展,2017,13 (08-09):656-663.

[25] Cao Z, Huo B F, Li Y, etc. Competition and supply chain integration: A taxonomy perspective [J]. Industrial Management and Data Systems, 2015, 115(05):923-950.

[26] Song Y, Cai J, Feng T. The influence of green supply chain integration on firm performance: A configuration perspective [J]. Sustainability, 2017, (09):763-780.

[27] 张秀萍.内部供应链与外部供应链的整合[J].北京工商大学学报 (社会科学版),2005,(01):83-88.

[28] 姜骞.供应链企业间信任对供应链合作稳定性的作用机制[J].中 国流通经济,2016,(09):60-69.

［29］ 刘华明.制造行业供应链伙伴关系、物流能力与供应链整合的关系研究［D］.重庆：重庆大学,2018.

［30］ Droge C,Vickery S K,Jacobs M A. Does supply chain integration mediate the relationships between product/process strategy and service performance? An empirical study［J］. International Journal of Production Economics，2012,137（2）：250-262.

［31］ Huo B,Zhao X,Lai F. Supply chain quality integration：Antecedents and consequences［J］. IEEE Transactions on Engineering Management，2014，61(1)：38-51.

［32］ Li G,Yang H,Sun L,Sohal A S. The impact of IT implementation on supply chain integration and performance［J］. International Journal of Production Economics，2009，120(1)：125-138.

［33］ Sanders N R,Premus R. Modeling the relationship between firm IT capability,collaboration,and performance［J］. Journal of Business Logistics，2011，26(1)：1-23.

［34］ Wu I,Chuang C,Hsu. Information sharing and collaborative behaviors in enabling supply chain performance：A social exchange perspective［J］. International Journal of Production Economics，2014,148(1)：122-132.

［35］ 潘安成,刘何鑫.情理文化下关系化行为与组织知识演化的探索性研究［J］.南开管理评论,2015,18(3)：85-94.

［36］ 阿里研究院.跨境电商［R］.阿里商业评论,2016.

［37］ 孙韬.跨境电商与国际物流机遇、模式及运作［M］.北京：电子工业出版社,2017.

［38］ 招商证券.跨境电商深度研究系列（三）——出口篇［R］,2018.3.

［39］ 戎维莉.供应链绩效评价体系研究［D］.南京：南京航空航天大学,2005.

［40］ 焦新龙.港口物流绩效评价体系研究［D］.西安：长安大学,2005.

［41］ 郑培.动态供应链绩效评价研究［D］.长沙：湖南大学,2008.

［42］ Peter F Drucker. Managing for results：Economic tasks and

risk-taking decisions［M］. USA：Harper Collins Publishers，
2006.

［43］杨建华.战略供应链综合绩效评价体系与实施方法研究［D］.天
津：天津大学,2004.

［44］李荷华.化工物流服务供应链运营研究［M］.上海：复旦大学出版
社,2012.

［45］张新国,白培铭.构建营销绩效评价 ROI 模型的思考［J］.2014,11
(7)：56-58＋66.

［46］陈畴镛,胡保亮.基于平衡记分卡和层次分析法的供应链绩效评
价［J］.财经论丛,2003,104(5):86-91.

［47］刘秋生,张利梅.基于平衡记分卡法制造业供应链绩效评价体系
研究［J］.科技与管理,2011,13(6):80-83.

［48］张根保,张淑慧,陈国华,纪富义.供应链质量绩效动态评价平衡
记分卡模型［J］.计算机应用研究,2011,28(6):2180-2183.

［49］王靖博.供应链信息共享绩效评价研究［D］.湘潭：湘潭大
学,2019.

［50］赵超亚,徐晓诗.基于 EVA 的绩效评价研究［J］.经济研究导刊,
2018(26)：88-89.

［51］陈琳,王平心.传统绩效评价体系与 EVA 的整合研究［J］.科技进
步与对策,2005(6)：36-38.

［52］魏轶敏.基于 EVA 视角的绩效评价分析及其应用——以青岛海
尔为例［J］.财会研究,2018(11):36-41.

［53］樊雪梅.供应链绩效评价理论、方法及应用研究［D］.长春：吉林大
学,2013.

［54］王龙昭.基于仿生理论的供应链绩效评价研究［D］.长春：吉林大
学,2012.

［55］刘奇燕,赵桂艳,徐路宁.基于 SCOR 模型的供应链综合评价体系
设计［J］.统计与管理,2015(9):58-59.

［56］王森,张纪会.基于 SCOR 模型的供应商评价指标研究［J］.青岛
大学学报(工程技术版),2016,21(2)：116-121＋128.

［57］黄远新,刘娟娟,黄有方.基于 SCOR 模型的物流企业营运和管理
评价指标体系［J］.上海海事大学学报,2010,31(4)：8-12.

[58] 刘松博,王海波. ROL,BSC,SCOR 绩效考核体系的比较分析[J]. 现代管理科学,2004,5(4)：27-30.

[59] 倪霖. 基于灰色层次分析法的物流服务供应链绩效评价研究[J]. 计算机工程与应用,2010(11)：173-178.

[60] 付强,陈爱祖. 基于 AHP-灰色综合评价的物流服务供应链绩效评价[J]. 河北企业,2020(1)：26-27.

[61] 宁连举,张沙沙. 基于层次分析法的移动通信产品创新评价模型[J]. 科研管理,2010,31(3)：176-182.

[62] 朱梦菲,陈守明,邵悦心. 基于 AHP-TOPSIS 和 SOM 聚类的区域创新策源能力评价[J]. 科研管理,2020,41(2)：40-50.

[63] 王莲芬. 网络分析法(ANP)的理论与算法[J]. 系统工程理论与实践,2001(3)：44-50.

[64] 蒋海玲,潘晓晓,王冀宁,李雯. 基于网络分析法的农业绿色发展政策绩效评价[J]. 科技管理研究,2020(1)：236-243.

[65] Zadeh L. A. Fuzzy sets [J]. Information and Control, 1965，8(3)：338-353.

[66] 李玉琳,高志刚,韩延玲. 模糊综合评价中权值确定和合成算子选择[J]. 计算机工程与应用,2006(23)：38-42＋197.

[67] 陈俊伊,吴启红,杨平,王朝霞. 基于熵值法的自贡市垃圾焚烧发电厂 PPP 项目绩效模糊综合评价研究[J]. 工程管理学报,2020,34(1)：92-96.

[68] 王蒙燕. 基于数据包络分析的城市经济管理效率评价[J]. 统计与决策,2016(23)：55-58.

[69] 张子元. 基于数据包络分析方法的供应链绩效评价研究[J]. 物流科技,2019(6)：162-168.

第3章 跨境电商公共海外仓服务价值共创动力机制与战略要素

在全球外贸增长放缓和互联网经济高速发展的背景下,作为"互联网+外贸"新型业态的跨境电商已经成为我国创造外贸新需求,并成为对接"一带一路"助力"中国制造"向外拓展的重要途径和突破口。近年来,国家密集出台了一系列支持跨境电商发展的政策,并先后五批设立了105个国家跨境电子商务综合改革试验区,跨境电商在我国进入快速发展期。相对于国内电商交易流程,跨国物流环节是跨境电商流程的主要瓶颈之一。现有跨境出口电商物流模式存在配送成本高、配送及时性和安全性难以保障、客户投诉多、本土化服务弱、以及供应链高端和增值服务能力弱等问题[1-2]。海外仓作为跨境电商物流模式的重要创新,通过供应链整合实现跨境贸易本地化,通过提供清关、仓储管理、订单处理、配送、售后服务、品牌展示等服务,提升消费者购物体验,从而解决跨境电商物流、成本、消费者体验等痛点,极大提升了跨境出口电商企业在出口目的国市场的竞争力。海外仓建设已经成为解决跨境出口电商物流问题的重要途径。公共海外仓是由跨境电商平台企业、跨境电商企业或第三方物流企业等市场主体建设,并为广大跨境电商企业提供服务运营的一类海外仓,通过整合资源、客户及跨境供应链合作伙伴共同创造跨境电商服务价值,是互联网环境下海外仓平台化发展的一种新的模式。公共海外仓通过优化和重构跨境电商供应链为广大跨境电子商务企业提供全方位的服务,从而助推跨境电子商务的发展。如何推进公共海外仓的建设和优化运营已经成为电子商务行业主管部门、产业界和学术界共同关注的热点问题。

3.1　价值共创概述

价值创造是企业战略关注的重要问题,价值创造主体的变化导致了对价值创造方式的不同认识[3]。目前,学术界对价值共创概念的主要有以下三类观点:一是顾客是价值的共同生产者。一些学者认为价值共创是价值的共同生产,即顾客参与企业生产领域的一系列活动,从而与企业共同创造价值。二是顾客是价值的共同创造者,认为消费者对价值创造的影响力越来越大,企业应接受以消费者为中心的观点,围绕消费者的需求与消费者共同创造价值。三是企业是价值的共同创造者,认为在价值共创过程中,不是顾客获得了参与企业价值创造的机会,而是企业获得了参与顾客的价值创造过程的机会,从而成为价值共创者,价值共创发生在企业可以积极参与顾客价值产生过程中且直接影响顾客价值创造的过程[4]。

从上面三种不同对价值共创概念的理解可以看出,顾客是价值的共同生产者观点主要强调生产领域的价值创造,企业可以引导消费者进入生产领域,帮助企业设计、开发、生产出更加适合消费者需要的产品,从而给顾客和企业都带来利益。企业是价值共同创造者理论强调的是消费领域的价值创造,该领域的价值创造是消费者主导的,企业可以通过提供价值主张或者其他手段方法来帮助消费者在消费环境中获得更高的体验价值。

从价值共创的过程来看,服务价值共创是服务企业整合资源、消费者利用资源共同创造服务和产品的过程,是服务企业根据消费者需求创建独特体验环境和条件的过程,是供应商—企业—消费者通过互动共同创造解决方案和顾客体验的过程。其中,服务产品、体验环境和服务互动是服务价值共创的载体,共创服务产品和体验环境是服务价值共创的内容维度,共创服务互动是价值共创的行为维度。张婧和邓卉[5]、Andreu[6]等把价值共创的过程分成企业与企业、企业与顾客、顾客与顾客等价值共创的关系界面,通过服务产品、体验环境和服务互动等载体来连通这些关系界面,并通过价值共创的过程来打破这些边界。下面从价值共创的内容、行为和结果三个维度来分析服务价值共创的过程。

（1）价值共创的内容维度:服务产品和服务体验环境。随着体验经济的发展,传统营销已不能有效满足顾客需求。在体验经济的背景下,企业在价值共创中所关注的不仅是有形产品和服务的设计与创造,更要关注如何创新性地提供为顾客创造独特体验的互动环境和条件。价值共创的内容包括服务产品和服务体验环境。

(2)价值共创的行为维度:服务互动。互动是价值共创的基础,也是价值共创消费体验最重要的特征。价值共创关注的是企业与顾客如何有效互动,共同参与研发及生产,创造个性化的消费体验,既能满足顾客需求又能提升顾客体验价值;同时顾客参与价值创造,将自身需求和意见建议反馈给企业,企业利用这些重要的顾客信息改进产品和服务,更好地满足顾客需求,提高顾客满意度和忠诚度,进而提高品牌价值,给企业带来更大的利润。互动的重要性体现在服务顾客需求过程中,互动更关注解决方案和顾客体验。

(3)价值共创的结果维度:提升顾客价值。价值共创是价值创造的一种方式,其最终结果依然是为了创造价值。由于顾客价值本质上是顾客感知价值,顾客价值感知是价值感知主体(顾客)从价值客体(如商品、服务、关系等)中感知价值的过程,它需要由顾客和企业共同创造,价值共创的目标和最终结果是提升顾客价值。

3.2　跨境电商公共海外仓服务价值共创动力机制

海外仓模式实质是以海外仓储为核心的综合物流配套体系,相对于其他的跨境电商物流模式具有明显的优势[7]。近年来,海外仓的建设和运营引起了学术界和产业界的高度关注。目前理论研究主要集中在海外仓建设策略和运营管理方面。其中,在海外仓建设策略方面,国内学者分别从政策、海外仓建设标准与规范、信息系统与技术应用、海外仓运作模式创新等方面提出了公共海外仓建设的策略[8-10]。在海外仓运营管理方面,国内外学者从微观层面对海外仓运营成本管理、风险控制、库存策略、供应链管理等方面进行了定性和定量研究[11-13]。在行业实践方面,国内各跨境电商综试区、跨境电商平台、第三方物流企业都积极布局海外仓网络,如亚马逊、eBay、速卖通、大龙网等先后通过自建或合作共建公共海外仓,递四方、全麦等海外仓企业陆续出现,为跨境电商建设海外供应链、实现跨境电商产业链合作伙伴价值共创提供了强有力的支持。

价值共创的研究始于以客户为导向的客户体验视角,认为企业和客户共同创造价值,企业与客户的互动是价值创造的基本方式[14]。随后,服务主导逻辑理论的提出发展和拓展了价值共创理论的研究视角[15]。伴随着客户需求的个性化和互联网经济的发展,供应商、商业合作伙伴、合作者和客户等不同主体先后参与到价值创造过程中,价值共创的研究逐渐关注多主体参与的价值共创网络关系,在此基础上拓展到了服务逻辑[12]、服务科学[13]和服务生态系统等视角[16-17],并从制度、技术、价值主张、服务情景、服务创新、服务体验等多个角度进行研究[18]。同时,围绕特定的服务行业和领域,国内外相关学者采用概念性分析或探索性案例等方法对价值共创过程进行了研究,如 Marco 和 Chris 以企业软件服务为例,在平台经济生态系统中对企业应用软件的价值共创机理进行了研究[19]。Varun 针对多企业合作环境下 IT 价值的共创机制进行了研究[20]。Atefeh 等及王琦峰基于服务主导逻辑视角对物流服务价值共创的模型、机理、策略进行了研究[21-22]。

从上面的分析可以看出,公共海外仓服务作为一种供应链服务,通过提供服务与跨境电商产业链合作伙伴及客户共创价值。现有研究更多侧重于相关政策的制定和公共海外仓建设策略和海外仓运营管理方面,较少从价值共创的视角对公共海外仓服务进行研究,缺乏对跨境电商公共海外仓服务价值共创动力机制的整体性分析。基于此,本章以跨境电商公共海外仓服务为研究对象,从公共海外仓运营企业与跨境电商产业链合作伙伴、客户共同创造价值的角度对公共海外仓服务的价值共创动力机制进行研究,并提出促进跨境电商公共海外仓服务价值共创的策略建议。

3.2.1 跨境电商公共海外仓服务价值共创动力机制模型

公共海外仓是连接跨境电商企业和海外客户的桥梁,依托"互联网+"、大数据、人工智能及现代物流科技,公共海外仓服务不断拓展,从传统的单纯提供仓储服务模式扩展到提供头程物流服务、清关、销售支持、海外推广、供应链金融等物流及相关增值服务,公共海外仓成为跨境电商服务生态圈的重要物种。通过与客户和跨境电商供应链合作伙伴的互动识别价值需求,提出服务价值主张,与跨境电商供应链平台与跨境电商平台运营商、跨境电商卖家、跨境电商产业链合作伙伴共创服务价值。在公共海外仓服务价值共创过程中,跨境电商的相关方通过制度安排,在互联网平台和技术的支持下,实现了跨境电商供应链各方的相互连接和数字化转型,形成了跨境电商交易、服务社群和物流服务网络。同时,通过互动,公共海外仓的运营商提出服务价值主张,客户提出服务需求并基于其自身拥有的信息、知识和技术等操作性资源,与跨境物流服务提供商共同进行跨境物流服务方案的设计,在服务过程中客户与跨境物流服务提供商进行不断的交互和反馈以获得最佳的服务体验和感受。公共海外仓的运营商通过整合跨境电商平台运营商、跨境电商卖家、跨境电商产业链合作伙伴的关系、资源和网络,并通过对跨境电商物流服务价值创造理念、组织架构和服务流程的重构实现,从而与跨境电商供应链各方实现跨境物流服务价值共创[23]。

跨境电商服务生态系统是一个复杂系统,驱动跨境电商公共海外仓服务价值共创涉及多主体、多因素和多种动力机制。跨境电商公共海外仓价值创造是在跨境电商服务生态系统下由跨境电商平台运营商、跨境电商卖家、跨境电商产业链合作伙伴等多个主体共同参与下的服务价值共创过程。其价值创造过程涉及服务战略、服务功能、服务技术、服务流程、服务组织等设计、实施和绩效评价,是包含了一个多元化服务主体交互、整合、重构的过程。在服务价值共创过程中,跨境电商公共海外仓运营商需要与跨境电商供应链其他主体(如跨境电商平台、跨境电商企业、第三方物流企业等)相互作用,并与跨境电商供应链外部环境(政策、法律法规、政府监管部门、文化部门等)协同作用,共同演化与创新。基于跨境电商公共海外仓服务价值共创过程的复杂性及多源动力驱动,本章在已有研究的基础上,构建了"三位一体"的跨境电商公共海外仓服务价值共创动力机制模型,如图3-1所示。

通过对跨境电商公共海外仓服务价值共创的特点及公共海外仓运作的内涵分析,跨境电商公共海外仓服务价值共创的动力机制主要包含以下三个子系统,即公共海外仓服务价值共创内部驱动力子系统、公共海外仓服务价值共创外部动力子系统以及公共海外仓服务价值共创服务创新扩散动力子系统。

3.2.2　公共海外仓服务价值共创内部动力

跨境电商公共海外仓服务价值共创内部驱动力子系统是一种存在于跨境电商公共海外仓服务系统自身发展过程中,内部结构决定的作用机制和内部存在的一种自发的内在力量。随着传统外贸向跨境电商的转型以及基于跨境电商平台的 B2B2C、跨境新零售等新业态的不断出现,境外客户需求的个性化,必然要求跨境物流更加精细化和专业化,公共海外仓的运营和

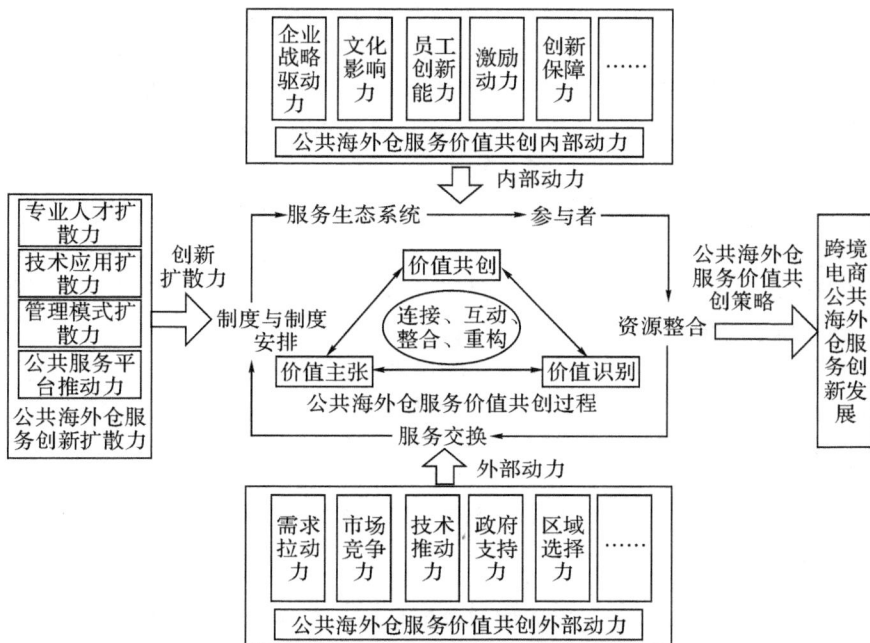

图 3-1 跨境电商公共海外仓服务价值共创动力机制模型

服务的专业化、标准化、精细化水平进一步提高。公共海外仓运营商与客户、跨境电商供应链合作伙伴共创服务价值，必然会促进公共海外仓运营企业的战略制定、企业文化建设、员工创新能力提升、企业品牌建设等方面促进企业的核心竞争力，推进公共海外仓运营商开展服务创新能力，提升企业的市场竞争能力。跨境电商公共海外仓服务价值共创的内部动力子系统主要包括企业战略驱动力、文化影响力、员工创新能力、激励动力以及创新保障力等动力要素。

3.2.3 公共海外仓服务价值共创外部动力

跨境电商公共海外仓服务价值共创外部动力机制主要来源于跨境电商公共海外仓服务生态系统内部结构无法内化和决定的影响因素，以及政府有意识的规划、调控等行为。这些因素和行为通过引导、刺激和驱动等方式对跨境电商公共海外仓服务价值共创产生推动作用[24-25]。跨境电商公共海外仓作为助推"互联网＋外贸"新型业态发展和解决跨境出口电商物流问题的创新性举措,无论国家还是区域层面都予以高度重视,2016年政府工作报告明确提出"扩大跨境电子商务试点,支持企业建设一批出口产品海外仓"的工作要求。国家商务部和各跨境电商综试区均将建设公共海外仓作为推进跨境电商发展的重要任务和举措。同时,为解决跨境电商物流的诸多痛点,跨境电商平台、跨境电商龙头企业、第三方物流企业也积极布局公共海外仓网络与合作伙伴共创跨境物流服务价值。同时,物联网、云计算、大数据、人工智能等新技术也不断与跨境物流融合,促进了公共海外仓的服务创新和市场竞争力,为打造跨境电商公共海外仓服务价值共创生态系统提供了技术平台和商业模式支撑。跨境电商公共海外仓服务价值共创外部动力子系统包括市场需求的拉动力、市场竞争力、技术推动力、政府支持力、区域选择力等动力要素。

3.2.4　公共海外仓服务创新扩散动力

公共海外仓是跨境物流的重要创新模式,跨境电商公共海外仓服务创新扩散力是通过跨境物流服务创新成果扩散过程在跨境电商供应链企业之间进行传播、推广和应用,从而提升跨境电商供应链企业的服务水平和市场竞争能力。创新扩散由美国新墨西哥大学罗斯特教授于1995年提出并在技术创新领域得到广泛应用,在物流服务领域,集装箱运输是物流服务创新扩散力的典型案例[26]。在跨境电商公共海外仓服务价值共创过程中,跨境电商供应链各合作伙伴通过企业间的正式互动、企业员工间的非正式接触以及跨境电商公共海外仓的商业生态系统日常交互、合作和资源整合,以及政府通过政策推动、跨境电商公共服务平台的运作和支持,在很大程度上促进了跨境电商公共海外仓服务的服务创新和价值创造机制在跨境电商生态系统内的扩散,促进了公共海外仓服务的发展和服务价值的共同创造。跨境电商公共海外仓服务创新扩散动力子系统主要包括专业人才的扩散力、技术应用扩散力、管理模式扩散力以及公共服务平台推动力等要素。

跨境电商公共海外仓服务价值共创机制的三大动力系统是跨境电商生态系统下的开放子系统,分别由不同的动力元素构成,各子系统之间、子系统动力元素之间相互发生作用。公共海外仓服务价值共创内部驱动力子系统是推动公共海外服务价值共创形成和发展的基础性动力,其各个子动力机制通过相互作用直接影响价值共创的绩效,是跨境电商公共海外生态系统竞争力提升的"内生结构变量",并随着跨境电商公共海外仓发展而不断发生变化。公共海外仓服务价值共创外部动力子系统是跨境电商公共海外仓价值共创形成和发展的支撑和外部条件,通过内部驱动力子系统的各个子机制对服务价值共创产生间接影响,是跨境电商公共海外生态系统竞争力提升的"外生结构变量"。公共海外仓服务创新扩散动力子系统是跨境电商公共海外仓服务价值共创的重要支撑,对服务价值共创的绩效起调节作用。在跨境电商公共海外仓服务价值共创过程中,各动力子系统及相关构成要素通过相互作用和协同,形成功能更加强大的合动力,共同作用于跨境电商公共海外仓服务价值共创生态系统,在服务价值共创策略的引导下,推动跨境电商公共海外仓服务的创新演化和发展。

3.3　供应链整合下跨境电商公共海外仓服务价值创造战略要素分析

公共海外仓是基于供应链管理和整合的理念,通过实现跨境贸易的本地化,提供头程运输、清关、仓储服务、订单处理、订单配送、商品售后服务等供应链服务,其实质是通过供应链整合为海外客户创造价值的过程。由于在跨境出口电商是分属不同关境的交易主体,通过跨境电商平台达成交易,进行结算支付和跨境物流配送,其过程整合了跨境供应链的物流、信息流、资金流和商品流,相比较于国内电商业务运作更加复杂。

3.3.1　供应链整合下跨境电商公共海外仓服务价值创造战略要素模型

在基于公共海外仓服务的跨境供应链中,跨境出口电商企业的运作涉及众多的因素,包括跨境出口电商价值创造的主体、相关政策法规、文化因素、技术应用等,这些因素相互作用和影响,推动着跨境出口电商企业基于海外仓推进跨境出口电商价值的创造与传递。PARTS 模型将价值创造的战略要素分为利益相关者(Player)、附加值(Add Value)、规则(Rules)、战术(Tactics)和范围(Scope)五个要素[27,28],价值创造活动过程中各要素相互作用和影响[29]。下面对基于供应链的跨境出口电商企业公共海外仓服务价值创造的战略要素进行分析,以便更好地研究基于供应链整合的跨境出口电商企业海外仓服务的价值创造的运作模式,基于供应链整合的跨境出口电商企业公共海外仓服务价值创造战略要素分析 PARTS 模型如图 3-2 所示。

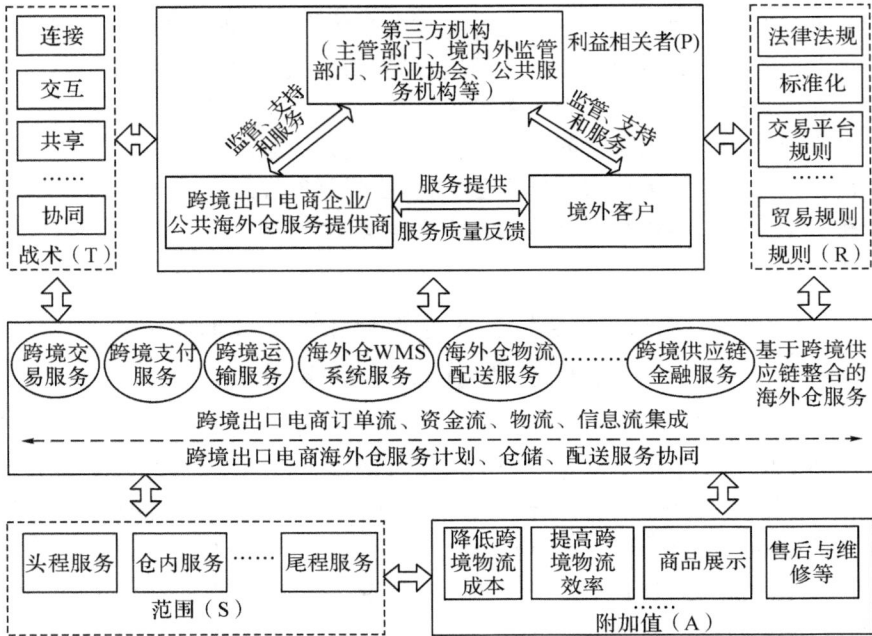

图 3-2　供应链整合下跨境出口电商企业海外仓服务价值创造战略要素分析

从图 3-2 的基于供应链整合的跨境出口电商企业海外仓服务价值创造战略要素分析中,可以看出跨境供应链的管理与整合是跨境出口电商海外仓服务价值创造的核心。通过跨境供应链的管理和优化,促进海外仓的本土化运作,从而促使跨境出口电商企业更好地为客户创造价值。

3.3.2　供应链整合下跨境电商公共海外仓服务价值创造 PARTS 模型分析

下面围绕 PARTS 模型对基于供应链整合的跨境出口电商企业公共海外仓服务价值的战略要素进行分析。

　　(1)基于供应链整合的跨境出口电商企业公共海外仓服务价值创造利益相关者。由于跨境电商跨越多个关境主体,在跨境电商公共海外仓服务过程中涉及多个价值创造主体,主要包括跨境出口电商企业、公共海外仓服务提供商、跨境电商买家以及第三方机构。其中,跨境出口电商企业是商品销售方,通过跨境电商平台(如亚马逊、eBay、Wish、速卖通等)将国内的商品销售到全球各地。海外客户根据跨境出口电商模式的不同分为国家的生产企业、采购商或最终消费者。公共海外仓服务提供商根据跨境出口电商企业所采用的海外仓服务模式的不同分别由不同的服务商提供,包括跨境出口电商企业自营的海外仓、跨境电商平台提供的海外仓服务以及大龙网等第三方提供的海外仓服务以及为公共海外仓提供软硬件、仓内运作管理及海外仓咨询服务的解决方案提供商。第三方机构则包括国内的行业主管部门、海关、目的国海关、行业协会、金融机构、当地工会等与海外仓运作的利益相关者。各利益相关者围绕跨境出口电商的具体业务相互协作和互动,通过推进公共海外仓服务价值的创造,推动跨境电商的发展。

　　(2)基于供应链整合的跨境出口电商公共海外仓服务价值创造附加值。跨境出口电商企业公共海外仓服务的出现,其目的就是为了解决传统跨境电商物流存在的物流速度慢、跨境物流成本高、消费者体验差以及售后服务得不到保障等方面的痛点。因此,提升跨境物流效率,降低跨境物流运作成本,满足跨境电商买家个性化物流服务需求从而提升消费者服务体验是公共海外仓服务价值创造的基本点。但作为一种创新的跨境物流服务模式,在供应链管理理念的指引下,跨境出口电商公共海外仓服务能够进一步提供商品展示展览、售后服务与产品维修、基于新零售的线上线下融合以及跨境供应链金融等新的增值服务,从而创新公共海外仓服务模式,为跨境出口电商企业和境外买家创造更多的价值。

　　(3)基于供应链整合的跨境出口电商公共海外仓服务价值创造规则。与传统外贸及国内电子商务一样,跨境电子商务的运作及公共海外仓服务必然要求各利益相关方共同参与和共同遵循国际通行的规则,只有这样跨境出口电商公共海外仓服务的价值创造才能有效实现。首先,必须遵守交易双方国家的相关法律法规以及文化传统,这是开展跨境出口和海外仓服务的前提。其次,基于公共海外仓服务的跨境供应链相关方必须基于共同的标准,只有在标准化的基础上,才能实现公共海外仓服务各方进行系统的对接和信息的共享,才能实现跨境电商业务运作过程中订单流、信息流、物流、资金流的有效集成，才能实现业务的协同，具体包括商品编码的标准化、数据的标准化、信息接口的标准化等方面。第三，要在跨境电商平台和公共海外仓服务平台上遵循共同的规则，包括交易规则、支付规则、物流服务提供规则等。最后，要遵循互联网环境下跨境贸易规则，如 WTO 相关贸易规则、阿里巴巴倡导的 eWTP 规则等。

（4）基于供应链整合的跨境出口电商公共海外仓服务价值创造战术。基于供应链整合的跨境出口电商公共海外仓服务价值创造战术是公共海外仓服务为客户价值创造的技术手段和实现途径。在"互联网＋外贸"大背景下，基于跨境电商交易平台和公共海外仓服务平台连接跨境出口电商生态圈的各利益相关者已经成为跨境电商发展的趋势，互联网、物联网等新一代信息技术的发展也为各主体的相互连接提供技术的支撑，从而有效改变了传统外贸在供应链管理层面信息不共享、业务协同难的问题，通过连接，实现了与跨境交易相关主体、交易信息的在线化，从而推进了各主体交互的实时化和信息的共享。通过连接实现在线化、实时化和信息共享，为基于海外仓的跨境供应链整合和协同提供了基础，从而使跨境供应链的相关方积极、主动参与到海外仓的服务创新和为客户价值创造上来，实现共创共赢。

（5）基于供应链整合的跨境出口电商公共海外仓服务价值创造范围。跨境出口电商企业公共海外仓服务一般由头程服务、仓内服务和尾程服务三个环节构成，一般头程服务、仓内服务和尾程服务由不同物流服务供应商提供，构成一个完整的跨境物流服务供应链解决方案。在传统的模式下，头程服务、仓内服务和尾程服务相互割裂，如头程服务由海运或航空货运公司提供，仓内服务自营或委托给第三方仓储服务提供商，尾程服务则由当地的快递公司承担，三个阶段业务的衔接和信息交流并不通畅，于是经常出现商品积压或供货不及时导致断货的现象。而基于供应链整合的跨境出口电商企业公共海外仓服务通过连接跨境供应链的相关方，通过实时信息共享和交互，从而有效连接头程服务、仓内服务和尾程服务，实现跨境供应链整合与协同，同时，基于公共海外仓服务的大数据分析，为跨境出口电商企业、客户等主体提供供应链金融、即时物流等增值服务，在很大程度上拓展和深化了公共海外仓服务价值创造的范围。

因此，基于供应链整合的跨境出口电商海外仓服务运作涉及跨境电商生态圈的众多利益相关方，在遵循跨境电商交易规则和在互联网、大数据等新一代信息技术的支撑下，围绕跨境出口电商海外仓服务涉及的头程服务、仓内服务和尾程服务等全供应链环节,为境外买家提供一体化的高效物流服务,通过提升跨境物流服务水平和创新增值服务,扩大跨境出口和提升企业在国际市场的竞争力。

3.4　促进跨境电商公共海外仓服务价值共创的策略

从上面的分析可以看出,跨境电商公共海外仓服务价值共创受多种机制的影响,这些机制相互发生联系、作用和制约,共同推进了跨境电商公共海外服务价值共创机制的形成与发展。当前,在政策、资本及技术创新等因素的推动下,跨境电商公共海外仓的建设迎来了良好的发展机遇期,同时,"互联网＋外贸"的深入推进也对公共海外仓的运营和价值创造机制提出了新的要求。为更好促进跨境电商公共海外仓服务价值共创,从而推进和优化跨境电商公共海外仓建设运营,公共海外仓服务运营商可以从以下三个方面入手:

(1)构建跨界融合、众创共享的跨境电商公共海外仓服务价值共创生态圈。进入数字经济时代,商业的竞争已经从企业与企业之间、供应链与供应链之间的竞争演化到了商业生态系统之间的竞争[30]。在跨境电商领域,亚马逊、阿里巴巴、网易考拉等平台运营商分别整合跨境电商供应链的各方资源构建了各自的生态系统,并不断扩张公共海外仓业务。因此,跨境电商公共海外仓运营商必须整合境内外制造、物流、金融、信息、人力资源、供应链等不同领域的资源,强化与客户及供应链合作伙伴的互动以共创价值。首先,构建跨境电商公共海外仓服务平台,围绕客户需求痛点重构海外仓服务价值网络,建立新的商业模式、秩序和运营方式;其次,激发连接,通过公共海外仓服务平台及微信等社交网络在互联网上形成社群,实现公共海外仓运营商与客户、客户与客户、客户与跨境电商交易平台、客户与卖家、公共海外仓运营商与卖家等全方位连接,为客户、跨境电商供应链合作伙伴参与价值共创提供基础和条件;最后,强化协同整合和众创共享,基于跨境电商公共海外仓平台,开放接口,连接更多外部资源,跨界整合供应链上下游资源,共创全新的跨境电商服务价值,共同促进跨境电商行业升级,打造新型的服务价值共创生态圈。

(2)创新驱动,提升基于"互联网＋"平台的跨境电商公共海外仓创新能力。创新是推动跨境电商公共海外仓服务价值共创的重要保障,也是公共海外仓运营商赢得市场竞争的核心能力。跨境电商公共海外仓服务价值共创涉及跨境电商供应链的不同主体,同时由于跨境电商交易属于不同"关境"(也称关税国境),政府的监管、服务和政策也在很大程度上影响服务的效率和体验,因此,跨境电商公共海外仓创新是一个涉及多主体、多文化、多要素的复杂过程。首先,从价值共创的视角,客户作为服务价值需求的提出者和创造者,客户的参与对公共海外仓服务创新具有重要的作用,跨境电商公共海外仓运营商要充分利用"互联网+"平台,整合客户的操作性资源(如知识、技能等),通过在线无缝的连接和互动,并整合跨境供应链合作伙伴的关系网络、资源网络和物流网络,协同共创服务价值;其次,跨境电商公共海外仓运营商应从价值共创的理念出发,从服务理念、服务组织、服务功能、服务流程和服务技术等全方位创新,尤其是在供应链金融、智能信息服务等增值服务方面创造全新的服务体验。另外,作为跨境电商行业发展的推动者,政府也应不断创新服务,如着力打造互联互通、智能化的新型外贸基础设施、把海关管理理念和要求融入电商平台,实现与电商企业数据交换做到全流程信息化监管等,为跨境电商公共海外仓发展提供政策和服务保障。

(3)强化智能科技应用,打造线上线下融合的跨境电商新业态。随着新一轮产业革命和科技革命的到来,以云计算、大数据、人工智能等智能科技及其应用能力已经成为跨境电商公共海外仓运营商核心的操作性资源和能力,服务的数字化、网络化和智能化已经成为跨境电商公共海外仓运营商提升服务能力、降低运营成本和创新服务的重要手段。围绕跨境电商公共海外仓服务价值共创生态系统的优化和发展必须强化智能科技的应用,并结合线上线下融合的方式为境外客户提供本土化的服务。首先,要围绕服务价值共创的目标,构建完善的智能服务基础设施,包括物联网、大数据中心、海外仓云服务平台等;其次,围绕跨境电商服务价值共创生态系统开发和应用各类业务应用服务,如运输云服务、配送云服务、通关云服务、客户服务云服务等应用服务,同时,通过社交网络、人工智能系统的构建和应用,加强与客户、跨境电商供应链合作伙伴的信息沟通和互动,围绕客户需求共创服务价值;最后,在海外仓境外配送环节,应用智能科技、配送机器人、无人机等智能系统和快递物流装备为境外客户提供本土化的智能服务。

3.5　本章小结

价值共创已经成为网络经济时代企业与供应链合作伙伴及客户共同创造价值的主要模式。在电子商务平台经济模式下,价值共创相关理论和实践得到国内外学者的普遍关注和深入研究。本章在分析价值共创基本理论的基础上,结合跨境电商公共海外仓服务价值创造的特点,对供应链整合下跨境电商公共海外仓服务价值共创的动力机制及战略要素进行分析,取得以下研究结论:

(1)构建了"三位一体"的跨境电商公共海外仓服务价值共创动力机制模型,从公共海外仓服务价值共创内部驱动力子系统、公共海外仓服务价值共创外部动力子系统、公共海外仓服务价值共创服务创新扩散动力子系统三个层面对跨境电商公共海外仓服务价值共创动力机制进行了分析。

(2)提出跨境供应链的管理与整合是跨境出口电商海外仓服务价值创造的核心,并采用 PARTS 模型分别从跨境电商企业海外仓服务运作的利益相关者、附加值、规则、战术和范围五个要素及其相互关系对跨境电商公共海外仓服务价值共创的战略要素进行了分析。

(3)为更好推进和优化跨境电商公共海外仓建设运营,从构建跨界融合、众创共享的跨境电商公共海外仓服务价值共创生态圈,创新驱动、提升基于"互联网＋"平台的跨境电商公共海外仓创新能力,强化智能科技应用、打造线上线下融合的跨境电商新业态三个方面提出了促进跨境电商公共海外仓服务价值共创的策略。

3.6　本章主要参考文献

[1] 张滨,刘小军,陶章.我国跨境电子商务物流现状及运作模式[J].
中国流通经济,2015(1)：51-56.

[2] 曹旭光,王金光,刘希全.跨境电子商务的物流商业模式及其创新途径[J].对外经贸实务,2015(10)：93-96.

[3] 武文珍,陈启杰.价值共创理论形成路径探析与未来研究展望[J].

外国经济与管理,2012,34(6):66-73.

[4] Gronroos C. Service-dominant logic revisited:Who creates value and who co-creates? [J]. European Business Review,2008,20 (4):298-314.

[5] 张婧,邓卉.品牌价值共创的关键维度及其对顾客认知与品牌绩效的影响:产业服务情境的实证研究[J].南开管理评论,2013,16 (2):104-115.

[6] Andreu,L.,Sanchez,I.,Mele,C. Value co-creation among retailers and consumers:New insights into the furniture market [J]. Journal of Retailing and Consumer Services,2010(17):241-250.

[7] 李旭东,安立仁.跨境电商物流企业综合服务体系及其实证研究 [J].中国流通经济,2015(11):49-57.

[8] 葛岩.跨境物流海外仓存在问题及对策建议[J].山东财经大学学报,2016,28(3):77-82.

[9] 鲁丹萍.温州海外仓建设现状及发展对策[J].企业经济,2016,430 (6):160-163.

[10] 孙康.海外仓的利弊分析及未来发展对策研究[J].对外经贸,2016(6):29-31.

[11] 潘意志.海外仓建设与跨境电商物流新模式探索[J].物流技术与应用,2015(9):130-133.

[12] WANG Y,SANG D Y. Multi-agent framework for third party logistics in e-commerce[J]. Expert Systems with Applications,2005(1):431-436.

[13] 鲁旭.基于跨境供应链整合的第三方物流海外仓建设[J].中国流通经济,2016(3):32-38.

[14] Prahalad C K,Ramaswamy V. Co-creation experiences:The next practice in value creation [J]. Journal of Interactive Marketing,2004,18(3):5-14.

[15] Vargo S L,Lusch R F. Evolving to a new dominant logic for marketing[J]. Journal of Marketing,2004,68(1):1-17.

[16] Grönroos C. Service logic revisited:Who creates value? And

who co-creates? [J]. European Business Review，2008，20(4)：298-314.

[17] Vargo S L，Lusch R F. From repeat patronage to value co-creation in service ecosystems：A transcending conceptualization of relationship[J]. Journal of Business Market Management，2010，4(4)：169-179.

[18] Vargo S L，Lusch R F. Institutions and axioms：An extension and update of service-dominant logic [J]. Journal of the Academy of Marketing Science，2016，44(1)：5-23.

[19] 简兆权，令狐克睿，李雷. 价值共创研究的演进与展望——从"顾客体验"到"服务生态系统"视角[J]. 外国经济与管理，2016，38(9)：3-20.

[20] Marco Ceccagnoli，Chris Forman. Cocreation of value in a platform ecosystem：the case of enterprise software[J]. MIS Quarterly，2012，36(1)：263-290.

[21] Varun Grover. Cocreating IT value：New capabilities and metrics for multifirm environments [J]. MIS Quarterly，2012，36(1)：225-232.

[22] Atefeh Y，Ila M，Stephen M. S. Co-creating logistics value：a service-dominant logic perspective [J]. The International Journal of Logistics Management，2010，21 (3)：375-403.

[23] 王琦峰."互联网＋"环境下物流服务价值共创机理与实现策略研究[J]. 物流科技，2016，(11)：1-5，18

[24] 安建梅. 物流服务创新动力机制分析[J]. 大连海事大学学报(社会科学版)，2008，7(2)：78-80.

[25] 王琦峰. 临港现代物流产业集群服务模式创新研究[M]. 杭州：浙江大学出版社，2014.

[26] Levinson M. The box that changed Asia and the world[J]. Forbes Asia，2006(3)：30-40.

[27] Nalebuff B J，Brandenburger A M. 合作竞争[M]. 王煜全，王煜昆，译. 合肥：安徽人民出版社，2013.

[28] 王琦峰."互联网＋"背景下物流服务价值共创与物流服务创新研

究[M].杭州：浙江大学出版社,2017.

[29] 刘柳,胡广伟.电子政务服务价值共创及战略要素分析[J].电子政务,2015,146(4)：90-96.

[30] 金帆.价值生态系统：云经济时代的价值创造机制[J].中国工业经济,2014,313(4)：97-109.

第4章 基于公共海外仓的跨境电商物流产业链共生耦合模式与机制①

随着电子信息技术与经济全球化的全面发展,在"电商渗透率提升十传统外贸转型加速"的驱动下我国跨境电商呈现出了爆发性增长的特征。据《2017年度中国出口跨境电商发展报告》显示,当年全国跨境电商交易规模达7.6万亿元,其中出口跨境电商交易规模6.3万亿元。跨境电商已成为中国对外贸易发展的重要途径、趋势及转型升级的新突破口[1-2]。

跨境电商物流系统的运作直接影响到交易实现与客户体验,是推动跨境电子商务发展的重要保证[3]。海外仓是跨境电商物流的一种重大创新模式,有效解决了跨境电商物流成本高、运输周期长等问题[4],几乎消除了直邮模式所有影响海外消费者体验度的问题,并且提升了海外消费者的信任度和购买力,让国内跨境电商企业也具备了本地化优势[5]。海外仓已经成为跨境电商物流发展的主流模式。由于自建海外仓存在投资成本高、运营管理难度大等特征,公共海外仓成为众多中小型跨境电商企业选择的主要形式,也已成为当前跨境电子商务试点城市大力发展的海外仓形式。

海外仓模式涉及头程运输、海外仓储和尾程配送等多个物流阶段,整个物流系统需要由多个国家或地区参与共同完成,且与国际贸易的报关报检、国际货物的保险等业务紧密相关,物流环节众多,作业流程复杂。另外各国在硬件与软件、政策和文化上存在的差异性,导致了跨境电商物流不同环节、不同阶段都存在配合、衔接与协同风险[6],进而极易导致跨境电商物流产业链的需求响应能力弱,一方面补货不及时、入库上架慢,耽误销售和发货,另一方面则存在库存积压和滞销严重等运转效率低下的现象,严重影响海外仓模式下跨境电商物流服务功能的发挥,制约跨境电商的健康发展。

---

① 李肖钢,王琦峰.基于公共海外仓的跨境电商物流产业链共生耦合模式与机制[J].中国流通经济,2018,32(9):41-48.

从产业链的视角看,产业链的不稳定是引起产业链运转效率低的根本原因。因此,构建稳定的跨境电商物流产业链系统,能够在不确定环境下,通过产业链协同,快速响应市场需求,设计产业链服务方案,选择和整合产业链资源,形成个性化、针对性的跨境电商物流产业链条,是提高跨境电商物流产业链运转效率、有效发挥物流服务功能、推进跨境电商健康发展的基础和保证。产业链对不同经济关系的细化—分块化,对不同经济单元之间铰合关系的界定,使得利用共生思想进行产业链的构建、实现产业链的稳定成为可能[7]。而稳定、高效的产业链的生成,共生模式的选择和共生机制的构建是基础。

国内大量学者运用共生理论,针对不同行业,分析了产业链的共生机制和共生模式[7-10],但在服务业产业链,尤其是跨境电商物流产业链领域的研究还相对较少。因此,本章基于产业链理论、产业共生理论、海外仓管理理论,研究基于公共海外仓的跨境电商物流产业链共生耦合模式和机制,为构建稳定的跨境电商物流产业链,提升物流功能和效率提供理论基础。

4.1　相关理论与概念界定

4.1.1　服务业产业链内涵界定

目前学术界对产业链还没有达成一个统一的认识,李仕明认为对企业而言,通常称为供应链;对于政府,则称为产业链[8]。邵昶和李健把产业链分为广义的和狭义的两种:广义的包括三个层次,一是企业层次,主要以企业链条为研究对象,是反映企业关联性的企业链条;二是产业层次,是反映产业关联性的产业链条;三是处于企业和产业层次之间的"夹层",是产业链条和企业链条的融合[9]。狭义的就是指处于"夹层"中的产业链,是一个具有"波粒二象性"的特殊产业组织,它具有双元组成结构,包含产业链条和企业链条。伍先福和杨永德也认为,产业链是产业层面和企业层面的有机统一体。因此,一条完整的产业链是由不同的相关产业和若干具有经济关联关系的相关企业构成的,以消费者需求为核心而进行生产交易的价值增值链[10]。

上述产业链内涵都是从有形产品的角度进行定义,目前对服务业产业链的概念研究较少。王苑认为现代服务业产业链是现代服务业各行业之间根据一定的经济技术关联关系，及特定的逻辑、时空布局关系，客观形成的链条式形态[11]。

王小平和杜伟伟则从企业层次，认为现代服务业产业链是在一定区域内，具有某种相互关联的多个企业通过知识、信息等资源的共享、互换而实现价值增值的一种链状关联体系[12]。高志军和刘伟对航运服务产业链进行了界定，认为是在客户需求的驱动下，以船舶运输和港口服务为核心，在航运辅助产业和支持产业的推动下所形成的供需链、价值链、企业链和空间链等相融合的功能型网络链条形态[13]。

上述研究可以看出，王苑和高志军等是从产业层面来定义服务业产业链，而王小平等则是从企业层面进行界定。本书认为服务业产业链也存在企业和产业两个层次，是一个具有"波粒二象性"的特殊产业组织，是不同的相关服务产业为实现专业服务功能，满足特定的市场需求，由多个相关产业内的具有经济关联关系的企业所组成的一条连续追加价值关系活动的价值增值链。其具有以下特征：

(1)服务业产业链是一条产业链条，由于产业分工，导致完成专业的产业服务必须由不同产业环节的衔接、形成服务业产业链条才能实现，即产业链条是因为产业分工而形成。

(2)服务业产业链是一条企业链条，为实现特定服务而由多个产业模块内的具体企业为完成价值链内各个相关功能活动而有机整合构成的、相互协同的企业链，即企业链条为实现特定服务而形成。

(3)产业链条中存在不同的产业模块或环节，每一模块或环节存在企业群体，这些群体的存在为实现特定服务所需要的企业链提供了资源，而产业链共生耦合的模式，决定了资源配置的效率和产业链的稳定性。

4.1.2　产业链共生模式界定

产业链是一个产业共生态，是建立在产业内部分工和供需关系基础上的产业生态图谱。本质上，产业链是共生单元在特定共生环境中按某种依托关系(共生模式)连接而成的经济共生体[7]，是产业链内部企业之间通过同类资源共享或异类资源互补而形成的共生系统[14]。共生单元、共生模式和共生环境是产业共生系统的三大要素[15]。共生理论已经被国内大量学者用来分析和研究产业链，以探索产业链的共生耦合模式，构建稳定、高效的产业链,发挥产业服务功能。

任迎伟和胡国平从共生组织连接角度,通过比较产业链系统的串联耦合与并联耦合两种共生模式,认为并联耦合模式能够拓展产业链条各层次组织的横向共生关系,进而有效实现产业链系统的稳定性与高效性。李书学以路桥产业为例,论证了基于共生理论的可选择并联耦合模式,能够实现产业链的内部和谐,提高产业链的运行效率,从而确保产业链系统的稳定性和有效性[16]。孙晓华和秦川对产业共生系统的构成要素进行了考察,以汽车产业为例,从共生单位的行为方式视角,讨论了不同共生关系下的产业链纵向关系治理模式[14]。王文海等则从共生单元行为方式角度分析了特定生猪健康养殖产业链主体共生模式的选择[17]。

上述研究可以看出,不同学者从不同产业、不同角度(行为方式、组织方式)分析并选择产业链共生模式,以实现不同环境下的特定产业链的稳定和高效。产业链共生组织模式决定了共生单元的行为模式,并由此影响产业效率和效益的变化。因此,构建稳定、高效的产业链,产业组织方式的选择是最重要的一环[7]。因此,本书将从组织方式的角度分析产业共生模式。

从组织方式的视角,产业共生模式主要分为串联耦合与并联耦合两种。串联耦合指共生单元通过串联联结成单一链条的一种联结方式,随着社会分工程度的不断加深,产业链系统的整体反馈效率也就不断降低[16]。并联耦合指产业链的多个共生单元按多层次结构并联构成,共生系统的运转和信息传递通过并联方式来实现[7],从而使产业链的构建具有更大的灵活性和稳定性,这能够有效解决串联耦合模式随共生单元增多而引起产业链系统的效率和稳定性下降问题。

4.1.3　产业链并联耦合机制界定

并联耦合模式的运营基础是并联耦合机制。产业链并联耦合机制是指链条上的结点企业有不同的共生企业可与其连接,有多条路径可以选择,它减少了整个系统信息传输中的信息损失,使整个系统的交互效率在随产业活动分工增加时不至于下降。据此可以看出,产业链并联耦合机制表现的核心机制为信息交互机制和共生企业选择机制。

任迎伟等认为并联耦合机制运营主要依赖产业链相邻模块之间的结点,其具有信息交互和选择逻辑算子功能。李书学认为这个结点应该是信息交互平台(下文论述中把结点和信息交互平台统称为信息交互平台)。他们都认为在多环节产业链中,存在不止一个信息交互平台来实现信息交互机制和共生企业选择机制,且多个信息交互平台在为其相邻两个模块企业进行信息交互和共生企业选择过程中,都是独立发挥作用,并不存在协同。在多环节产业链中,不同信息交互平台独立运作,能够确保产业链中相邻环节信息传递和共生企业选择的效率,但难以保障多个环节组合的整体最优。

朱述斌认为产业链中的主体企业在并联耦合机制运营中起到价值链的管理作用,由其统一选择共生企业,构建产业链[18]。但在复杂的、多环节的跨国/境产业链中,仍需要存在不止一个主体企业和信息交互平台共同影响和管理产业链。因此多信息交互平台协同和多主体企业协同,是产业链整体高效率和稳定性的保障。

根据上述分析,本书认为产业链并联耦合机制除了信息交互机制、共生企业选择机制外,还存在产业链协同机制,包括信息交互平台协同机制和主体企业协同机制。

（1）信息交互机制

产业链并联耦合机制最重要的功能是提高整个系统的信息交互效率。依托信息交互平台,产业消费市场结果信息、相邻环节间企业供需信息、外部环境信息在信息交互平台中集聚、交互和反馈,使得产业链中的企业能够及时了解市场信息,使整个产业链系统能够及时地做出快速、有效的战略调整,以适应市场的需求。

（2）共生企业选择机制

共生企业选择机制包括两方面,一是产业链中的所有企业都能够基于市场反馈信息,依据信息交互平台的选择逻辑算子功能,选择上下游合作伙伴的机会和权利;另一方面对于特定价值增值链的形成,产业链中的主体企业基于信息交互平台的充分信息反馈,根据产业链市场需求,及内外部环境约束,为达到产业链整体效率的最大化,设计整体产业链的服务方案,依据信息交互平台的选择逻辑算子功能,选择衔接效率最高的共生企业,形成特定价值增值链。

（3）产业链协同机制

面向复杂的、多主体企业管理的产业链,主体企业间通过彼此协调和联合,根据市场需求的变化,以整条产业链的价值最大化为目的,协同制定产业链一体化服务方案,进行业务流程协作和共生企业资源的选择,以实现整条产业链的高效运转和竞争力的提升。

主体企业对共生企业的选择,一方面取决于协同制定产业链一体化服务方案,而另一方面取决于产业链共生企业的选择方案。即信息交互平台间通过彼此信息融合协调,以全产业链整体衔接效率最高和服务能力最大化为目标,实时设计和调整共生企业的选择逻辑算子,形成产业链共生企业选择方案,以保障主体企业实现共生企业选择的整体性最优。

4.2 公共海外仓模式下跨境电商物流产业链及特点

4.2.1 公共海外仓模式下跨境电商物流产业链的界定

海外仓是指在除本国之外的其他国家或地区建立的仓库,主要服务跨境电商业务。海外仓作为跨境电商供应链上的新节点,将跨境电商物流分成了头程运输、海外仓储和尾程配送三个阶段[19-20]。

头程运输是指出口跨境电商以批量方式出口货物,运输到目的国海外仓,所经过的订舱、集货发运、出口通关、国际运输、进口通关等环节。海外仓储是指在目的国海外仓进行备货,实现货物的展示、储存、分拣和包装等功能。尾程配送是指目的国消费者通过跨境在电商平台下单后,为满足目的国消费者的实时需求,根据目的国条件选择适合的当地配送商,从海外仓发货,完成"最后一公里"的本地配送。

根据前文界定的服务业产业链概念,本书认为公共海外仓模式下的跨境电商物流产业链包括头程运输、海外仓储和尾程配送三个阶段,是由国际货代、国际运输、集货拼箱、报关报检、海外仓储、快递配送等相关物流服务产业模块所构成,为实现特定跨境电商物流服务,由其中多个产业模块内的特定企业所组成的一条连续追加价值关系活动的价值增值链,如图 4-1所示。

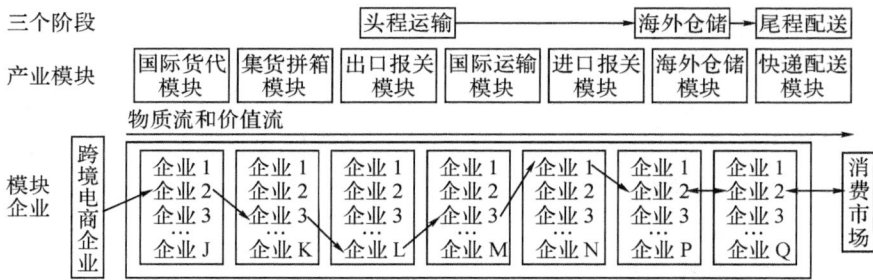

图 4-1　基于公共海外仓的跨境电商物流产业链

4.2.2　公共海外仓模式下跨境电商物流产业链的特点

（1）环境的复杂性

由于互联网络的全球化特征，跨境电商能够直接满足不同国家消费者的需求，具有了广阔的海外市场与商机。但同时，商品从卖方流向买方时需要跨越不同的国家，有时还需要跨越多个国家，同时会涉及多个国家的通关与商检，涉及各地贸易中法务、税务和环保方面的要求，涉及多种运输方式的选择和组合，增加了跨境电商物流产业链内外部环境的复杂性。

（2）服务需求的不确定性

跨境电商让国外消费者具有更多的选择，但由于目前国内大多数跨境电商企业缺乏品牌的知名度和客户的认知度，导致因国外客户选择的多样性和随机性使跨境电商市场的需求存在很大的不确定性，使跨境电商商家对海外仓库存量的需求、头程运输时效和方式的服务需求存在多变性和不确定性。这一方面让跨境电商商家面临较大的库存压力，如果仓储方案不科学且成本风险不可控，选择公共海外仓就会具有很大的风险；另一方面给跨境电商物流产业链应对服务需求的快速高效组织增加了难度。

（3）流程的复杂性

海外仓形式的跨境电商物流产业链经历三个阶段，整个流程涉及国内头程交货、缴费、海关清关，海外仓库操作和分拣，及当地派送。因此，通过海外仓跨境电商物流实现商品的空间位移，环节更多，流程更复杂。打通整个产业链，对信息交互、环节衔接和协同提出了更高的要求。

（4）动态的稳定性

由于跨境电商物流产业链存在外部环境复杂性、服务需求不确定性、流程的复杂性等特征,高效的跨境电商物流产业链必须基于有效的信息交互机制,及时了解市场需求和外部环境的动态变化,针对不同的需求特点,从品类、运送国家、时效、成本、海关清关、公共海外仓派送等不同环节,设计个性化的跨境电商物流产业链服务方案,选择衔接效率最高的物流服务企业,快速形成高效的跨境电商物流产业链,保证跨境电商物流产业链的动态稳定性,以适应和满足市场和环境的变化对产业链的需求。

（5）双主体协同管理

主体企业（企业、流通市场、中介组织等）在信息收集、市场判断、科技创新、产业集成和资金融通等方面具有优势,同时具有较强的市场风险抵抗能力[18]。由于跨境电商物流处于起步阶段,公共海外仓则刚刚兴起,目前还鲜有能够管控整个产业链的跨境电商物流企业或公共海外仓企业,所以仍需要多主体企业对整个跨境电商物流产业链进行协同管理。本书认为公共海外仓模式下的跨境电商物流产业链呈现出了三阶段的双主体协同管理特点。

在头程运输中,国际货代企业起连接出口物流活动环节的关键作用。鲁旭认为海外仓的出现使国际货代整合了跨境出口电商产业链前端物流的其他市场,向第三方物流公司方向发展提供良好的机会[19]。因此,在头程运输中,国际货代企业能够发挥主体企业作用,管理跨境电商物流的前一阶段产业链。

当货物进入公共海外仓后,其在负责货物的海外仓储和尾程配送、甚至在逆向物流问题的处理方面都起到了关键作用。因此,在海外仓储和尾程配送中,公共海外仓发挥了主体企业作用,管理跨境电商物流的后两阶段产业链。

4.3　基于公共海外仓的跨境电商物流产业链并联耦合模式构建

4.3.1　并联耦合共生模式构建

上文提到在串联耦合模式下,产业链的链条越长,整个产业链系统的反馈效率也就越低;而在并联耦合模式下,产业链则可以避免这些缺陷。海外仓模式的跨境电商物流产业链经历至少两个国家、三个阶段、多个环节,是一条典型的、复杂的长链条。因此本书认为并联耦合模式可以有效地保障公共海外仓模式下的跨境电商物流产业链的稳定性。考虑双主体协同管理特征,基于公共海外仓的跨境电商物流产业链并联耦合模式如图 4-2 所示。

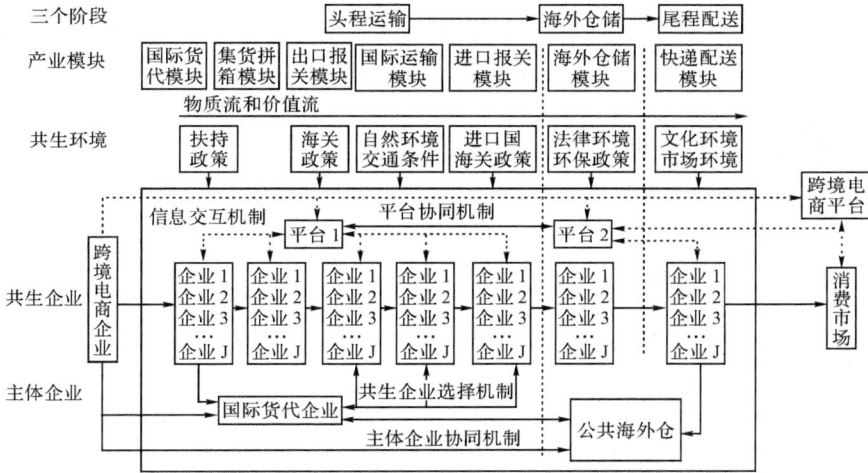

图 4-2　基于公共海外仓的跨境电商物流产业链并联耦合模式

　　公共海外仓模式下跨境电商物流产业链系统服务跨境电商产业,以提高国外客户的购物体验。整个产业链系统由国际货代、国际运输、集货拼箱、报关报检、海外仓储、快递配送等产业模块构成,每一模块有若干企业。产业链系统的运营受到国际运输的自然环境、交通条件、国内外通关与商检及各地贸易中法务、税务和环保等因素的影响[19],受到共生单元企业资源和服务能力的限制。产业链系统根据市场需求和服务经验,通过信息交互平台的大数据分析和预测,评估选择共生单元企业,实现衔接效率最高的输出,使得整个系统高效、有序及稳定。

　　现阶段,由于鲜有全产业链跨境电商物流服务商,双主体企业协同管理模式成为跨境电商物流产业链运营的有效模式,相应形成了服务头程运输产业链的信息交互平台 1 及服务海外仓储配送产业链的信息交互平台 2。跨境电商企业委托国际货代企业完成头程运输,国际货代企业根据交货至公共海外仓的需求,依据信息交互平台1的选择逻辑算子功能,根据外部环境约束及集聚的产业模块企业能力的约束,选择头程运输涉及的各产业模块中最合适的企业,构建头程运输产业链;委托公共海外仓完成后两阶段物流,公共海外仓根据与跨境电商平台的协同,了解国外消费者的需求控制库存,并根据终端消费者需求约束和配送企业能力约束,依据信息交互平台2的选择逻辑算子功能,选择尾程配送企业完成配送、退货,构建海外仓配物流产业链和逆向物流产业链。通过主体企业协同管理,使跨境电商物流全产业链形成无缝衔接,保障整体的可靠性和高效率。

4.3.2 并联耦合共生运行机制

(1)信息交互机制

信息交互平台是产业链系统信息交互的媒介,跨境电商物流产业链中的消费市场把产品需求和物流服务体验反馈到跨境电商平台,同时把物流服务体验反馈到信息交互平台2;海外仓储和尾程配送模块企业的服务能力和服务表现反馈到信息交互平台2,而头程运输各个模块企业的服务能力和服务表现则反馈到信息交互平台1;信息平台之间形成信息的交互。

跨境电商平台通过对消费者的点击、浏览痕迹、收藏喜好、购物评价、购物车及购买数据进行大数据分析消费市场的萧条或繁荣状况和物流服务状况,反馈到跨境电商企业,与信息交互平台进行互动和协调。跨境电商企业根据反馈信息调整其市场战略、产品战略和物流战略,并把物流需求反馈到信息交互平台。信息交互平台1通过把消费市场和跨境电商企业的物流需求反馈给头程模块企业,信息交互平台2通过把消费市场和跨境电商企业的物流需求反馈给海外仓储和尾程配送模块企业,使产业链各模块企业做出物流服务产业、物流服务产品和物流服务能力的调整。

(2)共生企业选择机制

双主体协同管理的公共海外仓模式下跨境电商物流产业链的构建包括两个层面的选择机制。第一层面是主体企业选择,即跨境电商企业根据特定需求特征、资源供应特征和外部环境特征,依据平台的选择逻辑算子功能,选择最适合的国际货代企业和海外仓储企业。选择逻辑算子根据实时反馈的市场需求和资源供应、外部环境信息,进行强化或调整或重新生成,以使跨境电商企业的选择更具适应性和效率性。第二层面是共生企业选择,即主体企业选择共生企业,构建产业链。国际货运企业负责头程运输产业链的组织构建,首先根据跨境电商企业的物流需求,为其提供个性化的头程运输一体化服务方案:传统海运、传统空运、国际邮政小包和国际快递等各类国际货运方式,甚至是多运输方式的组合。再根据服务方案,依托交互信息平台 1 的逻辑算子功能,选择衔接效率最高的共生企业,组建头程运输产业链。海外仓储企业负责海外仓配物流产业链和逆向物流产业链的构建,根据消费市场的需求,为跨境电商企业设计仓配一体化和逆向物流一体化服务方案。根据服务方案,依托交互信息平台 2 的逻辑算子功能,选择尾程配送企业组建仓配物流产业链和逆向物流产业链。产业链系统针对主体企业当初做出的效率选择的最终效果认定,重新评估模块资源的选择和模块中约束条件的选择等,以保证系统的稳定和高效。选择逻辑算子会根据实时的反馈信息进行强化或调整或重新生成,以使主体企业的选择更具效率性。

(3)产业链协同机制

产业链协同机制是使跨境电商物流产业链实现整体效益最大化的保障。双主体企业协同决策机制是跨境电商物流产业链中的国际货代企业和公共海外仓通过彼此协调和联合,根据终端消费市场和跨境电商的需求和外部环境的变化,进行海外库存和仓配一体化方案,及头程运输方案的协同决策,进行业务流程协作和共生企业资源的选择,形成跨境电商物流产业链一体化服务方案,达到头程运输与后端海外仓储与配送的无缝衔接,以实现跨境电商产业链整体效益最优。

信息交互平台协同决策机制是交互信息平台 1 和交互信息平台 2 通过彼此信息融合协调,以跨境电商物流产业链整体衔接效率最高和服务能力最大化为目标,实时设计和调整各自平台中的共生企业的选择逻辑算子,形成产业链共生企业选择方案,保障国际货代企业和公共海外仓选择的共生企业能够实现产业链的整体性最优。

4.4　本章小结

本章通过深入分析产业链理论,界定了服务业产业链的内涵,通过分析并联耦合共生理论提出了并联耦合共生的三大机制,即信息交互机制、共生企业选择机制和产业链协同机制。并根据对公共海外仓模式下跨境电商物流产业链的特征,运用并联耦合共生理论,设计了基于国际货代企业和海外仓储企业双主体协同管理的并联耦合共生模式及其相应的共生机制。

4.5　本章主要参考文献

[1] 崔雁冰,姜晶.中国跨境电子商务的发展现状和对策[J].宏观经济管理,2015(8):65-67.

[2] 武玥,王铸东,杨晓璇.跨境电子商务发展趋势及对中国外贸转型升级的促进作用[J].商业经济研究,2015(23):63-65.

[3] Jiao Z. Modes and development characteristics of China's cross-border e-commerce logistics[M]. Berlin :Springer Press, 2016.

[4] 鄢荣娇.我国跨境电商物流中的海外仓建设模式研究[D].合肥:安徽大学,2016.

[5] 孟玲,张宝明.跨境电子商务环境下物流业的发展[J].物流工程与管理,2014(11):110-113.

[6] 张夏恒.跨境电商物流协同模型构建与实现路径研究[D].西安:长安大学,2016.

[7] 任迎伟,胡国平.产业链稳定机制研究——基于共生理论中并联耦合的视角[J].经济社会体制比较,2008.(2):180-184.

[8] 李仕明.构造产业链,推进工业化[J].电子科技大学学报(社科版),2002(3):75-78.

[9] 邵昶,李健.产业链"波粒二象性"研究——论产业链的特性、结构及其整合[J].中国工业经济.2007(9):5-13.

[10] 伍先福,杨永德.产业链治理的核心论题[J].科技进步与对策,2016(9):72-76.

[11] 王苑.现代服务业产业链的理论与实证研究[D].武汉:武汉理工大学,2008.

[12] 王小平,杜伟伟.现代服务业产业链优化整合的路径分析[J].中国证券期货,2011(11):143.

[13] 高志军,刘伟.航运服务产业链的内涵与生成机理[J].中国航海,2013(9):120-125.

[14] 孙晓华,秦川.基于共生理论的产业链纵向关系治理模式——美国、欧洲和日本汽车产业的比较及借鉴[J].经济学家,2012(3):95-102.

[15] 袁纯清.共生理论——兼论小型经济[M].北京:经济科学出版社,1998.

[16] 李书学.基于共生理论的产业链稳定性研究——以我国路桥产业为例[J].江西社会科学,2013(10):215-218.

[17] 王文海,卢凤君,刘晴.刘晓峰生猪健康养殖产业链主体共生模式选择研究[J].农村经济,2014(3):46-51.

[18] 朱述斌."共生型"中国农产品价值链管理的理论与方法研究[D].北京:北京林业大学 2009.

[19] 鲁旭.基于跨境供应链整合的第三方物流海外仓建设[J].中国流通经济,2016(3):32-38.

[20] 李鹏博.揭秘跨境电商[M].北京:电子工业出版社,2015.

第5章 跨境供应链整合对跨境电商 公共海外仓运作影响机制

随着"互联网＋"的不断推进以及国际贸易形势的变化，近年来跨境电商作为"互联网＋外贸"的主要形式得到了快速的发展。2019年我国跨境电商市场规模超过10万亿元，跨境电子商务的发展加速了跨境供应链的整合，同时也带动了公共海外仓的发展。跨境电商公共海外仓作为一种由跨境电商平台企业、跨境电商企业或第三方物流企业等市场主体建设并为广大跨境电商企业提供服务运营的一类海外仓，通过优化和重构跨境电商供应链为广大跨境电子商务企业提供全方位的服务，极大地推动了跨境电子商务的发展[1]。同时，在新兴信息技术的推动下，跨境供应链的整合也对跨境电商的集约化发展，尤其是跨境电商公共海外仓的运作优化和商业模式创新起了极大的推动作用。为了更好地揭示跨境供应链整合如何影响跨境电商公共海外仓的运作，本章立足于当前的信息技术环境，通过理论分析和实证相结合的方式，对供应链整合对跨境电商公共海外仓的运作影响机制进行研究。

5.1 相关概念界定

（1）跨境供应链整合

随着跨境电子商务的发展，跨境供应链的重要性越来越得到学术界和产业界的关注，但目前尚未有关于跨境供应链的统一定义。一般来讲，与国内供应链不同的是，跨境供应链增加了进出国境时的清关环节及跨国界的运作。跨境供应链的运作除了传统供应链关注的物流、信息流、商务流和资金流之外，还应考虑文化、法律等因素对供应链的影响。供应链整合是企业与供应链合作伙伴进行战略合作，并协同管理组织内部和组织间流程的程度,以实现产品和服务、信息、资金和决策有效和高效流动,最终以低成本和高效率为客户提供最大的价值[2]。跨境供应链整合的主要目标是为客户提供最大的价值,战略合作是跨境供应链整合的关键要素,在跨境电商产业链中,跨境供应链伙伴间应通过战略协同保持良好的合作关系。同时,跨境供应链整合是全方位的,包含跨境产业链中产品及服务的设计,零部件的供应、生产、运输、交易、支付及售后等各个环节。

与传统供应链整合类似,跨境供应链整合是对跨境产业链各要素的有机整合。从整合的维度看,跨境供应链的整合包含内部整合、供应商整合和客户整合三个维度。其中,内部整合是跨境产业链中相关企业对内部采购与物流管理、生产规划与控制、库存管理等内部流程进行有效的整合,从而更好地与外部供应商开展有效合作,并最大限度地满足客户需求[3-5]。供应商整合是企业与国内外供应商的信息交流,企业与供应商之间的战略伙伴关系,供应商参与企业的新产品研发、质量改进、采购与生产等相关活动,从而协同创造产品和服务价值[6-7]。客户整合是企业与其国内外客户之间的协作,通过信息共享、联合决策、系统耦合和协作计划来管理下游组织相互之间的活动,从而提升跨境电商用户体验和满意度[8]。

(2)数字化能力

数字化能力包括业务数字化和数字业务化的能力,是数字经济时代企业创新发展必须具备的核心能力之一。目前,在学术上与数字化能力相关的研究较多体现在 IT 能力的研究中。IT 是与信息的获取、处理、存储和传播有关的传感、电信和计算机技术。IT 能力的概念最早由 Ross, Beath 和 Goodhue 于 1996 年提出[9],他们从成本控制的角度认为 IT 能力是控制与 IT 相关的成本、及时提供所需系统并通过实施 IT 来影响组织目标的能力。不同的学者从不同的视角对 IT 能力的概念进行了分析,如 Tippins 和 Sohi 从信息管理的视角认为 IT 能力是指企业对 IT 的熟练程度及有效使用 IT 来管理企业内部信息的水平,它由 IT 知识、IT 运作和 IT 实物三部分组成[10]。Lee 等从资源的角度认为 IT 能力是组织通过部署其 IT 资源并联合其他相关的资源与能力,进而支持本组织的活动和工作流程的一种组织能力[11]。而国内学者况治军认为 IT 能力是一种动态能力,这种能力帮助组织建立和执行 IT 相关的惯例,还可根据组织内外部环境的变化,利用内部资源设计、获取、发布和维护 IT 有关的系统,从而获取长期竞争优势[12]。

尽管不同的学者对 IT 能力的要素及概念有不同的看法,但大家都认为企业的IT能力不仅包括计算机设备、网络、应用软件、信息系统等物质的因素,同时还包括IT人员的知识水平、IT人员的技能水平以及在日常工作中使用IT设备和系统的能力等方面"人"的因素,两者缺一不可。同时,企业的IT能力不仅取决于企业拥有先进的IT设备设施,还与是否拥有强大的IT团队紧密相关[13-14]。目前,IT能力与企业绩效的关系引起了很多学者的关注,重点围绕IT能力通过供应链过程效益、信息流动、管理能力、服务柔性以及数字化业务强度等方面对企业绩效的影响进行了研究[13,15-17]。在数字经济环境下,随着物联网、人工智能、大数据、云计算等新一代信息技术在企业中的深入应用,数字化转型已经成为企业的重要战略,而数字化转型的核心就是强化和提升企业的数字化能力,从而提升企业的绩效及创新能力。

(3)公共海外仓绩效

绩效多维构建的,观察和测量的角度不同,其结果也不同。不同的维度反映企业在不同方面的运营成果[18]。企业绩效是体现供应链整合效果最直接的指标之一,从当前供应链整合对企业绩效影响的相关研究来看,大部分研究认为供应链整合对企业绩效(包括运营绩效和商业绩效)具有正向影响。如霍宝锋通过实证研究发现内外部整合是相互影响的,且运营绩效在内部整合和外部整合都很高时最大,供应商整合中等水平时内部整合和外部整合与运营绩效、财务绩效和供应链绩效显著正相关[8]。同时,大部分研究认为供应链整合正影响商业绩效,如Wu发现供应商电子整合正向影响企业的竞争优势,包括企业的盈利和市场份额[19]。

海外仓是跨境供应链的一个重要环节,海外仓的绩效直接影响跨境供应链的效率。肖亮等从海外仓策略的视角对目的国网络嵌入、本土化服务能力与跨境B2C出口企业绩效进行了研究,构建了"目的国网络嵌入→本土化服务能力→跨境B2C出口企业绩效"模型[20]。黄永斌从价值共创的视角构建了跨境电商公共海外仓运作绩效的指标体系,并采用直觉模糊评价法进行了实证分析[21]。海外仓的运作绩效已经成为衡量跨境电商供应链绩效的一个重要指标。作为一种重要的海外仓类型,公共海外仓从其基本功能的角度来讲,较好地解决了跨境物流过程中存在的配送时间长、物流成本高及客户体验差等跨境物流痛点,因此,对跨境电商企业来讲,公共海外仓的采用和实施能够在财务绩效和运营绩效层面有所改善。同时,跨境公共海外仓也可以依托境外仓库开展商品展示、售后服务等增值服务以创新跨境电商的商务模式,服务创新也应作为公共海外仓绩效的重要组成部分。因此,在跨境供应链公共海外仓绩效衡量中不仅要考虑其财务绩效和运作绩效,还应考虑创新绩效。

5.2　研究假设与模型建立

5.2.1　跨境供应链整合与公共海外仓绩效的关系

当前,关于供应链整合与企业绩效的关系研究已经取得了较多的成果,但在跨境电商领域,关于跨境供应链整合与公共海外仓绩效的相关研究还较少,由于跨境供应链跨越国界,其复杂性比国内供应链的整合和运营更加复杂。结合上面分析的供应链整合的维度,本章将把跨境供应链整合分为供应商整合、客户整合及内部整合三个维度来讨论跨境供应链整合对公共海外仓绩效的影响。

（1）供应商整合与公共海外仓绩效的关系

供应商整合是跨境供应链整合的重要内容之一,在跨境供应链中,产品及服务质量的有效控制要求跨境电商企业与供应商的密切合作。在互联网等信息技术的支撑下,跨境电商公共海外仓的运营企业能通过数字化的方式将制造商、物流服务商、跨境电商平台等跨境电商供应链上的各利益相关主体整合到跨境供应链中,使得跨境电商企业与供应商的关系更加紧密。与供应商建立强有力的战略合作关系有助于跨境电商企业更好地制定公共海外仓商品的需求计划并及时供货,从而提高公共海外仓商品的库存周转率。同时,通过深入了解跨境电商的销售及公共海外仓的库存情况,供应商能够实现更好的产品和服务供给,从而帮助跨境电商企业实现价值创造。另一方面,供应商整合将促进跨境供应链的服务创新,通过跨境供应链的供应商整合,跨境供应链上的各利益主体可以实现实时化、更精细化的业务分析和服务创新,并在统一的商业模式下进行业务整合和协同。因此,跨境供应链整合是跨境电商企业跨越企业边界与供应商建立相互整合和依赖的商业系统,是公共海外仓的运营创造更大的价值。因此,提出如下假设:

H1a:供应商整合能够对跨境公共海外仓绩效产生积极的正向影响。

（2）客户整合与公共海外仓绩效的关系

在跨境供应链中,跨境电商企业客户整合是电商卖家与客户(海外企业或最终客户)建立战略合作伙伴关系共同制定市场战略。在跨境电商环境下,跨境电商供应链的各利益主体都基于互联网平台连接在一起,通过客户整合使跨境电商企业跨越企业边界与客户形成在线的商业模式。基于公共海外仓的客户整合,跨境电商企业能够更好地洞察客户的价值主张,有助于企业促进新的价值主张和新的价值获取机制的形成。另一方面,公共海外仓的本地化服务机制及在线的商业模式,使跨境电商企业能够准确及时地获取客户的需求,从而在新产品选品、海外仓备货等方面更好地满足客户的需求。同时,在线的商业模式使客户能够更好地嵌入到跨境电商企业的业务流程,从而使跨境供应链中供需双方之间实现双向连接,形成相互关联、实时交互的跨境供应链运作模式。因此,提出如下假设:

H1b:客户整合能够对跨境公共海外仓绩效产生积极的正向影响。

（3）内部整合与公共海外仓绩效的关系

内部整合是跨境电商企业将公司内部职能部门与业务流程与海外仓的业务运作进行整合的过程,通过内部整合,在互联网和公司内部信息系统的支持下,跨境电商企业能够更好地实现产品的设计、制造及海外仓备货,从而实现企业内部物流、信息流和资金流的高效集成,从而提升跨境电商企业的市场竞争力。内部整合以外部客户需求为导向,依托信息系统的应用和内部价值链的优化,能更好地促进企业内部组织和流程的重构,更好地支持跨境电商企业与跨境供应链合作伙伴一起创造、传递和获取价值的方式,促进新的价值逻辑和商业模式的产生。基于此,提出如下假设:

H1c:内部整合能够对跨境公共海外仓绩效产生积极的正向影响。

供应商整合、客户整合和内部整合系统地体现了跨境产业链中供应链整合的内涵,基于上述跨境供应链整合的三个维度与跨境电商公共海外仓绩效的关系假设,提出如下假设:

H1:跨境供应链整合能够对跨境公共海外仓绩效产生积极的正向影响。

5.2.2　数字化能力与公共海外仓绩效的关系

数字化技术及系统的采纳和应用能够提升企业绩效已经得到学术界和产业界的共识。在互联网经济时代,企业的数字化能力能够通过将企业内外部的资源重构和优化配置,即以不同的方式更好地利用企业的资源,或以一种新的方式组合和优化配置这些资源,从而驱动企业商业模式的创新并以卓越的绩效帮助企业赢得市场竞争力。数字化技术和系统已经成为企业提升运作绩效和创新商业模式的关键资源。在跨境电商供应链中,由于跨越不同的国境,涉及的利益相关者更多,不同的对象的信息系统各异,涉及的标准体系、文化因素也有较大的差别,而跨境信息流对跨境电商的运营和服务创新起着重要的支撑作用。作为跨境电商企业,实时掌控海外仓的货物备货及库存周转情况、零距离地获取海外客户的需求对提升其业务运作绩效和构建安全的跨境供应链尤为重要。因此,数字化能力是公共海外仓运作的基础,对提升公共海外仓的绩效,不论是财务绩效、运作绩效还是创新绩效都发挥着积极的作用。基于以上分析,提出以下假设:

H2:数字化能力对公共海外仓绩效产生积极的正向影响。

5.2.3　跨境供应链整合与数字化能力的关系

关于供应链整合与以 IT 能力为主要内涵的数字化能力的关系,已经引起了相关学者的重视并对其开展了一些研究[22-24]。但是基于跨境供应链的复杂性,有必要对跨境供应链整合各个维度与数字化能力之间的关系进一步进行梳理。下面,分别从供应商整合、客户整合及内部整合三个维度来探讨跨境供应链整合对数字化能力的影响。

(1)供应商整合与数字化能力提升的关系

在跨境电商产业链中,跨境电商企业需要向供应链上游企业寻找协作的机会,以确保跨境供应链高效运作和对市场需求的快速响应。供应商整合的是跨境供应链中多个企业共同合作和执行供应链运营。跨境电商企业要实现高效的供应商协作,必然要求其信息系统与供应商的信息系统进行整合和信息共享,反过来,跨境电商企业海外仓数字化能力的提升也有助于更好地实现与供应商的整合。一方面,为了提高产品创新能力和更好地满足境外客户的需求,跨境电商企业依赖于遍布全球的供应商通过数字化网络和系统参与产品开发;另一方面,供应商数字化网络和系统的嵌入促使跨境电商企业改变原有的组织和企业界限,更好地促进供应链业务的协同。因此,在数字化网络和系统支持下的跨境供应链合作伙伴之间在海外仓的业务协同能够帮助跨境电商企业更好地理解和响应市场和竞争环境。基于此,提出以下假设:

H3a:供应商整合能够对公共海外仓数字化能力提升产生积极的正向影响。

（2）客户整合与数字化能力的关系

公共海外仓作为跨境电商企业实施本土化战略的重要举措,是构建全球分销体系的重要支点,直接面向全球客户。跨境供应链的客户整合会加快驱动物流、信息流、商务流、资金流等在供应链利益相关者之间的流动,从而提升跨境供应链的效率。在这一过程中,跨境电商公共海外仓的数字化能力起着举足轻重的作用。公共海外仓的数字化能力为跨境电商企业和客户的互动和可视化提供了重要的支撑。而跨境供应链合作伙伴通过提高信息的可视化能更好地重构和运营跨境电商流程,从而较好地掌控跨境电商运作过程中存在的竞争、技术、监管、标准等方面的不确定性。因此,提出如下假设:

H3b:客户整合能够对公共海外仓数字化能力提升产生积极的正向影响。

（3）内部整合与数字化能力提升的关系

内部整合是跨境电商企业为更好地满足市场竞争和客户的需求,从组织、资源、流程、信息等多个层面进行的整合。从海外仓的角度看,内部整合既反映在海外仓内部运作过程中各要素之间的整合,也体现在海外仓与跨境电商企业的供应、计划、物流、财务等职能之间的整合。在跨境供应链中,跨境电商企业外部整合所获得的能力和资源必须通过企业内部整合,即通过跨境电商企业内部跨职能部门之间的流程协作和信息共享,才能被有效利用。跨境电商企业必须通过内部整合,促使外部资源和内部资源的高效结合,才能更好地创造价值,而这一过程中数字化能力起着关键的作用。因此,在公共海外仓服务的运作过程中,跨境电商企业内部必须在数字化网络和系统的支持下实现跨境业务链条的整合,以推动商品、服务、信息和资金的高效流动,从而优化配置各类资源为客户创造更大的价值。因此,提出如下假设:

H3c:内部整合能够对公共海外仓数字化能力提升产生积极的正向影响。

基于上述跨境供应链整合的供应商整合、客户整合、内部整合三个维度与供给海外仓数字化能力提升的关系,综合提出如下假设:

H3:跨境供应链整合对公共海外仓数字化能力提升产生积极的正向影响。

5.2.4　数字化能力的中介作用

在经济全球化和新的产业变革背景下,跨境电商已经成为新时代国际贸易的主流模式,通过跨境供应链的整合,公共海外仓服务将强化其数字化能力以更好地获取和利用供应链上下游合作伙伴的知识和能力,从而使跨境电商企业走向全球市场,获得市场竞争力的重要途径。

一方面,实现供应商的整合要求跨境电商企业在海外仓服务中提升其数字化能力,通过数字化系统将市场信息反馈给供应商,有利于供应商更好地嵌入到跨境电商企业的业务运作过程中,从而能够更敏捷快速地响应境外市场的需求,提升跨境公共海外仓的服务绩效。

另一方面,客户的整合有利于跨境电商企业更好地与其下游的合作企业和客户建立更加便捷和透明化的合作管理,以便于跨境电商企业实时了解和掌握海外仓的库存情况及海外市场需求的最新动态。同时,客户整合会促使公共海外仓在运作过程中基于人工智能、大数据分析等数字化能力的提升,使跨境电商企业能在战略层面更好利用公共海外仓的各项服务,从而制定符合市场需求的产品、服务战略。

最后,跨境电商企业内部资源、流程、信息的整合,有利于促进跨境电商企业加快数字化能力的构建和数字化系统应用,围绕运营目标对企业的组织、流程、资源进行重构,从而改变跨境电商企业的资源配置方式、组织架构和运作流程。内部整合不仅在提升公共海外仓运作效率方面发挥重要的作用,同时也为跨境电商企业公共海外仓服务商业模式创新提供条件和基础。

因此,提出如下假设:

H4:在跨境供应链整合与公共海外仓绩效的关系中,数字化能力起着显著的中介作用。

H4a:在跨境供应链供应商整合与公共海外仓绩效的关系中,数字化能力起着显著的中介作用。

H4b:在跨境供应链客户整合与公共海外仓绩效的关系中,数字化能力起着显著的中介作用。

H4c:在跨境供应链内部整合与公共海外仓绩效的关系中,数字化能力起着显著的中介作用。

5.2.5 研究模型构建

通过上面的理论分析,本章以数字化能力为中介变量,构建跨境供应链整合影响公共海外仓绩效的研究模型,如图 5-1 所示。

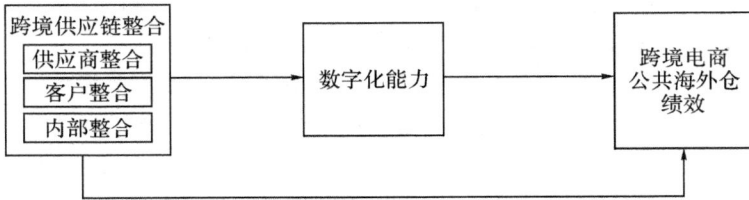

图 5-1 跨境供应链整合对公共海外仓绩效的影响模型

基于上述模型,本文针对跨境供应链整合对公共海外仓绩效的影响,提出以下研究假设命题,具体如下。

H1:跨境供应链整合能够对跨境公共海外仓绩效产生积极的正向影响。

H1a:供应商整合能够对跨境公共海外仓绩效产生积极的正向影响。

H1b:客户整合能够对跨境公共海外仓绩效产生积极的正向影响。

H1c:内部整合能够对跨境公共海外仓绩效产生积极的正向影响。

H2:数字化能力对公共海外仓绩效产生积极的正向影响。

H3:跨境供应链整合对公共海外仓数字化能力提升产生积极的正向影响。

H3a:供应商整合能够对公共海外仓数字化能力提升产生积极的正向影响。

H3b:客户整合能够对公共海外仓数字化能力提升产生积极的正向影响。

H3c:内部整合能够对公共海外仓数字化能力提升产生积极的正向影响。

H4:在跨境供应链整合与公共海外仓绩效的关系中,数字化能力起着显著的中介作用。

H4a:在跨境供应链供应商整合与公共海外仓绩效的关系中,数字化能力起着显著的中介作用。

H4b:在跨境供应链客户整合与公共海外仓绩效的关系中,数字化能力起着显著的中介作用。

H4c:在跨境供应链内部整合与公共海外仓绩效的关系中,数字化能力起着显著的中介作用。

5.3　实证分析

5.3.1　变量设计

根据实地调研和研究假设,再结合已有的研究文献,本章针对不同的变量及其影响关系进行相关题项设计,具体如表 5-1 所示。

表 5-1　变量设计

变量类别	变量名称	题项
自变量:跨境供应链整合	供应商整合(SI)	SI1:通过信息技术与上游供应商进行信息交流
		SI2:与供应商战略伙伴关系水平
		SI3:与供应商形成稳定的产品/服务采购关系
		SI4:供应商在公司跨境业务中的参与程度
		SI5:与供应商建立快速订货系统
	客户整合(CI)	CI1:通过互联网与客户建立联系的程度
		CI2:客户通过公共海外仓发生业务的情况
		CI3:公共海外仓与客户信息共享情况
		CI4:公共海外仓本地化服务情况
		CI5:顾客分享需求和服务体验情况
	内部整合(II)	II1:企业整合内部各业务部门数据程度
		II2:企业业务流程整合程度
中介变量:数字化能力	数字化能力(IC)	IC1:信息互联互通能力情况
		IC2:企业业务运营的数字化系统应用情况
		IC3:企业与跨境供应链伙伴信息共享情况

续表

变量类别	变量名称	题项
因变量:公共 海外仓绩效	公共海外仓绩效(OP)	OP1:公共海外仓的财务绩效情况
		OP2:公共海外仓的运作绩效情况
		OP3:公共海外仓的创新绩效情况
控制变量	企业规模(CG)	按通过公共海外仓业务的收入
	企业成立时间(CT)	企业成立时间按 3 年为一个时间段

其中,解释变量跨境供应链整合分别从供应商整合、客户整合和内部整合三个维度设计 12 个题项;且分别从中介变量数字化能力信息互联互通能力情况、企业业务运营的信息系统应用情况和企业与跨境供应链伙伴信息系统集成情况三个维度设计相应的题项。被解释变量公共海外仓绩效分别从财务绩效、运作绩效和创新绩效三个方面进行题项设计。

5.3.2　问卷设计与数据收集

在上述问卷题项设计的基础上,本书以跨境电商主管部门工作人员和跨境电商企业中高层管理者或资深员工为调查对象来进行详细的调查问卷设计。问卷采用 Likert7 级量表,从完全符合到完全不符合分为 7 个等级,在问卷过程中要求被调研人员根据实际情况如实填写。

问卷依托宁波跨境电商海外仓协会,通过实地发放、电子邮件等方式向宁波各县、市、区相关跨境电商企业及行业主管部门共计发放 220 份,共计回收 194 份,剔除无效问卷后,其中实际有效问卷 163 份,有效问卷回收率74.1%。

5.3.3　信度与效度检验

信度检验可以用来测量结果的稳定性和一致性。在信度检验中,通常采用 Cronbach's α 信度系数法来进行判断,该系数越大说明信度越高。本章通过 SPSS 软件对跨境供应链整合三个维度、数字化能力及公共海外仓绩效的信度进行检验,各维度的 α 系数值均大于0.7的判断标准,表明各要素的测量题项具有较高的信度,能保证测量结果的稳定性和一致性。

基于上面的理论分析对效度进行检验,应用 SPSS 软件,对各维度进行验证性因子分析结果显示,跨境供应链整合三个维度的组合信度都大于0.7,各变量平均方差抽取量均超过0.5,表明量表的效度可以接受。

5.3.4　相关性检验与多元回归分析

接下来,对现有变量做皮尔森相关性检验,首先计算两个变量间的皮尔森系数,然后根据结果来分析相关性。通过 SPSS 对跨境供应链整合的三个维度、数字化能力及公共海外仓绩效进行相关性分析,得到变量间的相关系统如表 5-2 所示。

表 5-2　变量间的相关关系

	供应商整合	客户整合	内部整合	数字化能力	公共海外仓绩效
供应商整合	1				
客户整合	0.641***	1			
内部整合	0.652***	0.692***	1		
数字化能力	0.587***	0.671***	0.667***	1	
公共海外仓绩效	0.602***	0.682***	0.685***	0.692***	1

注:*** 表示显著性水平 $p < 0.001$,** 表示显著性水平 < 0.01,* 表示显著性水平 < 0.05(下同)。

从表 5-2 可以看出,自变量供应商整合、客户整合、内部整合与因变量公共海外仓绩效的相关性显著,表明自变量跨境供应链整合的三个维度可以用来解释应变量公共海外仓绩效,各变量间具有统计显著性,可以做下一步检验。

跨境供应链整合的三个维度供应商整合、客户整合、内部整合与中介变量数字化能力均存在显著相关性,表明中介变量数字化能力可以通过自变量跨境供应链整合解释,各变量之间具有统计显著性,可以做进一步检验。

中介变量数字化能力与应变量公共海外仓绩效存在显著相关性,表明中介变量数字化能力可以用来解释应变量公共海外仓绩效,各变量间具有统计显著性,可以做下一步检验。

在已知各变量间相关关系的基础上,下面利用多元线性回归来做进一步分析。

(1)跨境供应链整合与公共海外仓绩效的关系

跨境供应链整合及其三个维度与公共海外仓绩效的回归分析结果如表 5-3 所示。

表 5-3　跨境供应链整合与公共海外仓绩效的回归分析

变量		应变量:公共海外仓绩效			
		模型 1	模型 2	模型 3	模型 4
控制变量	企业成立年限	−0.012	−0.028	0.015	−0.010
	企业规模	0.361	0.248	0.189	0.179
自变量	供应商整合		0.489***		
	客户整合			0.592***	
	内部整合				0.567***
统计值	R^2	0.122	0.328	0.458	0.389
	调整后 R^2	0.112	0.315	0.445	0.377
	F 值	10.587***	26.547***	41.576***	33.280***

其中,模型 1 用于检验控制变量对应变量公共海外仓绩效的影响,模型 2、模型 3 和模型 4 加入了自变量供应商整合、客户整合和内部整合,分别分析在控制跨境电商企业成立年限和企业从公共海外仓发生业务的收入规模的前提下,跨境供应链整合各维度中供应商整合、客户整合和内部整合对公共海外仓绩效的影响。从表 5-3 可以看出,模型 2、模型 3、模型 4 的值分别为 0.489、0.592 和 0.567,且各模型的显著性水平 p 均小于 0.001,说明在跨境供应链整合中,供应商整合水平越高,公共海外仓绩效越好;客户整合水平越高,公共海外仓绩效越好;内部整合程度越高,公共海外仓绩效越好,从而验证了跨境供应链整合各维度与公共海外仓绩效存在显著的正相关关系。另外,从上述模型中可以看出,调整后的 R^2 从模型 1 的 0.112 分别上升到 0.315、0.445 和 0.377,说明跨境供应链整合能够对公共海外仓绩效产生积极的正向影响。

（2）数字化能力与公共海外仓绩效的关系

下面在控制跨境电商企业成立年限和企业从公共海外仓发生业务的收入规模的前提下分析数字化能力对公共海外仓绩效的影响,具体如表 5-4 所示。

从表 5-4 可以看出,在模型 5 中,$R^2 = 0.689$,同时 $p < 0.001$,说明数字化能力越高,公共海外仓绩效越好。上述统计表明,数字化能力能够对公共海外仓绩效产生积极的正向影响。

表 5-4　IT 能力与公共海外仓绩效的回归分析

变量		应变量:公共海外仓绩效	
		模型 1	模型 5
控制变量	企业成立年限	−0.012	−0.086
	企业规模	0.361	0.182
自变量	数字化能力		0.689***
统计值	R^2	0.122	0.528
	调整后 R^2	0.112	0.518
	F 值	10.587***	52.489***

（3）跨境供应链整合与数字化能力的关系

跨境供应链整合与数字化能力的关系的回归分析结果如表 5-5 所示。其中,模型 6 用于检验控制变量对数字化能力的影响,模型 7、模型 8 和模型 9 分别用于检验跨境供应链整合三个维度对数字化能力的影响。从表 5-5 可以看出,模型 7、模型 8 和模型 9 的值分别为 0.439、0.589 和 0.627,且各模型的显著性水平 p 均小于 0.001,说明在跨境供应链整合中,供应商整合水平越高,数字化能力越好;客户整合水平越高,数字化能力越好;内部整合程度越高,数字化能力越好;从而验证了跨境供应链整合各维度与数字化能力存在显著的正相关关系。另外,从上述模型中可以看出,调整后的 R^2 从模型 6 的 0.101 分别上升到 0.298、0.436 和 0.458,说明跨境供应链整合能够对数字化能力提升产生积极的正向影响。

表 5-5　跨境供应链整合与数字化能力的回归分析

变量		应变量:数字化能力			
		模型 6	模型 7	模型 8	模型 9
控制变量	企业成立年限	0.112	0.090	0.142	0.117
	企业规模	0.264	0.165	0.109	0.062
自变量	供应商整合		0.439***		
	客户整合			0.589***	
	内部整合				0.627***
统计值	R^2	0.112	0.308	0.448	0.469
	调整后 R^2	0.101	0.298	0.436	0.458
	F 值	9.587**	22.547***	40.576***	43.280***

（4）数字化能力的中介作用分析

下面利用回归模型检验数字化能力在跨境供应链整合和公共海外仓绩效间的中介效应，检验结果如表 5-6 所示。

表 5-6　数字化能力在跨境供应链整合和公共海外仓绩效间的中介效应

变量		应变量：公共海外仓绩效				
		模型 1	模型 5	模型 10	模型 11	模型 12
控制变量	企业成立年限	−0.012	−0.086	−0.087	−0.049**	−0.072
	企业规模	0.361	0.182	0.162	0.146	0.145
自变量	数字化能力		0.689***	0.560***	0.460***	0.514***
	供应商整合			0.206**		
	客户整合				0.315***	
	内部整合					0.222**
统计值	R^2	0.122	0.528	0.538	0.568	0.535
	调整后 R^2	0.112	0.518	0.526	0.556	0.523
	F 值	10.587***	52.489***	43.588***	48.602***	42.739***

在表 5-6 中，回归模型的显著性 F 值分别为 10.587、52.489、43.588、48.602、42.739，均为显著，说明回归方程具有很好的拟合效果。模型 10 在模型 2 的基础上纳入中介变量数字化能力，结果发现供应商整合对公共海外仓绩效的直接影响作用显著性降低，而数字化能力仍然显著。因此，在跨境供应链供应商整合与公共海外仓绩效的关系中，数字化能力起着显著的中介作用。模型 11 在模型 3 的基础上纳入中介变量数字化能力，结果发现客户整合对公共海外仓绩效的直接影响作用显著性降低，而数字化能力仍然显著。因此，在跨境供应链客户整合与公共海外仓绩效的关系中，数字化能力起着显著的中介作用。模型 12 在模型 4 的基础上纳入中介变量数字化能力，结果发现内部整合对公共海外仓绩效的直接影响作用显著性降低，而数字化能力仍然显著。因此，在跨境供应链内部整合与公共海外仓绩效的关系中，数字化能力起着显著的中介作用。从而在跨境供应链整合与公共海外仓绩效关系中，数字化能力起着显著的中介作用得到有效验证。

5.4　研究结果讨论分析

上述跨境供应链整合的三个维度,即供应商整合、客户整合和内部整合对公共海外仓绩效的影响的实证结果表明,跨境供应链整合及其各维度与公共海外仓绩效具有显著的正相关关系,说明公共海外仓绩效随着跨境供应链整合的强化而显著提升。

通过上面的实证分析,跨境电商企业通过采用公共海外仓推进跨境电商业务,需要立足于跨境供应链整合的视角,与跨境供应链上下游的合作合作广泛开展合作和业务整合,通过在产品设计、供应、生产、物流等多个环节的协同,与供应链合作伙伴共创价值,跨境供应链整合程度越高则必然对公共海外仓运作及跨境业务开展具有越重要的促进作用。

同时,跨境电商供应链的整合和公共海外仓服务运作的优化需要接受数字化技术的赋能,在数字化技术的支撑下实现跨境供应链的数字化和透明化。基于供应链整合的跨境电商公共海外仓运作的数字化赋能的路径可以通过夯实数字化基础、接受平台赋能、以及应用人工智能 AI 技术等途径来实现[25]。数字化能力的提升能为跨境电商公共海外仓的运作和创新带来更多的资源和更高的效率,进而推进跨境电商公共海外仓在财务绩效、运作绩效及创新绩效全方位的提升。

5.5　本章小结

本章在分析跨境供应链整合、数字化能力、公共海外仓绩效等概念的基础上,提出了供应链整合对跨境电商公共海外仓运作绩效影响的假设并构建了研究模型,并以跨境电商主管部门工作人员和跨境电商企业中高层管理者或资深员工为调查对象来进行详细的调查问卷设计。通过问卷数据分析,验证了跨境供应链整合的三个维度,即供应商整合、客户整合和内部整合对公共海外仓绩效具有显著的正相关关系,说明公共海外仓绩效随着跨境供应链整合的强化而显著提升。同时,在跨境供应链内部整合与公共海外仓绩效的关系中,数字化能力起着显著的中介作用。

5.6　本章主要参考文献

［1］王琦峰,费阳.跨境电商公共海外仓服务价值共创动力机制研究
　　［J］.浙江万里学院学报,2018,31(4)：19-24.

［2］Flynn, B. B. , Huo, B. and Zhao, X. The impact of supply chain
　　integration on performance：A contingency and configuration
　　approach［J］. Journal of Operations Management，2010,28(1)：
　　58-71.

［3］Cao Z，Huo B F，Li Y，etc. Competition and supply chain
　　integration：A taxonomy perspective［J］. Industrial Management
　　and Data Systems, 2015, 115(05)：923-950.

［4］孙平,王兴元.智能供应链整合驱动的商业模式创新研究——生产
　　性服务流通企业升级的案例分析［J］.科技促进发展,2017,13(08-
　　09)：656-663.

［5］张建军.供应链整合评价研究-基于制造企业的数据［D］.太原：太
　　原理工大学,2019.

［6］Song Y，Cai J，Feng T. The influence of green supply chain
　　integration on firm performance：A configuration perspective［J］.
　　Sustainability, 2017, (09)：763-780.

［7］张秀萍.内部供应链与外部供应链的整合［J］.北京工商大学学报
　　(社会科学版),2005,(01)：83-88.

［8］霍宝锋,曹智,李丝雨等.供应链内部整合与外部整合的匹配研究
　　［J］.系统工程理论与实践,2016,36(02)：363-373.

［9］Ross J W，Beath C M，Goodhue D L. Develop long-term
　　competitiveness through IT assets ［J］. Sloan Management
　　Review, 1996, 38(1)：31-42 .

［10］Tippins M J，Sohi R S. IT Competency and firm performance ：
　　IS organizational learning a missing link ［J］. Strategic
　　Management Journal, 2003, (24)：745-761.

［11］Lee J. IT outsourcing Strategies ：universalistic, contingency and configurational explanations of success［J］. Information Systems Research，2004，15(2)：101-131.

［12］况治军.基于动态能力视角的 IT 能力与持续竞争优势研究［J］. 科技进步与对策，2006，(10)：115-117 .

［13］迟嘉昱，孙翎，童燕军.企业内外部 IT 能力对绩效的影响机制研究［J］.管理学报，2012,9(1)：108-114.

［14］丰超，庄贵军，李思涵，卢亭宇.IT 能力、网络交互策略与合作绩效——基于 RBV 理论的实证研究［J］. 系统工程理论与实践，2019,39(11)：2792-2803.

［15］Liu H，Ke W，Wei K K，etc. The impact of IT capabilities on firm performance：The mediating roles of absorptive capacity and supply chain agility［J］. Decision Support Systems. 2012,54 (3)：1452-1462.

［16］Chen，Y，Wang，Y，Nevo，Saggi J，etc. IT capability and organizational performance：the roles of business process agility and environmental factors［J］. European Journal of Information Systems. 2014,23 (3)：326-342.

［17］Joseph K N，Pratim D. Balancing exploration and exploitation of IT resources：the influence of Digital Business Intensity on perceived organizational performance［J］. European Journal of Information Systems. 2017,26 (5)：467-488.

［18］雷宋琼.我国大型煤炭企业 IT 能力与企业绩效关系研究［D］.西安：西安科技大学，2013.

［19］Wu I，Chuang C，Hsu. Information sharing and collaborative behaviors in enabling supply chain performance：A social exchange perspective［J］. International Journal of Production Economics，2014,148(1)：122-132.

［20］肖亮，余福茂，杨林霞.目的国网络嵌入、本土化服务能力与跨境 B2C 出口企业绩效：海外仓策略的一个理论解释［J］.商业经济与管理，2019(1)：5-15.

［21］黄永斌.价值共创视角下跨境出口电商公共海外仓运作绩效评价研究，2019,32(6)：8-14＋53.

［22］杨功庆.IT能力及信息共享对供应链企业间研发合作的影响研究［J］.科研管理,2008,29(4)：55-63.

［23］欧阳园园.IT能力、信息共享及供应链整合对企业绩效影响研究［D］.杭州：浙江理工大学,2017.

［24］张雅琪,陈菊红,王欢.IT能力、信息共享与供应链整合的关系研究［J］.科技管理研究,2011(22)：180-184.

［25］黄滨.透明数字化供应链［M］.北京：人民邮电出版社,2019.

第6章　供应链整合下跨境电商公共
海外仓运作模式

　　跨境电商是外贸发展的新模式,也是本土制造企业和外贸企业扩大海外营销渠道、建立全球分销体系的重要途径。跨境电商构建的开放、高效、便利的贸易环境,能够有效地拓宽企业进入国际市场的路径,优化全球供应链,为我国企业产品创新和品牌创建提供平台和机会。同时,客户需求个性化的兴起、客户对消费体验要求的不断提升以及数据成为跨境电商企业运营的核心要素。基于跨境供应链整合的思路和理念,优化跨境电商公共海外仓的运作模式以实现跨境电商业务的优化运营是跨境电商企业发展的重要途径[1]。

6.1　跨境电商供应链整合的必要性

　　在全球化环境下,企业与企业之间的竞争已经体现为供应链与供应链之间的竞争。作为跨境电商企业而言,需要与国内外的供应商、客户、跨境电商产业链上下游的公共服务提供商(如第三方物流、公共海外仓运营商、货代企业、支付服务平台、培训机构等)进行信息共享,协同生产计划并实现全业务流程的协同,通过供应链的整合以全新的商业模式为跨境客户提供灵活、便捷的产品和服务[2-3]。从供应链整合的内涵来看,跨境电商供应链的整合需要从内部整合和外部整合分别展开。

　　(1)跨境电商供应链内部整合的必要性

　　跨境电商企业基于跨境电商平台开展业务交易,并围绕跨境交易的大数据组织货源、安排生产及库存计划、优化库存控制及发货管理。如何提升企业的运作效率和降低内部运作成本是跨境电商企业实现供应链内部集成的核心驱动力。跨境电商供应链内部集成主要围绕供应链计划 SCP 及企业资源计划 ERP 展开[4]。通过供应链计划需要实现对跨境业务的需求预测、库存计划、资源配置、跨境物流路径优化、海外仓运作、采购计划及生产计划进行有效的集成和管理。企业资源计划 ERP 则需要对跨境电商企业运作过程中的计划、订单、库存、采购等内部业务职能进行有效的集成和管理。

(2)跨境电商供应链外部整合的必要性

在跨境电商供应链的运作过程中,跨境电商企业与跨境供应链上下游的合作伙伴建立良好的合作关系至关重要,即有供应商和客户形成良好的伙伴关系,从而构建一个集成化的跨境供应链体系。其中,在供应商整合层面,跨境电商企业可以通过供应商管理库存、共同计划预测和库存补充等管理方法的应用,与供应商和服务提供商实现集成与合作,提高跨境电商供应链的响应速度并有效降低成本[5-7]。在客户整合层面,基于跨境电商平台和互联网,跨境电商企业可以引导客户参与企业产品和服务的研发设计,可以围绕客户的需求提供针对性的产品和服务,在跨境电商领域推进 C2M 的跨境电商新模式,从而在提升跨境电商供应链客户体验的同时增强跨境电商的创新能力。

6.2　跨境电商供应链整合的主要形式

跨境电商供应链整合的本质是实现跨境电商企业内部、跨境电商供应链上下游企业之间跨境价值链及互联网所实现的资源整合,其目的是实现跨境电商企业内部各部门,跨境电商企业与客户、供应商之间的无缝合作,提供实时的产品及跨境物流、支付等服务[8]。在"互联网+"外贸发展的大趋势下,在数字化技术的驱动下,跨境电商企业都在追求跨境业务运作过程中商流、物流、信息流、资金流的无缝连接和有机协同。跨境供应链的信息集成、协同供应链管理、跨境电商 C2M 模式创新、跨境物流链优化等都是跨境电商供应链整合的主要体现。跨境电商供应链整合的主要形式包括横向整合、纵向整合[9-10]。

(1)跨境电商供应链的横向整合

跨境电商供应链横向整合是指跨境电商供应链中同级节点企业之间围绕跨境电商价值链运作的整合,是围绕客户需求,对跨境供应链中同类资源、业务活动进行识别、选择、运作、协调,通过信息集成、流程集成以及系统集成等方式在跨境供应链内沿着跨境电商内部供应链及跨境电商上下游企业实现的整合。跨境供应链的横向整合包含了内、外部两个部分,即跨境电商企业内部供应链的横向整合和跨境电商企业与供应商和客户之间的横向整合。其中:

跨境电商企业内部供应链的横向整合是跨境电商企业内部围绕跨境电商的业务链,如市场预测、选品、计划、海外仓备货、跨境交易、支付、物流配送等环节在跨境电商平台和跨境电商企业 ERP 的支持下实现的业务整合和集成,通过将跨境电商企业内部业务流程的整合,实现跨境电商企业内部资源的协同和整合,在各部门之间建立以订单流为驱动的跨境电商交易和服务流程,从而提高跨境交易的效率和客户的满意度。

跨境电商企业与供应商及客户之间的横向整合是围绕跨境电商价值链,跨境电商供应链上下游企业之间围绕产业链形成的"强强联合、优势互补"的利益共同体共同参与市场竞争和为海外客户提供一体化的产品和服务解决方案。在跨境电商企业外部的横向整合中,涉及多个利益相关者,包括产品生产商、第三方跨境电商平台、跨境卖家、跨境电商综合服务商、第三方物流、海外仓运营商等业务主体,同时也包括海关、港口运营商、行业协会等其他相关主体,在横向整合中要实现信息、流程等多个维度的整合。

(2)跨境电商供应链的纵向整合

跨境电商供应链的纵向整合是指在跨境电商企业运营过程中,跨境电商供应链上下游企业之间同类业务管理功能的整合,如围绕跨境电商价值创造,供应链上下游企业在产品研发、生产计划、库存计划、物流计划等业务活动的协同和交互。纵向整合是跨境电商供应链中核心企业对跨境电商产业链控制权的体现,跨境电商企业的纵向整合度越高就意味着它对跨境供应链的控制能力越强。从跨境供应链纵向整合的广度和深度来看,跨境电商供应链整合可以分为资源整合、业务整合和跨境电商供应链全面整合三个层次。

跨境电商供应链的资源整合是围绕着跨境供应链的商流、物流、信息流和资金流的整合,通过整合跨境供应链上下游企业的资源,实现跨境供应链中供应商、制造商、跨境电商平台企业、跨境电商卖家、跨境物流服务商及客户之间的商流、物流、信息流和资金流的整合。

跨境电商供应链的业务整合是通过跨境电商企业与跨境电商供应链上

游企业之间通过协同计划来实现。跨境电商企业与上游供应商的协同计划包括协同战略计划、跨境供应链网络设计、协同需求计划、销售与运作规划、协同生产计划、协同库存计划、协同运输计划、协同货运排程计划等。跨境电商供应链的业务整合是在跨境电商供应链计划系统 SCP 和企业内部 ERP 系统、物流执行系统 LES、仓储管理系统 WMS 等系统的协同下实现。

　　跨境电商供应链的全面整合是在数字化技术的支持下,围绕跨境价值链实现的跨境供应链的前向整合和后向整合,即将整条跨境供应链中的优势资源进行整合,充分发挥跨境电商供应链集成系统的互联互通、资源共享、计划同步等优势,将跨境电商供应链业务运作过程中涉及的人、财、物、技术、能力等有形和无形的各类资源进行整合,构建一个完善的跨境电商供应链商业生态圈,为跨境电商供应链的运作提供一个创新的商业运作模式[11-12]。

6.3　供应链整合下跨境电商企业公共 海外仓运作模式

　　跨境电商供应链是在空间上跨越不同关境,以海外客户需求为导向,以跨境电商企业为核心,以跨境物流为支撑,以整合资源为手段,实现产品采购、销售、服务等全过程协同。目前,跨境物流已经成为制约跨境电商发展的重要瓶颈,以创新跨境物流服务模式整合跨境电商供应链已成为跨境电商企业发展的必由之路。

6.3.1　供应链整合下跨境电商企业公共海外仓运作模式框架

　　由于传统跨境电商物流模式存在配送成本高、物流配送及时性和安全性难以保障,不能提供本地化的购物体验以及供应链高端和增值服务能力弱等问题。目前,跨境出口电商企业普遍考虑采用海外仓模式来优化跨境物流,提升境外客户的购物体验。同时,跨境出口企业在内、外部动力机制及供应链创新等创新扩散机制的推动下,不断探索在"互联网＋"技术和平台的支撑下,以供应链整合理论为指导,通过采用第三方或平台化的模式优化海外仓的运作机制和模式。本章通过对当前跨境电商物流的主要模式及调查对象的公共海外仓运作的现状和需求进行分析的基础上,提出了基于供应链整合的跨境电商公共海外仓运作模式，具体如图 6-1 所示。

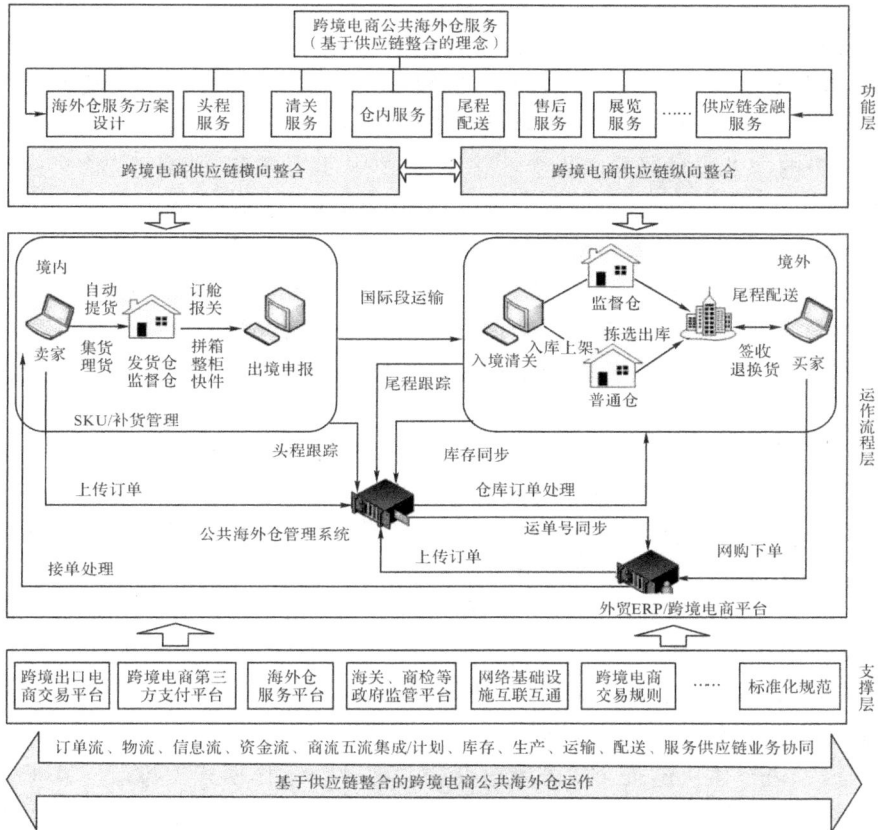

图 6-1　基于供应链整合的跨境电商公共海外仓运作模式框架

　　基于供应链整合的跨境电商公共海外仓运作模式是围绕跨境电商物流降本增效和供应链创新的目标，通过跨境电商的订单流、物流、信息流、资金流和商流的集成，实现跨境电商业务环节的计划、库存、生产、运输、配送、售后服务等全链条供应链协同。当前的市场中公共海外仓服务企业面临的竞争日益激烈，想要维持好自身的发展优势，必须要做到对客户的有效积累，同时要构建紧密的供应链，实现对供应链条中各项资源的有效整合。本章从供应链整合的角度，阐述信息资源、客户资源等内容，为公共海外仓服务企业优化当前的供应链提供有效借鉴。基于供应链整合的跨境电商公共海外仓运作模式框架由功能层、运作流程层和支撑层构成。

（1）基于供应链整合的跨境电商公共海外仓运作模式功能层。基于供应链整合的跨境电商企业公共海外仓运作模式功能层是基于供应链整合理念，从公共海外仓服务全生命周期的角度对跨境电商公共海外仓服务的功能进行规划设计、实现、执行和绩效评价。具体包括根据跨境电商企业海外仓服务的需求进行服务产品个性化设计，并从服务流程、信息系统、服务标准、服务内容等方面进行服务开发和实现，最后对海外仓服务的绩效评价和优化改进。同时，结合跨境电商企业对公共海外仓服务的需求不同包括公海外仓基本服务和海外仓增值服务，公共海外仓基本服务包括头程服务、报关清关服务、仓内服务以及目的国配送服务等。公共海外仓增值服务则包括跨境供应链金融服务、售后及产品维修服务、线上线下结合的展览展示服务等。

（2）基于供应链整合的跨境电商公共海外仓运作模式运作流程层。基于供应链整合的跨境电商公共海外仓运作模式运作流程层主要围绕跨境电商企业采用公共海外仓服务涉及的各个运作流程环节，主要包括国内集货送到海外仓的头程服务、海外仓订单操作及库存管理相关的仓内服务，以及在目的国出仓配送和售后服务的尾程服务[13]。由于在海外仓全环节物流服务涉及多个合作方，跨境电商企业应采用供应链整合的理念和方法，对货物周转的全过程实现计划、组织、协同和控制，实现全过程的商流、物流、信息流、资金流和订单流的整合。

（3）基于供应链整合的跨境电商公共海外仓运作模式支撑层。基于供应链整合的跨境电商公共海外仓运作模式支撑层是跨境电商企业实现供应链整合在海外仓服务应用的重要支撑，具体包括：一是支撑平台，包括跨境出口电商交易平台、跨境支付平台、海外仓服务平台等，通过平台之间的连接和信息共享，实现了跨境供应链中订单流、物流、信息流和资金流的有效整合。二是政府监管平台，由于跨境电商跨越不同的关境，货物在不同国家流转时涉及出口报关、清关、进口报关、清关、检验检疫、结汇等环节，货物、订单和支付都需要在业务系统和政府监管平台间流程。三是信息技术和基础设施，包括信息网络的互联互通、报文格式规范、信息集成技术协议等。四是跨境电商交易规则和标准化规范等。

此外，公共海外仓服务企业想要优化当前的供应链管理活动并进行有效的供应链整合，必须要加强信息化系统的应用，提升信息共享程度。为达

到这一目标,需从以下方面入手:

(1)建立有效的信息共享系统。在供应链整合管理模式下,各大海外仓企业独立运行,由于所处地理位置分散,面临的外部环境不同,想要实现信息的及时沟通,构建信息共享系统十分重要。借助于现代化技术,建设一体化的供应链管理信息系统,可以有效增强企业之间的联系,疏通当前的信息渠道,加快信息传递速度。

(2)建立企业间合作信任关系。通过信任关系的建立,可以使供应链中各大企业之间的合作更加紧密,在信任的前提下开展的合作也能够有效提升效率,真正实现共赢。由此在开展供应链管理时,需重点关注对企业间信任关系的建立,这种关系建立以后还能够做到对成本的有效控制。经过实践验证,当两家企业文化相似时,更容易构建合作信任关系。由此可以先考虑从企业文化入手,通过分析各大企业的文化,寻找相似性企业,优先使这些企业建立合作关系,进而产生带动作用,缓慢推进合作信任关系的建设。

(3)建立保障监督机制。公共海外仓的运作不能仅依赖于专业系统的力量来完成信息共享,为保障信息的安全性,避免关键信息的泄露,还应构建保障监督机制,做到对信息传递环节的严格监督。公共海外仓企业分享的信息往往不仅是自身的经营信息,还涵盖部分跨境电商的经营信息,为避免出现信息安全问题,在分享过程中除依赖于技术完成传递外,双方应在规定的范围内访问信息。

6.3.2　供应链整合下跨境电商公共海外仓运作关键环节分析

基于供应链整合的跨境电商公共海外仓服务运作的最终目的是通过解决跨境电商物流体验的诸多痛点,实现跨境出口电商业务的本土化运营提升海外消费者黏性,强化跨境供应链掌控能力和提升仓储物流服务质量,从而提升跨境出口电商企业的供应链运营绩效和商业绩效。跨境电商公共海外仓服务涉及多个合作方、多个国家的同时,流程繁多且服务复杂,本节将对上面提出的基于供应链整合的跨境电商公共海外仓运作模式中关键的业务和服务进行分析,具体包括头程服务、海外仓仓内服务及系统、尾程服务[14]。

(1)跨境电商公共海外仓头程服务[15-17]

公共海外仓头程服务是基于海外仓的跨境出口电商供应链环节的重要一环,其主要功能是跨境出口电商企业国内集货后通过海运或空运送到海外仓,其服务流程如图 6-2 所示。在公共海外仓头程服务中,跨境电商企业可以自己通过海运/空运公司或委托公共海外仓服务商全程负责。一般海运拼箱或整柜是主要的国际段运输方式,空运头程主要应用于紧急补货方式。

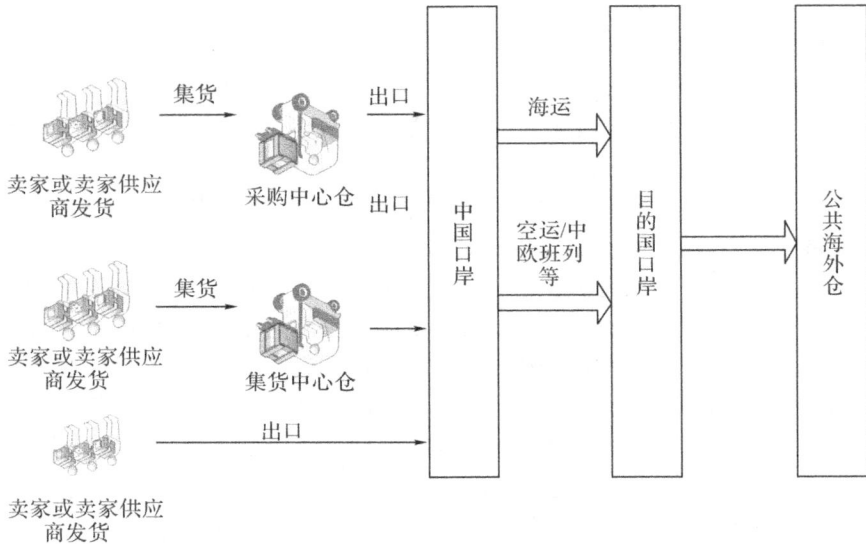

图 6-2　公共海外仓头程服务流程

跨境出口电商企业自己通过海运、空运、多式联运等运输模式将货物先发运到公共海外仓,跨境出口电商企业通过后台的供应链管理系统与公共海外仓系统对接,在提交公共海外仓入库单时,明确货物明细及运输方式、承运商及运单等信息,作为 ASN(应用程序编程接口)到货通知,便于仓库验货入库。同时,跨境出口电商企业需要自行安排货物国内外清关及税费支付,要以税后 DDP(完税后交货)的贸易模式发货。

采用委托公共海外仓服务商全程负责的模式下,公共海外仓服务商一般提供"进出双清"及提货方面的服务,公共海外仓服务商一般都在目的地口岸建有公共集货仓库,统一进行收货查验、打标、包装打托、产品拍照等增值服务,海外仓服务商负责进仓入站、订船舱、国内报关及目的国清关、实现一站式跨境运输及送仓服务[13]。货物通过头程运输入库海外仓后,通过供应链环节的信息系统集成与信息共享,跨境出口电商企业就可以通过跨境电商平台进行线上销售。

（2）海外仓仓内服务及系统

海外仓仓内服务是基于供应链管理的跨境出口电商企业海外仓服务的重要环节。与国内电商仓类似，海外仓仓库管理要综合兼顾"效率、质量、成本"三大目标，通过供应链管理的思维，在公共海外仓信息平台（以 WMS 为核心）的支撑下做到规划合理、流程科学、动作规范和数据准确，在供应链整合理念的指导下，跨境电商公共海外仓仓内服务及系统如图 6-3 所示。

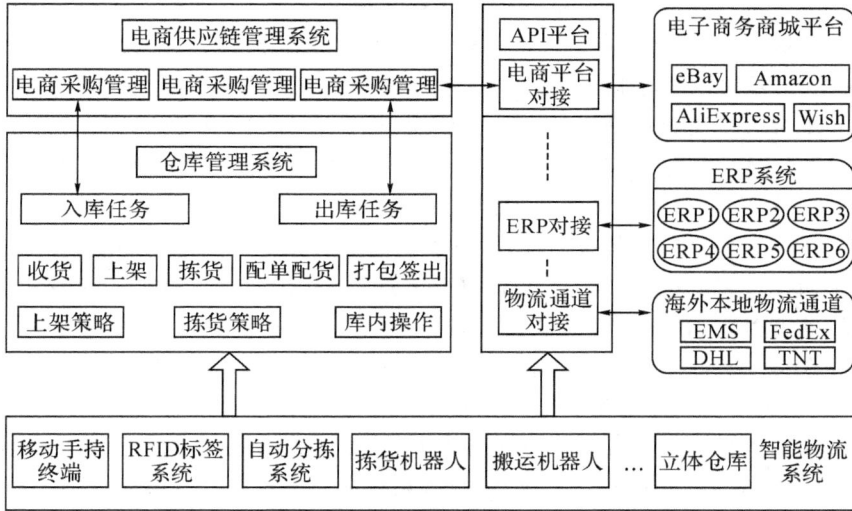

图 6-3　海外仓仓内服务及系统

在公共海外仓服务的仓内服务内容主要包括根据 ASN 检查收货商品数量和质量，将验收的商品上架，根据订单进行拣货、核对订单、商品及其重量等信息，按订单对商品进行包装和发运，进行库存盘点、移库和转仓等库存管理日常工作。为有效对接跨境供应链环节的各类系统和平台（如跨境出口电商企业的 ERP 系统、跨境电商交易平台等）以及实现由仓内服务的有效管理和运作，在海外仓服务中普遍采用信息系统进行业务的管理和运作，具体有：一是仓库管理系统（WMS），实现货位管理、出入库策略管理、库存归并策略管理、收货管理、上架管理、波次拣货管理、配单配货管理、打包管理、出库管理、盘点管理、库存调整管理、移库管理等功能。二是订单管理系统，实现全渠道订单对接管理、销售订单管理、套餐管理、拆单合单管理、分仓管理、物流渠道分配管理、退货管理、换货管理、售后跟单管理等功能。三是仓库智能物流系统，包括移动手持终端系统、电子标签拣货系统、移动拣货车系统、自动化拣货系统、电子标签打印系统等。四是系统集成的基础设施，通过统一 API 平台与电子商务商城平台、电子商务 ERP、物流渠道对接，实现商流、物流、信息流互联互通[18-20]。

（3）跨境电商公共海外仓尾程服务

尾程服务是跨境出口电商企业选择何种目的国本土的快递方式将商品送到消费者的手上。在国外，一般可选的快递服务商包括 USPS、UPS、FedEx、DHL 等物流服务商。作为跨境供应链基本服务的最后一环，尾程服务质量直接决定境外客户的购物体验，因此，在尾程服务的实施过程中，既要强化尾程服务与跨境出口供应链各环节的业务协同，又要与前端的交易、中间的仓内服务等环节实现信息的共享[13,21]。

强化跨境供应链整合，提升公共海外仓服务效率，跨境出口电商企业在运作和推进尾程配送及后续服务中应重点关注以下三个方面：一是注重订单的处理时效，客户在跨境电商平台下单后，通过跨境供应链系统的整合，海外仓会及时收到仓库作业和出库任务，由于跨境电商运作存在时差问题，在 24 小时内及时完成拣货、包装、出库和发运等作业最能体现海外仓服务的水平。二是要根据配送产品关注配送渠道的选择，配送时效和质量直接影响客户的消费体验。三是要追踪反馈，要通过跨境供应链系统的整合，要求公共海外仓发货后及时提供配送物流单号并集成到跨境电商交易平台，使跨境电商企业、客户能及时追踪配送的情况，同时对投递过程、客户退货等信息提供实时查询，便于跨境出口电商企业第一时间获取客户的体验和反馈信息。

但是，目前整个跨境电商公共海外仓服务行业，在供应链整合方面存在着供需双方信息不对称、跨境电商企业与海外仓企业之间缺乏信任、物流环节滞后等突出问题，严重制约着公共海外仓的进一步发展。随着行业转型升级的不断深入，对基于供应链整合的公共海外仓运作提出了更高的要求。跨境电商公共海外仓应重视信息化建设，强化供应链资源整合和流程整合，将产品供应商、国外零售商等跨境供应链上下游企业有效对接起来，改变目前跨境供应链各环节各自为政、缺少诚信的现状，推动行业共赢发展。此外，跨境电商公共海外仓在业务层面和信息层面还需要加大投入。因此，综合考虑供应链管理以及海外仓运作存在的障碍，亟须推进跨境供应链的数字化系统的整合和公共海外仓的数字化转型。下面的章节分别从跨境电商公共海外仓数字化转型的关键支撑技术和数字化环境下公共海外仓运作逻辑重构和商业模式创新等视角进行分析。

6.4　供应链整合下跨境电商公共海外仓运作关键支撑技术

随着物联网、大数据、人工智能在物流行业的深入应用,海外仓作为跨境供应链的重要节点,其智能化程度直接决定着跨境电商公共海外仓的运作效率和成本[22-24]。从公共海外仓的智能化运营来看,由于海外仓的头程运输与一般贸易的跨境运输差别不大,涉及国内的集货、装箱、报关、运输、清关等环节。由于涉及不同的关境、多个运营和管理主体,提升物流效率和管理效率的关键点是打通各个环节,实现信息的互联互通和提升通关的效率。而在跨境电商公共海外仓的仓内作业及配送环节,更多地可以通过应用智能化的技术来提升跨境电商公共海外仓的运作效率和客户满意度。

"仓配一体"已经成为跨境电商物流发展的趋势[25],截至目前,跨境出口 40% 以上的订单都是由海外仓发货。尤其是 2020 年新冠肺炎疫情发生以后,越来越多的跨境出口电商企业意识到采用海外仓模式开展跨境电商业务的重要性,海外仓作为"互联网＋对外贸易"的重要支点已经演化成"海外本地售后体系"的核心,成为集采购、仓配、退换货、跨境供应链管理于一体的新型物流中心。随着跨境供应链向数字化、网络化、智能化的发展,云计算、物联网、大数据、区块链等新一代信息技术在公共海外仓的运营过程被不断采纳和应用,公共海外仓的运营也开始朝着数字化、网络化和智能化的方向发展。接下来本节将重点围绕公共海外仓的仓内作业、尾程配送及跨境电商供应链整合优化的相关业务来分析智能化技术的应用。

6.4.1　跨境电商公共海外仓的智能仓储技术

仓储作业是公共海外仓运营的核心作业之一,也是跨境电商供应链的一个重要环节。仓储作业涉及多个环节,仓储链中产生的仓库订货、货物入库、货物管理、货物出库等仓储物流信息一般具有数据量大、数据操作频繁、信息内容复杂等特点。随着智能化技术在物流仓储领域的不断深入应用,智能仓储技术已经逐步成为仓储管理的标配。智能仓储是通过物联网、大数据、人工智能、自动化设备及各类软件系统的综合应用,形成面向仓储管理业务的高度集成化的综合系统,实现商品的入库、存取、拣选、分拣、包装、出库等一系列流程,同时具有网络协调化、管理系统化、操作信息化、决策智能化、全面自动化等特点,从而实现仓库信息的自动化与精细化管理,指导和规范作业流程,提升仓库货位利用率,从而完善仓库管理并提高仓库整体运行质量的特点。智能仓储系统一般包括智能化的识别系统、搬运系统、仓储系统、分拣系统、管理系统等子系统构成[26-28]。

(1)智能识别系统

智能识别系统是通过自动识别技术和终端对仓储物流作业中的商品信息进行自动数据采集的数字化系统,智能识别系统使用的技术有条码自动识别、RFID 射频自动识别、可穿戴设备等[29]。其中,条码自动识别技术可同时识别多个标签并能应用于高速运动物体,操作快捷,便于快速查找、查询;RFID 射频识别技术俗称电子标签,是一种非接触式的自动识别技术,通过射频信号自动识别目标对象并获取相关数据,识别工作无须人工干预,可工作于各种恶劣环境[33]。可穿戴设备是传感器的载体,可实现人、机器、云端的高级无缝交互,可穿戴设备在仓储物流领域的应用产品包括 AR 智能眼镜、免持扫描设备、喷气式背包等。如 AR 智能眼镜能凭借其实时的物品识别、条码阅读和库内导航等功能提升仓库工作效率[30,31]。

自动识别系统的数据采集是通过扫描枪、摄像头及物联网终端进行的主动数据采集,通过集成传感芯片、多媒体、RFID、NFC 等技术的识读并配合 3D 测量、OCR 识别、AR/VR 等外部设备,可以在仓储作业中快速定位商品、规划最优的订单拣选路线等,同时通过深度定制的业务操作系统在仓储作业中进行人机协同,实现语音、影像、实名认证、电子签收等功能[32]。

(2)自动搬运系统

自动搬运系统使用的技术主要包括自动搬运小车(AGV)、穿梭车(RGV)、自动导引小车(AGV)、无人叉车等[33-35]。其中,搬运 AGV 是仓库内应用最广泛的物流机器人类型之一,最著名的搬运 AGV 是 Kiva 机器人,是亚马逊于 2012 年斥资 7.75 亿美元收购 Kiva systems 公司的机器人项目。搬运 AGV 系统通过标准化料箱和包装单元、库内行驶路由规划等方法和技术实现从"人到货"的方式向"货到人"的操作转变,从而提高仓库作业的自动化程度和作业效率。穿梭车 RGV 又称为轨道式自动导引车,它既可以作为立体仓库的周边设备,也可以作为独立系统。穿梭车用来衔接外部输送系统和内部输送机接口,如出入库站台、各缓冲站台、输送机、升降机、机器人等。当堆垛机数量较多时,可采用穿梭车来连接内外的货物传输,可节省大量的输送机,简化输送系统流程。自动导引小车 AGV 通过激光导引或电磁导引装置,指导小车自行运动,具有安全保护及各种移栽功能,广泛应用于仓储系统中货物的分拣和搬运。无人叉车是能够从仓库或工厂的某个地方把材料、托盘和其他物件运输到另一个地方的机器人[36]。

(3)智能存储系统

随着数字化、智能化技术在仓库中的深入应用,海外仓的仓储管理也已经呈现出无人化、少人化的特征,同时管理技术的优化和信息技术的应用也促进了海外仓存储规模、单位面积产出和库存吞吐得到数量级的提升,智能仓储系统在海外仓的应用越来越普遍。目前,智能存储系统主要以自动化立体库(AS/RS)为主。自动化立体库又称高架库或高架仓库[37],一般是由立体货架、有轨巷道堆垛机、出入库托盘输送机系统、尺寸检测条码阅读系统、通信系统、自动控制系统、计算机监控系统、计算机管理系统以及其他如电线电缆桥架配电柜、托盘、调节平台、钢结构平台等辅助设备组成的复杂的自动化系统。自动化立体仓的货架构造可分为单元货格式、贯通式、水平旋转式和垂直旋转式等。自动化立体库运用一流的集成化物流理念,采用先进的控制、总线、通讯和信息技术,自动化搬运设备进行出入库作业,从而提高仓储利用率,减少货物和信息处理差错。

海外仓立体化仓库的作业模式是"货到人"或"周转箱到人",在机械化、自动化的基础上增加了自动识别、感知、数据采集等智能化技术实现货物的自动存取、缓存、补货、拣选等一系列操作,实现海外仓仓储作业的自动化和智能化。由于自动化立体库相比于平面仓的高效及与其他系统的有效对接,自动化立体库已经成为公共海外仓运营企业在海外仓建设过程中的重要选择。目前,主流的自动化立体仓系统集成商包括日本的大福、村田机械,德国的胜斐迩、德玛泰克,美国的霍尼韦尔以及国内的南京贝特智能、合肥井松自动化等。

(4)智能分拣系统

分拣是在海外仓的包裹处理中心,将商品按照不同的跨境电商客户、不同的配送路线进行分类、集中、装车的输送过程,主要用于货物的出库及货物中转分拣输送,是公共海外仓物流作业最关键的环节之一。常见的分拣设备类型包括皮带机分拣流水线、包裹自动分拣线、小件 AGV 移动机器人、重件 AGV 或自动叉车等。随着自动化和数字化技术的应用,为了提高分拣效率,自动分拣已经成为自动化仓储的核心,自动分拣系统一般由控制装置、分类装置、输送装置及分拣道口组成。自动分拣能节省人力、提高产能,根据分拣件的标准化程度采取不同的分拣策略。对于小型标准件一般采用自动分拣集包操作,中型标准件采取原包上流水线操作,而非标准件则采用线下人工作业。

在智能分拣系统中,分拣 AGV 和自动化分拣系统被广泛采用,在公共海外仓环境下,相比较于传统的流水线分拣系统,智能化分拣系统在分拣AGV 和软件系统的支持下,能连续、大批量地分拣货物,分拣效率高,分拣误差率极低;同时具有占地面积更小、成本更低、同时分拣、AGV 之间并联不会出现单一设备损坏导致系统崩溃的情况等优点,能有效提高作业效率,最大限度减少人工劳动强度和成本[38-39]。典型的分拣 AGV 解决方案上有Geek＋、立镖机器人等。

(5)管理系统

管理系统主要包括仓库管理系统(WMS)和仓库控制系统(WCS)。海外仓 WMS 系统是一款标准化、智能化过程导向管理的仓库管理软件,它结合了海外仓管理的实际情况和需求,能够准确、高效地管理跟踪跨境电商客户订单、补货订单,以及海外仓内部的综合管理,WMS 一般具有订单处理及库存控制、基本信息管理、货物流管理、信息报表、收货管理、拣选管理、盘点管理、移库管理、打印管理和后台服务系统等功能。WCS 是介于 WMS系统和底层设备控制系统之间的一层管理控制系统。WCS 与 WMS 系统进行信息交互,接受 WMS 系统的指令,并将其发送给物流装备的底层控制系统,从而驱动物流装备产生相应物料搬运动作。同时,WCS 将物流装备的底层控制系统的状态及数据实时反映给 WMS 系统。随着人工智能在仓储领域的应用,结合了人工智能算法的 WMS 和 WCS 能实现自动推荐存储货位、补货库存分布平衡、调度机器人搬运、驱动生产端配货等功能,是整个智能仓储的大脑,能最大限度地优化仓储运营和提升仓储管理和作业的效率[34]。

6.4.2 跨境电商公共海外仓的智能配送技术

尾程配送是公共海外仓本地化服务的重要内容之一,高效优质的本地配送不仅能极大地提高跨境供应链物流效率和降低物流成本,同时也是提升境外客户体验、强化与客户关系的重要途径。随着新一代信息技术的发展,物流配送纷纷加速向智慧物流转型,智能化的物流配送已经成为物流配送行业转型升级、降本增效的基础,人工智能技术的发展促进了一系列智能算法、自动分拨流水线、配送机器人、无人机相继投入实施,极大地提升了配送各环节的效率。

智能配送系统使用的主要技术为无人配送车和无人机。无人配送车会根据调度平台出的命令,对目的地进行路径的自主规划,寻找最短线路并规避拥堵路段实现货物的无人配送。无人配送车是解决物流配送"最后一公里"的重要解决方案。无人配送车拥有强大的独立思考能力和计算能力,并使用多个摄像头或雷达等组成的传感器,以及高分辨率3D城市地图来高效地穿过繁华的城市街道,可以自行找到目的地,完成配送任务。同时,无人配送车采用激光与视觉并行的方案,能够观察周边的复杂环境,并在系统中建立自己的多维世界,运用自适应的算法,对动态实体进行准确的轨迹预测,避让行人、车辆等物体。无人配送车具备人机交互功能,用户通过手机APP下单后,可以选择向无人配送车发出服务需求,无人配送车会与运输管理系统(TMS)对接规划最优配送路径,将物品送到指定位置。

配送无人机是解决配送人力成本的另一种重要的解决方案,无人机由飞行控制系统、导航系统、动力系统及通信数据系统等子系统构成,配送无人机可以实现环境感知和判断、自主路径规划、数据传输等各项功能。相比较于无人配送车面临的复杂路况,配送无人机具有环境相对简单、覆盖范围广、速度快等优势。对于常规配送网络覆盖不足,物流配送网络建设成本高的地区具有较大优势。国内外的电商及物流企业已布局和推进无人机送货,如2020年8月,美国亚马逊公司获得了美国联邦航空局(FAA)的批准,可以运营其 Prime Air 配送无人机,成为继谷歌母公司字母表(Alphabet)和美国联合包裹运送服务公司(UPS)之后,全美第三家获准运营无人机送货的公司。

6.5 供应链整合下跨境电商公共海外仓数字化运作逻辑

随着数字经济的不断发展,跨境电商供应链逐渐向数字化跨境供应链转化。数字化供应链已经成为数字经济环境下跨境电商公共海外仓运作的重要支撑。按照美国数字化供应链研究院的定义,数字化供应链是一个以客户为中心的平台模型,它可以获取并最大限度地利用不同来源的实时数据,进行需求刺激、匹配、感知和管理,从而提升业绩并最大限度地降低风险[40]。公共海外仓作为跨境电商供应链的一种重要环节,其数字化运作对提升跨境电商供应链的运作效率、降低跨境物流成本和提升海外消费者的服务体验具有重要的作用。跨境电商公共海外仓数字化运作是指在跨境供应链整合和数字化理念的指导下,应用信息通信技术、物联网、大数据、云计算和人工智能等先进的信息技术实现公共海外仓运作的数字化,其内涵包括两个阶段、三个环节,具体如图 6-4 所示。

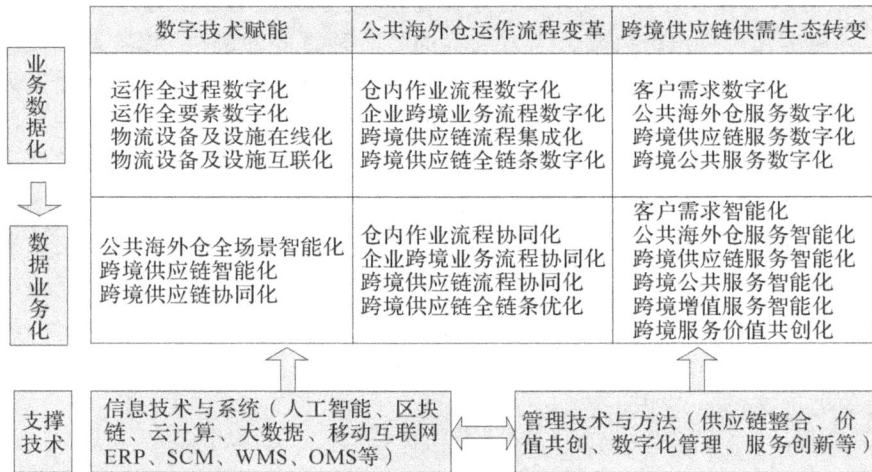

	数字技术赋能	公共海外仓运作流程变革	跨境供应链供需生态转变
业务数据化	运作全过程数字化 运作全要素数字化 物流设备及设施在线化 物流设备及设施互联化	仓内作业流程数字化 企业跨境业务流程数字化 跨境供应链流程集成化 跨境供应链全链条数字化	客户需求数字化 公共海外仓服务数字化 跨境供应链服务数字化 跨境公共服务数字化
数据业务化	公共海外仓全场景智能化 跨境供应链智能化 跨境供应链协同化	仓内作业流程协同化 企业跨境业务流程协同化 跨境供应链流程协同化 跨境供应链全链条优化	客户需求智能化 公共海外仓服务智能化 跨境供应链服务智能化 跨境公共服务智能化 跨境增值服务智能化 跨境服务价值共创化
支撑技术	信息技术与系统(人工智能、区块链、云计算、大数据、移动互联网 ERP、SCM、WMS、OMS等)		管理技术与方法(供应链整合、价值共创、数字化管理、服务创新等)

图 6-4 跨境供应链整合下跨境电商公共海外仓数字化运作逻辑

其中,两个阶段包括在跨境供应链整合下的公共海外仓业务运作的数字化,并在此基础上实现的数据业务化,即基于公共海外仓业务数据化的数据积累,经过深入挖掘数据价值而实现的公共海外仓增值服务。供应链整合下跨境电商公共海外仓数字化运作的内在逻辑的三个环节包括数字化技术赋能、公共海外仓运作流程的变革及跨境供应链供需生态的转变。

6.5.1　公共海外仓运作数字技术赋能

数字技术赋能主要是通过应用信息通信技术、人工智能、物联网、大数据、云计算、区块链等新一代信息技术及企业资源计划、供应链管理系统、仓储管理系统等信息系统实现跨境供应链全链条数字化、全场景智能化及跨境供应链网络的协同优化。在数字技术赋能环节,业务数据化阶段包含公共海外仓运作全过程数字化、公共海外仓运作全要素数字化、物流设备及设施在线化、数字化等,而数据业务化阶段则包含公共海外仓全场景智能化、跨境供应链智能化及跨境供应链协同化等。

实现公共海外仓的数字化就是要实现与公共海外仓运作相关的所有流程、要素、物流设备设施的在线化和互联化,从而实现公共海外仓全要素、全过程的数字化和透明化运作。公共海外仓运作的要素是指公共海外仓运作活动中涉及的角色、流程以及与公共海外仓运作相关的跨境供应链中的物流、信息流、资金流和订单流。公共海外仓运作要素的数字化连接是通过互联网、物联网及物流相关信息系统,建立公共海外仓运作要素之间的网络连接并在基础上实现各要素之间基于业务运作流程的信息交互和工作协同,如跨境卖家通过仓储管理系统了解公共海外仓的货物库存情况并及时与销售部门、生产部门进行交互,以确定促销策略和商品生产和补货策略;跨境卖家通过订单管理系统、公共海外仓的仓储管理系统、运输管理系统及跨境电商平台等信息系统实现跨境订单、订单仓内作业、订单配送等信息交互,从而实现跨境电商订单、仓储作业订单、包裹配送订单及状态信息的整合和集成,实现跨境电商订单的全过程透明,从而提升跨境客户的物流服务体验。

实现跨境公共海外仓运作的全场景智能化体现在基于公共海外仓运作模式的跨境电商供应链全链条的智能化,具体包含跨境电商商品智能推荐、智能选购、智能下单、智能仓储作业、智能配送及智能服务等环节,跨境电商供应链的每个环节、场景的智能化都是在数字化的基础上实现的。跨境公共海外仓全场景的智能化运作能有效地支撑跨境电商供应链网络的协同和优化,具体包括面向跨境客户的公共海外仓库存优化、基于公共海外仓的本地化销售配送网络的协同与优化、基于公共海外仓的补货策略及与制造部门和供应商协同与业务优化等。

6.5.2　公共海外仓运作流程变革

数字技术赋能的过程不仅是数字化技术在公共海外仓运作各环节应用的过程,更是数字化技术促进公共海外仓业务流程变革及跨境供应链上下游企业间流程重组优化的过程。

在公共海外仓运作流程变革环节,业务数据化阶段包含公共海外仓仓内作业流程数字化、企业跨境业务流程数字化、跨境供应链流程集成化、跨供应链全链条数字化。数据业务化阶段包含公共海外仓仓内作业流程协同化、企业跨境业务流程系统化、跨境供应链流程协同化及跨境供应链全链条优化等。在数字化技术赋能下,公共海外仓运作的流程变革既涉及跨境电商企业内部及海外仓内运作流程的变革,也涉及跨境电商供应链上下游企业间运作流程的变革。

数字化环境下跨境电商企业内部及海外仓内运作流程的变革在业务数据化阶段主要体现为跨境电商企业内部业务运作的数字化及公共海外仓仓内作业流程运作的数字化和集成化,而数据业务化则表现为跨境电商企业内部业务运作的协同化及公共海外仓仓内作业流程运作的协同与优化。近年来,随着企业信息化工程的推进,跨境电商企业及公共海外仓的运营商都推进了 OMS、ERP、MES、WMS、TMS、CRM 及 OA 系统的应用,其中,OMS 系统侧重于订单处理与执行,ERP 系统侧重于企业内部资源的优化配置与管理,包括生产计划、销售、库存、采购及财务管理等功能,MES 系统侧重于生产过程的管理,WMS 系统侧重于仓库的运营管理,TMS 系统侧重于发货与运输管理,CRM 系统侧重于客户管理,OA 系统侧重于日常办公和审批管理。但各个信息系统相互独立,数据共享难度较大,无法满足跨境电商企业跨部门流程协同和信息共享的需求。因此,亟须通过数据集成总线或构建企业级的数据中台和业务中台,实现跨境电商企业跨部门及企业与公共海外仓运营商的数据集成和业务协同。

跨境电商供应链上下游企业间运作流程的变革是以实现跨境电商供应链上企业之间业务协同和优化为目标,通过业务数据化和数据业务化,从而实现跨境供应链全链条的优化。数据业务化阶段主要实现跨境电商企业与跨境供应链上下游企业的连接,构建基于数字化的业务沟通渠道和业务协同机制,如跨境电商企业 ERP 系统与公共海外仓运营商 WMS 系统的对接,实现海外仓库存信息的透明化并根据库存信息及时制定补货策略和生产计划;通过跨境电商企业 ERP 系统、跨境电商交易平台、公共海外仓 WMS 及配送系统的数字化集成是境外客户能够实时了解到线上订单的物流状态,从而提升其消费体验。

6.5.3　跨境供应链供需生态转变

供需是市场经济的基础,也是供应链运作的核心。在数字化的跨境电商环境下,随着新的技术应用和商业模式的不断涌现,供需生态也发生了变化,跨境供应链供需生态变化分别体现在需求端和供给端。

在跨境供应链供需生态转变环节,业务数据化包含客户需求数字化、公共海外仓服务数字化、跨境供应链服务数字化及跨境公共服务数字化,而数据业务化包含客户需求智能化、公共海外仓服务智能化、跨境供应链服务智能化、跨境增值服务智能化、跨境服务价值共创化等。

数字化环境下跨境电商供应链需求端的转变同样也体现在业务数字化和数字业务化两个方面。在业务数字化阶段主要表现为需求端的数字化。跨境电商企业基于跨境电商交易平台、客户关系管理系统、公共海外仓的运营系统等平台与客户建立连接,从而多渠道获取客户信息。同时,企业通过研发提升产品的数字化、网络化和智能化水平,使销售的产品能够实时在线并回传使用状态信息的数据,从而更好地为境外客户提供更好的服务。在数字业务化阶段主要表现为需求端的智能化。通过业务数字化阶段积累的客户及产品使用数据,能够更好地促进跨境电商销售产品的智能化、跨境供应链业务运作的智能化及客户更好地参与产品的研发等,具体体现在以下两个方面:一是基于跨境电商大数据,跨境电商企业能够针对海外不同销售区域的客户需求对用户进行精准画像,从而通过数字画像实现精准营销,更好地提升客户的购买和使用体验。二是基于数字化的跨境供应链平台和系统,使境外的终端用户能够参与产品的开发过程,通过互动的方式在产品的研发阶段表达其价值主张和功能需求,从而使用户、产品提供商、跨境电商供应链的利益相关者共创价值。

数字化环境下跨境电商供应链供给端的转变在业务数据化阶段主要包含跨境分销渠道的数字化、产品生产制造的数字化、采购的数字化及跨境物流的数字化。跨境电商作为"互联网＋外贸"的新形态,其核心就是要基于跨境电商平台,通过供应链的整合构建全球的产品分销网络,从而为海外客户提供在线下单的入口,实现"买、卖全球"的目标。跨境分销渠道的数字化打破了时空的限制,极大地提升了跨境交易的效率,降低了交易成本。同样,在跨境电商供应链各环节的生产制造、采购、物流等环节,通过数字化转型从而实现生产过程数字化、数字化采购、数字化国际物流,并通过数字中台和业务中台实现数据、业务流程的集成和协同。在数据业务化阶段主要实现智能分销、智能生产、智能采购、智能物流等环节,从而实现跨境供应链整合下的供给端的智慧化。如通过智能分销,基于跨境最终用户的数字化,在跨境大数据的支持下开展精准营销,对明确的客户及潜在的客户开展针对性的营销活动,从而提高销售成功率。目前,主流的跨境电商交易平台,如亚马逊、速卖通、Ebay、Wish 等均提供跨境大数据支持,跨境电商企业可以通过平台开展精准营销活动,同时,根据平台的经营数据实现销量的精准预测并指导后端的采购和生产。

6.6 供应链整合下跨境电商公共海外仓数字化运作实现路径

进入数字化时代,跨境电商公共海外仓需要接受技术赋能以更好地实现数字化的运作。供应链整合下跨境电商公共海外仓数字化运作的实现路径既需要考虑微观层面的技术赋能,也需要宏观层面的政策导向与支持。具体的实现路径可以从数字化技术赋能、数字化业务运营以及强化数字化转型保障等方面进行规划和实施。

6.6.1 公共海外仓运作数字化技术赋能的实现路径

一是夯实数字化基础。通过软硬件一体化来实现跨境电商公共海外仓服务的优化运作,即通过软件(如 OMS、ERP 等)与硬件(如 RFID 技术、视频监控实时定位等终端设备)来采集面向公共海外仓服务运作的跨境供应链全过程信息。在此基础上,以供应链整合理念为指导,通过数字化系统的整合和集成,实现由跨境供应链上下游合作伙伴的互联互通,实现信息共享和业务协同。

二是接受平台赋能。这里的平台包括跨境电商交易平台、公共海外仓信息服务平台以及第三方物流提供的物流信息服务平台等。平台赋能是推动跨境电商企业向平台化转型,通过跨境供应链上下游企业的平台化转型,能够更好地实现跨境供应链各环节运作过程中的数字化和透明化,更好地实现跨境电商供应链的整合,提升跨境电商公共海外仓的运作效率。

三是应用人工智能 AI 技术。跨境电商数字化技术的应用和运营模式的数字化转型,为公共海外仓的运营积累和汇集了大量的数据,为人工智能 AI 技术的应用提供了数据基础。通过 AI 算法的设计和技术的应用可以更好实现公共海外仓的智能化运作,通过基于公共海外仓的智能算法设计、算法开发、算法训练、算法部署应用及不断迭代优化,能够为公共海外仓运营的智能仓内作业、智能物流装备、海外仓智能补货等业务提供支持。

6.6.2　公共海外仓数字化运营的实现路径

公共海外仓是跨境供应链中的重要节点,公共海外仓数字化运营必然要求跨境供应链上下游的利益相关者实现数字化转型和信息共享,公共海外仓运营商可以通过业务驱动、分工协同和平台融合等方式实现公共海外仓的数字化运营。

一是公共海外仓的数字化运营一定是由海外仓服务的业务需求驱动的。首先,公共海外仓运营商为了使公共海外仓服务更好对接跨境电商供应链的各业务环节,必然要求通过数字化的方式与其他合作伙伴进行信息化系统的互联互通,这必然促使公共海外仓服务向数字化转型;其次,为了提升公共海外仓的服务效率,降低服务成本也会促使公共海外仓的运营商采用物联网、大数据、云计算等新一代信息技术及 WMS、ERP 等信息系统。同时,随着数字技术的应用及新的商业模式不断涌现,在跨境电商领域也将不断采用新零售、新物流等新的商业模式,而新零售、新物流等概念的最大特点就是线上与线下的充分融合,这就必然要求公共海外仓的服务充分的业务数据化,以及在业务数据化的基础上实现数据业务化以更好地支撑新零售、新物流等新的商业模式,从而促进公共海外仓服务向数字化运营转型。

二是公共海外仓的数字化运营是在跨境供应链上下游利益相关者之间实现分工协同的。首先,作为公共海外仓的运营商,其核心业务是为跨境电商企业提供跨境物流的综合解决方案,必然要求其首先实现业务运营的数字化,并通过数字化系统与跨境电商供应链上下游企业之间信息共享的基础上实现业务协同;其次,随着客户需求的日益多样化,客户已经作为价值共创者参与产品的研发设计及后续过程,跨境电商供应链的信息必然要求打通以满足客户个性化定制的需求;最后,通过数字化系统的应用和实施,能够在很大程度上促进公共海外仓运营商拓展新的增值业务,通过与跨境电商平台跨境电商企业基于数字化系统的协同实现在线展会、线上线下融合的体验式营销、售后服务等,从而更好地为跨境电商企业服务。

三是公共海外仓的数字化运营基于平台的融合以提供更好的服务,具体实现途径如下:首先,基于公共海外仓的运营实现公共海外仓运营商内部的数字化平台的融合,即实现公共海外仓运营商内部 WMS 系统、ERP 系统、LES 物流执行系统、仓内控制系统等各类数字化系统的纵向整合,以实现企业内部的信息系统互联互通和业务协同;其次,基于跨境电商供应链,以业务流程为驱动,实现与跨境电商企业内部 ERP 平台、跨境电商交易平台等跨境供应链横向信息化平台的融合,从而基于业务协同和数据协同的需求,是公共海外仓运营平台与其他相关平台的互联互通和融合;最后,公共海外仓的运营平台还需要与最后用户的平台进行融合,以便第一时间收集客户的价值主张以及对产品使用的反馈信息,以便更好地为用户提供优质的本地化服务。

6.6.3 强化公共海外仓数字化转型的保障

供应链整合下跨境电商公共海外仓数字化运作需要一系列的产业政策助推及相对宽松的发展环境。跨境电商相关主管部门在制定促进公共海外仓发展政策时,可以从加强新型基础设施建设、鼓励公共海外仓运营商数字化转型、鼓励跨境供应链服务商平台创新、加大海外仓数字化运营人才培养等方面提供保障。

一是围绕跨境电商全产业链运营加强新型基础设施建设。以云计算平台、大数据中心、5G 网络为代表的新型基础设施建设对推进跨境电商供应链的整合和数字化转型具有重要的意义,新型基础设施建设为公共海外仓的数字化运营提供了基础,尤其是在"一带一路"倡议下推进跨国数字基础设施建设,能更好地实现境外公共海外仓与跨境供应链中不同关境的服务商之间的互联互通,同时,大数据、SaaS 平台也为公共海外仓的数据业务化提供了信息基础设施。

　　二是鼓励公共海外仓运营商数字化转型。数字化转型已经成为数字经济时代企业发展的重要战略，尤其是新冠疫情发生以来，越来越多的企业意识到数字化运营的必要性，智能仓储、无人车配送、非接触配送等业务操作以及海外仓的优化运行都急需数字化技术与系统的支持。因此，政府相关部门在推动公共海外仓建设的过程中，应出台相关的政策及资金补助办法助推公共海外仓运营商开展数字化系统的建设，开展数字化运营。

　　三是要鼓励跨境供应链服务商平台创新。政府相关主管部门要引导跨境电商供应链服务商通过数字化技术和系统实现业务数字化的基础上，根据跨境供应链整合的需求，充分利用积累的跨境电商大数据开展业务创新，如跨境电商交易平台应依托交易大数据开展跨境供应链金融业务，为中小跨境卖家提供便利的融资服务；跨境电商公共海外仓运营商要上云开展业务，在提供海外仓基础服务的基础上拓展增值服务，如帮助跨境电商企业开展线上线下融合的体验服务、在线商品展销、售后服务等，在跨境电商供应链整合理念的指导下创新业务模式，从而实现与跨境供应链利益相关者共创价值。

　　四是加大海外仓数字化运营人才培养。推动跨境电商公共海外仓数字化运营需要大量既通晓跨境贸易规则、跨境供应链运营、仓储配送管理等管理方法与技术，又掌握互联网、物联网、大数据、云计算及人工智能的复合型人才。人才的培养不能只靠企业，更需要相关部门加大人才培养的投入，尤其是政府应构建企业与高校在跨境电商相关领域人才培养的桥梁，大力推进跨境电商领域现代产业学院的建设，深化产教融合，校政企共同推进海外仓数字化运营人才的培养。

6.7　本章小结

　　跨境电商作为"互联网＋外贸"的新型业态已经成为新时代国际贸易的重要形态，跨境电商供应链也已经成为当前学术界和产业界关注的重要问题，而跨境供应链的有效整合及公共海外仓的优化运作对促进跨境电商的健康发展具有重要的意义。本章重点对跨境供应链整合下公共海外仓的运作模式进行了研究，取得如下结论：

　　(1)从跨境供应链内部和外部两个维度分析了跨境电商供应链整合的

必要性,并分别从跨境供应链的横向集成、纵向集成对跨境电商供应链的整合形式进行了分析,指出跨境电商供应链横向整合包括跨境电商企业内部供应链的横向整合和跨境电商企业与供应商和客户之间的横向整合;跨境电商供应链纵向整合包括资源整合、业务整合和跨境电商供应链全面整合三个层次。

(2)从供应链整合的角度,在整合信息资源、客户资源等内容的基础上构建了基于供应链整合的跨境电商公共海外仓运作模式框架。该模式框架由功能层、运作流程层和支撑层构成,并在此基础上分析了供应链整合下跨境电商公共海外仓运作的关键环节和关键支撑技术。

(3)基于数字化的视角分别从公共海外仓运作数字技术赋能、公共海外仓运作流程变革、数字化环境下跨境供应链供需生态转变三个方面重构了供应链整合下跨境电商公共海外的运作逻辑,为跨境电商公共海外仓的数字化运作提供了理论支撑。

(4)分别从公共海外仓运作数字化赋能的实现路径、公共海外仓数字化运营的实现路径和强化公共海外仓数字化转型的保障等三个维度提出了供应链整合下跨境电商公共海外仓数字化运作的实现路径,为公共海外仓运营商数字化转型提供了理论指导。

6.8 本章主要参考文献

[1] 张夏恒,郭海玲.跨境电商与跨境物流协同:机理与路径[J].中国流通经济,2016,30(11):83-92.

[2] 吴光明.基于供应链整合的跨境电商海外仓发展策略研究[J].中国商论,2016(29):23-24.

[3] 王丽.融合服务外包:跨境电商整合供应链新模式探讨[J].特区经济,2018(3):151-154.

[4] 文凤,成龙,冯华.供应链整合跨度与强度二维互动演进机理研究[J].重庆大学学报(社会科学版),2016(4):81-87.

[5] 霍宝锋,曹智,李丝雨等.供应链内部整合与外部整合的匹配研究.系统工程理论与实践,2016,36(2):363-373.

[6] 许德惠,李刚,孙林岩,赵丽.环境不确定性、供应链整合与企业绩

效关系的实证研究.科研管理,2012,33(12):40-49.

[7] 曾敏刚,朱佳.环境不确定性与政府支持对供应链整合的影响.科研管理,2014,35(9):79-86.

[8] 鲁旭.基于跨境供应链整合的第三方物流海外仓建设[J].中国流通经济,2016,30(3):32-38.

[9] 赵亚蕊.国外供应链整合的研究述评与展望[J].商业经济与管理,2012,253(11):21-32.

[10] 曹智,霍宝锋,赵先德.供应链整合模式与绩效:全球视角[J].科学与科学技术管理,2012,33(7):44-5.

[11] 丁俊发.中国供应链管理蓝皮书(2016)[M].北京:中国财富出版社,2016.

[12] 丁俊发.中国供应链管理蓝皮书(2017)[M].北京:中国财富出版社,2017.

[13] 孙韬.跨境电商与国际物流机遇、模式及运作[M].北京:电子工业出版社,2017.

[14] 孙韬,胡丕辉.跨境物流及海外仓市场、运营与科技[M].北京:电子工业出版社,2020.

[15] 葛岩.跨境物流海外仓存在问题及对策建议[J].山东财经大学学报,2016,28(3):77-82.

[16] 韩朝胜.我国 B2C 跨境电子商务海外仓存在的问题与对策[J].物流技术,2015,34(8):54-57.

[17] 柯颖.我国 B2C 跨境电子商务物流模式选择[J].中国流通经济,2015(8):63-69.

[18] 董雪.海外仓建设中存在的问题及对策研究[J].河北企业,2019(4):110-111.

[19] 陈韦辰,邹雪霏,王静菲等.海外仓新模式探索[J].2019,41(7):16-19.

[20] 潘意志.海外仓建设与跨境电商物流新模式探索[J].物流技术与应用,2015(9):130-133.

[21] 孙宝栋.LT 公司海外仓运营管理案例研究[D].北京:首都经济贸易大学,2015.

[22] 李绍军,张志远,张洪昌.物流信息技术[M].北京:北京工业大学

出版社,2018.

[23] 郭源生.信息技术与现代物流的融合与创新发展[J].民主与科学,2015(2)：12-13.

[24] 王洪建.信息化技术在物流业应用中的问题与解决对策[J].中国商论,2018(10)：18.

[25] 刘非.仓配一体给客户带来的价值[J].中国储运,2014(10)：66-67.

[26] 钞卫星.智能仓储物流管理系统探讨[J].中国物流与采购,2020(24)：49.

[27] 魏光伟.基于物联网技术的智能仓储系统研究[D].北京：北京物资学院,2013.

[28] 陈杰.基于物联网的智能仓储管理系统研究[D].合肥：合肥工业大学,2015.

[29] 亿欧智库.科技落地,物链未来——2018年中国物流科技发展研究报告[R].2018-08.

[30] 周南.基于图像识别的智能小车路径跟随系统设计[D].长沙：湖南大学,2016.

[31] 宁文祥.AR技术或将加速物流业[J].专用汽车,2018(3)：79-81.

[32] 康炳杰.基于RFID的分布式物流仓储管理系统的设计与实现[D].哈尔滨：哈尔滨工业大学,2020.

[33] 潘永刚,余少雯,张婷.重新定义物流[M].北京：中国经济出版社,2019.

[34] 黄颖,李蔷.无人仓自动搬运系统策略研究——动态任务分配[J].物流技术,2019,28(7)：104-109.

[35] 张梅美.物流自动寻迹搬运车控制系统设计[D].哈尔滨：东北林业大学,2013.

[36] 武蓓蓓.无人叉车助力工业物流高效运行[J].物流技术与应用,2020(6)：86-87.

[37] 赵琳.智能物流再洗牌[J].产城.2019(5)：76-78.

[38] 宋欣.以智慧之力,成物流之美.中国智慧物流应用发展研究[J].中国城市金融,2018(9).

［39］物流信息互通共享技术及应用国家工程实验室.人工智能在物流
　　　行业中的应用前瞻［R］.2020,6.

［40］黄滨.透明数字化供应链［M］.北京:人民邮电出版社,2019.

第7章　供应链整合下跨境电商公共海外仓运作绩效评价

　　在全球外贸增长放缓和互联网经济高速发展的背景下,作为"互联网＋外贸"新型业态的跨境电商已经成为中国创造外贸新需求,并成为对接"一带一路"助力"中国制造"向外拓展的重要途径和突破口。相对于国内电商交易流程,跨国物流环节是跨境电商流程的主要瓶颈之一。现有跨境出口电商物流模式存在配送成本高、配送及时性和安全性难以保障、客户投诉多、本土化服务弱、以及供应链高端和增值服务能力弱等问题。海外仓作为跨境电商物流模式的重要创新,通过供应链整合实现跨境贸易本地化,通过提供清关、仓储管理、订单处理、配送、售后服务、品牌展示等服务,提升消费者购物体验,从而解决跨境电商物流、成本、消费者体验等痛点,极大地提升了跨境出口电商企业在出口目的国市场的竞争力,海外仓建设已经成为解决跨境出口电商物流问题的重要途径。

　　海外仓通过整合资源、客户及跨境供应链合作伙伴共同创造跨境电商服务价值,是互联网环境下跨境物流平台化发展的一种新的模式。海外仓通过优化和整合跨境电商供应链使企业为实现客户价值最大化。供应链整合是企业之间相互作用的动态过程,强调企业之间战略层面的合作[1-2],供应链整合包含定制、提升、循环和协调四个过程[3],供应链整合对跨境供应链绩效的影响主要包括对企业运营绩效和商业绩效方面,供应链整合正向影响供应链的运营绩效和商业网绩效[4-6]。基于供应链整合的海外仓运作能够使跨境电商企业从战略上实现与供应链成员合作,管理企业内部与企业之间的流程,实现产品、服务、信息、资金、决策的有效流动[7]。目前,在传统的制造供应链中,供应链整合对企业运营的绩效研究已经有比较多的成果。但由于跨境电商跨越不同的国界,海外仓的运作除了受市场和商业等因素影响外,还受到目的国的政治、经济、文化环境以及新技术、新商业模式的影响。因此,为了更好地促进跨境电商的发展,有必要对供应链整合环境下跨境电商海外仓的运作绩效评价进行研究。

7.1 跨境电商公共海外仓运作绩效概述

从绩效的内涵来讲,绩效是指正在进行或已经完成的某项活动所取得的成绩,它既可以看作是一个过程,也可以是通过过程的实施所产生的结果。绩效的科学内涵包括以下内容:绩效是人们实践活动的过程和结果,且是客观存在的。绩效是产生了实际作用的实践结果;绩效体现了主客体关系,反映了投入与产出之间的比例关系,应具备可度量性[8]。

基于供应链整合的跨境出口电商企业公共海外仓的推进实施,需要得到人力、物力和财力的支持,同时也会面临诸多的风险,这些风险主要来自于管理、组织、产品服务等环节。为有效规避风险,必须要进行严格的核算和评估,了解企业绩效变动情况,进而确定公共海外仓战略的实施效果,才能帮助跨境出口电商企业的决策者做出有效决策。从上面的分析可以看出,目前围绕物流及供应链领域的绩效评价体系众多,针对不同的环境也构建了不同的指标体系。

7.2 供应链整合下跨境电商公共海外仓
运作绩效评价基本原则

从供应链整合的视角对跨境电商企业的公共海外仓运作绩效评价的目的是通过绩效评价评估企业实施公共海外仓在运营绩效、商业绩效等方面的水平,发现存在的问题并进行优化和完善,因此,公共海外仓运作绩效评价指标体系的构建必须具备科学性。在基于供应链整合的跨境电商企业公共海外仓运作绩效评价的指标体系的制定过程中,应遵循科学性与实用性、完整性与可操作性、不相容性与系统性、定性指标与定量指标、静态指标与动态指标相统一的原则[9]。结合跨境电商公共海外仓服务的特点及供应链绩效评价的相关原理,在基于供应链整合的跨境电商企业公共海外仓运作绩效评价中应遵循以下基本原则:

(1)科学性原则

从供应链整合的视角对跨境电商企业的公共海外仓运作绩效进行评价,是为了通过评价明确公共海外仓服务的运作情况,发现公共海外仓服务运作过程中的薄弱环节,进而确定下一步的优化目标和方向。因此,绩效评价指标体系及方法的选取必须具备科学性,在具体绩效评价指标体系的构建中应立足于跨境供应链管理全局,对公共海外仓服务的内涵和功能进行深入研究分析的基础上,以跨境出口供应链优化整合为目标,追求跨境出口企业、合作伙伴和境外消费者共赢的目标,通过定量和定性相结合的方式进行科学评价。

(2)完备性原则

跨境电商公共海外仓服务是一个复杂的系统,跨越多个国界、涉及多个合作伙伴、包含头程运输、仓内服务及尾程服务等多个业务流程。公共海外仓服务的绩效评价应能综合反映整个跨境服务链条过程的方方面面。因此,在具体绩效评价指标体系的构建中应坚持全面完备性原则,既要考虑财务性指标,也要考虑顾客满意度、合作伙伴协同度、企业创新能力等非财务性指标,通过综合性指标的建立来寻求提供公共海外仓运作绩效的途径。

(3)独立性原则

在物流与供应链领域,描述物流服务绩效的指标时往往会存在指标间的重叠和交叉,如服务价格与库存成本等。公共海外仓作为跨境供应链服务的重要领域也可能存在类似的情况。因此在进行绩效指标体系的构建时应尽可能选择同级指标间关联小、相对独立的指标,使指标体系简明、全面而具有代表性。

(4)可操作性原则

公共海外仓服务的绩效评价在保证完备性的基础上,还应考虑绩效评价指标的量化及数据获取的难易程度和可信度,做到指标全面、量化方法简单、具有较大的实用性等。因此,在确立公共海外仓服务的绩效评价指标体系时,选择的指标要具有操作性、含义明确且易于理解和接受,同时,指标数据应该便于通过调查、整理实现量化或通过管理和技术手段获取。

7.3　供应链整合下跨境电商公共海外仓运作绩效评价流程

跨境电商公共海外仓的绩效评价涉及多个环节,结合跨境电商产业发展的实际,围绕跨境供应链全环节开展跨境物流服务的价值创造已经成为当前跨境电商发展的必然要求,跨境电商供应链利益相关者的价值共创是推动公共海外仓发展的重要动力,因此,公共海外仓的运作不能只停留在传统的仓储服务层面,而是应该从跨境供应链价值共创的角度进行优化,基于此,本书从价值共创的视角对跨境电商公共海外仓的运作绩效进行评价,具体的流程如图 7-1 所示。

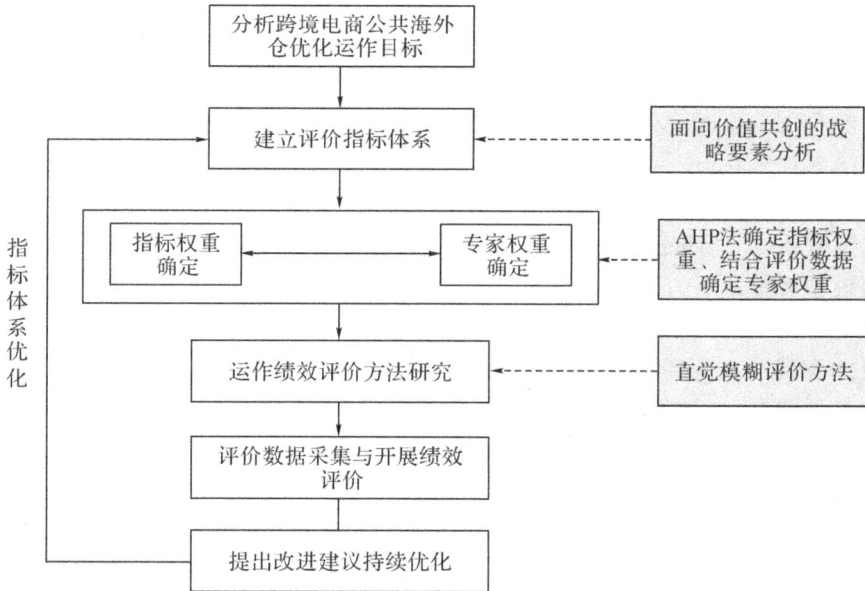

图 7-1　价值共创视角下跨境电商公共海外仓运作绩效评价流程

价值共创视角下跨境电商公共海外仓运作绩效评价流程包括以下主要环节:

（1）分析跨境电商公共海外仓优化运作目标。这是评价公共海外仓运作绩效的起点，也是跨境电商业务创新发展的必要要求，具体包括提升跨境物流效率、降低跨境物流成本、提升跨境电商客户体验、提升本土化服务能力、创新跨境电商模式以及提升跨境供应链价值创造能力等方面。

（2）建立评价指标体系。评价指标体系的构建是公共海外仓运作绩效评价的核心。从跨境供应链的角度，公共海外仓已经成了跨境电商产业链发展的重要战略支点，因此，不能单纯只从海外仓储的运作效率和成本对公共海外仓进行简单评价，而应该站在战略的高度，基于跨境供应链价值共创的视角进行分析和指标体系的构建。PARTS 模型由 Nalebuff 等于 2013年提出[10]，将价值创造的战略要素分为利益相关者（Player）、附加值（Add Value）、规则（Rules）、战术（Tactics）和范围（Scope）五个核心要素[11]，相关要素的指标既包括运作层的指标，也包括战略层的指标，能够为公共海外仓运作绩效评价的指标体系提供支撑。

（3）指标权重的确定。基于多个专家的群体评价已经成为当前绩效评价的主要方式。在跨境电商公共海外仓绩效评价过程中，涉及评价指标权重和专家权重的设置，通过可以采用主观赋权法、客观赋权法和主客观相结合的赋权方法。

（4）绩效评价方法的研究。结合不同的应用场景和数据情况，可以采用层次分析法、网络分析法、数据包络法、模糊综合评价法、直觉模糊评价法、云模型评价法等方法及相关方法的综合应用。由于本章从价值共创视角构建的跨境电商公共海外仓运作绩效评价指标本身带有较强的复杂性，评价指标表现形式多样，且部分指标难以直接量化。为有效规避无法量化带来的各项问题，保障最终结果的有效性，结合直觉模糊数在刻画复杂问题方面的优势，本章采用基于直觉模糊评价方法对公共海外仓的运作绩效进行评价。

（5）评价数据采集与绩效评价。通过召集相关领域的专家进行评价并对评价数据预处理的基础上，采用直觉模糊数的集结和排序，对公共海外仓的运作绩效进行评价和排序。

（6）提出改进建议，持续改进。根据评价结果进一步优化评价指标体系，并提出相应的对策建议优化公共海外仓的运作，通过持续改进不断提升基于公共海外仓的跨境电商供应链价值创造能力。

7.4　供应链整合下跨境电商公共海外仓运作绩效评价指标体系构建

基于供应链整合的跨境电商企业海外仓运作绩效评价体系的构建就是以围绕跨境电商企业公共海外仓服务为特点，从供应链整合的视角建立一套完善的指标体系、评价方法和评价模型，对跨境电商企业海外仓业务全生命周期的业务运作的运行效果、各阶段业务运作、跨境电商企业与合作伙伴的合作关系、消费者基于公共海外仓服务的消费体验等进行评价，以反映跨境电商企业推进和实施公共海外仓服务的运作绩效。

在物流与供应链管理领域，绩效评价是学术界研究的热点问题之一。在不同类型的供应链领域，供应链绩效评价被广泛研究，如在绿色供应链领域，蔡霞等从供应链内部绩效、供应链外部绩效两个层面对绿色供应链的绩效进行了评价[12]；戴君等从运营绩效、环境绩效、社会绩效以及经济绩效四个层面对可持续供应链进行了绩效评价[13]。在农产品供应链领域，赵盼红等从财务、顾客、业务流程、学习与成长、安全五个维度构建了农产品供应链动态平衡计分卡绩效评价模型[14]；王洪鑫等从成本、数量、质量和协作四个方面构建了农产品供应链绩效评价指标体系[15]。在服务供应链领域，闫秀霞等从顾客满意、物流能力状况、成本状况、协同发展能力、绿色竞争力五个方面给出了评价物流服务供应链模式的指标体系[16]。张婷等提出了基于可拓理论的服务供应链绩效评价的物元模型[17]。在供应链绩效评价方法方面，不同的数据规划方法和决策方法被广泛应用，如綦方中等使用模糊综合评价法[18]、方凯等使用数据包络分析法[19]、冀巨海等使用灰色关联分析法[20]。

基于物流与供应链运作绩效评价的研究成果及本章前面部分对当前常用的三种绩效评价体系的分析，本章采用基于 SCOR 模型的评价体系对供应链整合视角下跨境电商公共海外仓服务运作绩效进行分析和评价。

7.4.1　SCOR 模型

SCOR 模型（Supply Chain Operations Reference Model，SCOR）适用度较强，可以为处于不同工业领域的工业链提供有效参考。SCOR 模型是一个标准的供应链流程参考模型,覆盖范围较广,可以通过对模型的使用发现行业发展过程中存在的问题、对各供应链环节进行有效评价,了解不同环节的性能并确定改进目标,所得出的结果也能够为日后的供应链管理软件的开发与应用提供支持。流程参考模型包括整套的流程定义、测量指标以及比较基准,只有包含了这些内容,才能够实现有效评价,从而为企业开发活动提供策略支持。具体来看 SCOR 模型共由四部分构成:一般定义、性能基准、供应链"最佳实施"的描述以及选择供应链软件产品的信息。对 SCOR 模型所包含的层次性进行细分,在第一层包含的基本流程主要有:计划、采购、生产、发运和退货。可以看出这一流程十分完善,确定了参考模型的具体范围,并为企业竞争性目标的确立奠定了基础如图 7-2所示。

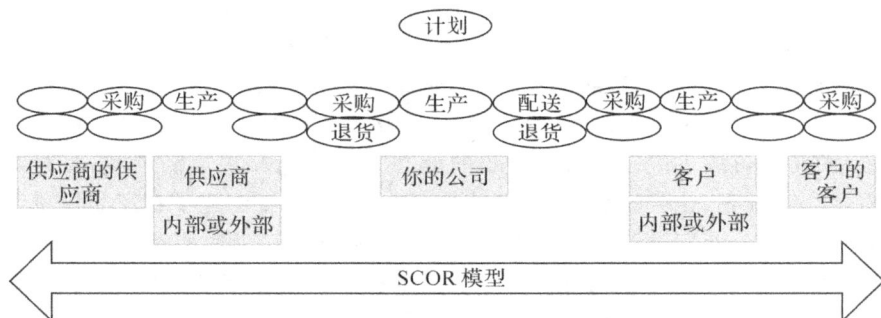

图 7-2　SCOR 模型

按照流程定义对 SCOR 模型进行划分,可以分为三个层次,每一层都可以实现对企业供应链运作的全面分析。其中,第一层是流程类型层,反映供应链性能特征,高层绩效测量可能涵盖多个不同层次的 SCOR 流程。第二层是配置层,在该层中,由 26 种核心流程类型组成,企业可以选用该层中定义的标准流程单元构建它们的供应链,每一种产品或产品类别都可以有其各自的供应链。第三层是流程元素层,包含供应链业务运作的各类元素[8]。

SCOR 模型通过对业务流程的重新调整以及流程评测等实现对内容的全面整合,将各种内容都纳入到统一的跨功能框架中。SCOR 模型能够使跨境出口电商企业的管理者从企业内部供应链入手进行分析,通过开展绩效评价工作,将结果用于标杆比较,同时也能够为战略计划的制定提供帮助。

7.4.2　基于 SCOR 模型的公共海外仓服务绩效评价指标体系构建

从上面的分析可以看出,利用 SCOR 模型按标准流程描述供应链时,对供应链进行了分解,主要分为定义层、配置层、流程元素层等多个层次,每一层都有明确的定义对指标和最佳业务表现进行衡量。从性能方面来看,可以将 SCOR 模型的性能特征概括为五个方面,具体为:配送的可靠度、反映能力、供应链的柔性、总成本和供应链的资产管理。已有的基于 SCOR 模型的供应链绩效评价的指标主要是以制造业为主导的供应链设置的,而在跨境电商环境下,基于供应链整合的跨境出口电商企业海外仓服务的绩效是以跨境电商企业为主导,其绩效水平的高低取决于跨境电商企业的战略、与跨境物流合作伙伴之间的合作、海外仓运营能力的高低以及与环境之间的适应度等因素,因此,直接将面向制造业的基于 SCOR 模型的绩效评价体系用于跨境电商企业公共海外仓服务的绩效评价并不合适。因此,本章在参考基于 SCOR 模型的绩效评价体系的基础上,围绕跨境电商物流服务供应链的特点,结合价值共创的理念,分类整理与优化整合,可以从海外仓服务的客户满意度、海外仓服务的标准化能力、跨境供应链海外仓服务协同与价值创造能力以及海外仓运营盈利能力等方面进行评价。基于此,本章提出新的基于 SCOR 模型的公共海外仓服务绩效评价指标体系,具体如表 7-1 所示。

(1)客户满意度。跨境电商企业采纳和实施公共海外仓服务的目标之一就是要提升境外客户的购物体验,提升消费者的满意度。在跨境电商环境下,刻画客户满意度的指标可以包括服务及时性、服务质量、服务柔性以及售后投诉反馈等。其中,服务及时性是指客户在跨境电商平台下达订单后能及时收到货品,这是目前传统跨境出口电商最大的痛点之一;服务质量是指货品能够安全可靠地送达客户手中,服务质量数据可以通过跨境电商平台的物流服务评价数据综合获得;服务柔性是指公共海外仓服务对客户多样化需求的满足程度,如定时定点配送、客户需求变更后的快速响应等;售后投诉反馈是指公共海外仓对售后服务及退货的支持程度及客户投诉反馈的响应速度。

表 7-1　基于 SCOR 模型的公共海外仓服务绩效评价指标

目标层	一级指标	二级指标
基于供应链整合的跨境电商公共海外仓服务运作绩效优化	客户满意度(C_1)	服务及时性(C_{11}) 服务质量(C_{12}) 服务柔性(C_{13}) 售后投诉反馈(C_{14})
	标准化能力(C_2)	业务流程规范化(C_{21}) 海外仓服务标准化(C_{22}) 信息标准化(C_{23})
	协同服务与价值创造能力(C_3)	资源整合能力(C_{31}) 流程协作与互动能力(C_{32}) 计划协同率(C_{33}) 信息沟通与共享能力(C_{34}) 服务的开放性(C_{35})
	服务优化与创新能力(C_4)	海外仓服务优化(C_{41}) 增值服务(C_{42}) 服务新业态创新能力(C_{43})
	运营盈利能力(C_5)	资产收益率(C_{51}) 利润增长率(C_{52}) 供应链获利能力(C_{53})

（2）标准化能力。标准化能力是考察跨境电商企业及其与跨境供应链成员间实现服务规范化、标准化、统一信息接口和信息顺畅流动的能力，是体现跨境供应链一体化管理能力的评价指标。标准化能力包括业务流程规范化、公共海外仓服务标准化、信息标准化等指标。其中，业务流程规范化是跨境电商企业业务的规划化管理能力，包括在跨境电商供应、生产、库存、交易、支付、运输等业务全过程的规范化水平和能力，是跨境电商企业对接国际贸易规则和跨境供应链合作伙伴的重要基础；公共海外仓服务标准化则体现了对境外客户的服务能力，根据公共海外仓的运作和管理方式可以设定不同的评价方式；信息标准化是跨境电商企业与海外仓系统及跨境供应链合作伙伴进行信息沟通和交流的基础。

（3）协同服务与价值创造能力。跨境电商企业采用公共海外仓服务的实质是强化跨境供应链的业务协同，更好地为境外客户创造价值。协同服务与价值创造能力包括资源整合能力、流程协作与互动能力、计划协同率、信息沟通与共享能力、服务的开放性和服务创新能力等指标。其中，资源整合能力是跨境电商企业整合跨境供应链网络和服务资源的能力；流程协作与互动能力是在公共海外仓服务过程中，跨境电商企业在海外仓头程服务、仓内服务和尾程服务等业务运作过程与跨境供应链合作伙伴进行业务协作和互动的能力，流程协作与互动直接影响海外仓服务的绩效；计划协同率是跨境出口电商企业与跨境供应链合作伙伴在计划、供应、库存等方面的协同达成度；信息沟通与共享能力是在业务运作过程中信息交互的实时性和共享程度的度量指标；服务的开放性则体现跨境电商企业实施海外仓服务的创新溢出性及对其他跨境电商企业提供海外仓服务的能力。

（4）服务优化与创新能力。服务优化与创新能力是衡量公共海外仓运作的重要指标，是优化优化跨境电商供应链的重要体现。服务优化与创新能力包括海外仓服务优化、增值服务及服务新业态创新能力等指标。其中，海外仓服务优化是指通过优化海外仓的服务运作流程提升跨境物流效率的能力；增值服务是指通过海外仓提供商务信息服务、海外分销配套服务、贸易壁垒规避等服务的能力；服务新业态创新能力是指公共海外仓提供新零售、新物流、线上线下一体化商品展示等新业态的创新能力。

（5）运营盈利能力。运营盈利能力是表征跨境电商企业采用公共海外仓服务在财务绩效上的体现，主要包括资产收益率、利润增长率和供应链盈利能力等指标。其中，资产收益率是指跨境电商企业采用公共海外仓服务的投资回报率；利润增长率是衡量跨境企业采用海外仓服务后的收入利润的增长情况；供应链盈利能力则从跨境供应链的角度考察公共海外仓服务对跨境电商企业及其合作伙伴在获利能力及利润增长方面的促进。

7.5 供应链整合下跨境电商公共海外仓运作绩效评价方法[①]

结合上文的分析结果可以看出,基于供应链整合的跨境电商企业海外仓运作绩效评价指标本身带有较强的复杂性,构建评价指标体系需要考虑多方面内容,且部分指标难以进行量化。为有效规避无法量化带来的各项问题,保障最终结果的有效性,本章采取直觉模糊数的隶属度和非隶属度来刻画评价指标值,并采用直觉模糊多属性评价方法来开展绩效评价工作。

7.5.1 直觉模糊多属性群决策基本理论

1986 年,保加利亚学者 Atanassov 教授在拓展模糊集理论的基础上提出了直觉模糊理论,该理论在传统模糊理论中增加了一个新的参数,即非隶属度属性,由于包含的内容更多,考虑的方面更加完善,使得这一理论能够从更加客观的角度开展描述。与传统模糊理论相比,直觉模糊理论在处理不确定性问题上具备显著优势。在学者们的共同推动下,该理论的应用范围不断扩张,在方案评价、多属性决策等领域都取得了显著效果[11]。

本部分主要介绍直觉模糊相关理论和区间直觉模糊相关理论,包括直觉模糊集和区间直觉模糊集的概念、基于爱因斯坦模的运算法则及其相关算子,模糊测度。

定义 1[21]   集合 X 下的直觉模糊集:
$$A=\{(x,\mu_A(x),\nu_A(x))\mid x\in X\}, \qquad (7\text{-}1)$$
其中 $\mu_A(x)$ 为隶属度,$\nu_A(x)$ 为非隶属度,π_A 为犹豫度,$\pi_A=1-\mu_A-\nu_A$。(μ_a,ν_a) 被称为直觉模糊数,每个直觉模糊数可简单地写成 $\alpha=(\mu_a,v_a)$,μ_a,$\nu_a\in[0,1]$ 且 $0\leqslant\mu_a+v_a\leqslant1$。

Atanassov 和 Gargov 对直觉模糊集进行扩展,提出了区间直觉模糊集[22],具体定义如下:

① Qifeng Wang, Haining Sun. Interval-valued intuitionistic fuzzy einstein geometric choquet integral operator and its application to multiattribute group decision-making [J]. Mathematical Problems in Engineering, 2018, 2018: 1-11.

定义 2[22]　设 X 为一个非空集合,则称

$$\widetilde{A} = \{(x, [\tilde{\mu}_{\widetilde{A}}^{L}(x), \tilde{\mu}_{\widetilde{A}}^{U}(x)], [\tilde{\nu}_{\widetilde{A}}^{L}(x)), \tilde{\nu}_{\widetilde{A}}^{U}(x)) | x \in X\} \qquad (7\text{-}2)$$

为区间直觉模糊集,其中 $[\tilde{\mu}_{\widetilde{A}}^{L}, \tilde{\mu}_{\widetilde{A}}^{U}] \subset [0,1]$ 为隶属度区间和 $[\tilde{v}_{\widetilde{A}}^{L}, \tilde{v}_{\widetilde{A}}^{U}] \subset [0,1]$ 非隶属度区间,$x \in X$ 且满足条件 $\tilde{\mu}_{\widetilde{A}}^{U}(x) + \tilde{v}_{\widetilde{A}}^{U}(x) \leqslant 1, x \in X$。$[\tilde{\pi}_{\widetilde{A}}^{L}, \tilde{\pi}_{\widetilde{A}}^{U}] \subset [0, 1]$ 为犹豫度区间。

目前,很多直觉模糊信息集结的研究基础是基于代数和与代数积的运算,Einstein 积与 Einstein 和同代数积与代数和一样也是一组 T 模与 S 模,已有学者将 Einstein 积与 Einstein 和引入到区间直觉模糊理论当中。

基于 Einstein 积与 Einstein 和的运算法则,Wang 和 Liu 给出了区间直觉模糊数的运算规则[23]。

设两个区间直觉模糊数,$\tilde{\alpha}_1 = ([a_1, b_1], [c_1, d_1])$,$\tilde{\alpha}_2 = ([a_2, b_2], [c_2, d_2])$ 为两个区间直觉模糊数,

$$\tilde{\alpha}_1 \oplus^{\varepsilon} \tilde{\alpha}_2 = \left(\left[\frac{a_1 + a_2}{1 + a_1 a_2}, \frac{b_1 + b_2}{1 + b_1 b_2}\right],\right.$$
$$\left.\left[\frac{c_1 c_2}{1 + (1 - c_1)(1 - c_2)}, \frac{d_1 d_2}{1 + (1 - d_1)(1 - d_2)}\right]\right); \qquad (7\text{-}3)$$

$$\tilde{\alpha}_1 \otimes^{\varepsilon} \tilde{\alpha}_2 = \left(\left[\frac{a_1 a_2}{1 + (1 - a_1)(1 - a_2)}, \frac{b_1 b_2}{1 + (1 - b_1)(1 - b_2)}\right],\right.$$
$$\left.\left[\frac{c_1 + c_2}{1 + c_1 c_2}, \frac{d_1 + d_2}{1 + d_1 d_2}\right]\right); \qquad (7\text{-}4)$$

$$\lambda \cdot^{\varepsilon} \tilde{\alpha}_1 = \left(\left[\frac{(1 + a_1)^{\lambda} - (1 + a_1)^{\lambda}}{(1 + a_1)^{\lambda} + (1 + a_1)^{\lambda}}, \frac{(1 + b_1)^{\lambda} - (1 + b_1)^{\lambda}}{(1 + b_1)^{\lambda} + (1 + b_1)^{\lambda}}\right],\right.$$
$$\left.\left[\frac{2 c_1^{\lambda}}{(2 - c_1)^{\lambda} + c_1^{\lambda}}, \frac{2 d_1^{\lambda}}{(2 - d_1)^{\lambda} + d_1^{\lambda}}\right]\right), \lambda > 0; \qquad (7\text{-}5)$$

$$\tilde{\alpha}_1^{\varepsilon\lambda} = \left(\left[\frac{2 a_1^{\lambda}}{(2 - a_1)^{\lambda} + a_1^{\lambda}}, \frac{2 b_1^{\lambda}}{(2 - b_1)^{\lambda} + b_1^{\lambda}}\right],\right.$$
$$\left.\left[\frac{(1 + c_1)^{\lambda} - (1 - c_1)^{\lambda}}{(1 + c_1)^{\lambda} + (1 - c_1)^{\lambda}}, \frac{(1 + d_1)^{\lambda} - (1 - d_1)^{\lambda}}{(1 + d_1)^{\lambda} + (1 - d_1)^{\lambda}}\right]\right), \lambda > 0; \qquad (7\text{-}6)$$

为了比较两个区间直觉模糊数之间的大小关系,徐泽水分别定义了得分函数 $S(\tilde{\alpha}) = \frac{(a - c + b - d)}{2}$ 和精确函数 $H(\tilde{\alpha}) = \frac{(a + b + c + d)}{2}$。对于两个直觉模糊数之间的比较可采用如下形式[24]:

设两个区间直觉模糊数,$\tilde{\alpha}_1, \tilde{\alpha}_2$ 为两个区间直觉模糊数,则

(1) 若 $S(\tilde{\alpha}_1)<S(\tilde{\alpha}_2)$，则 $\tilde{\alpha}_1<\tilde{\alpha}_2$；

(2) 若 $S(\tilde{\alpha}_1)=S(\tilde{\alpha}_2)$，则

① 若 $H(\tilde{\alpha}_1)<H(\tilde{\alpha}_2)$，则 $\tilde{\alpha}_1<\tilde{\alpha}_2$；

② 若 $H(\tilde{\alpha}_1)>H(\tilde{\alpha}_2)$，则 $\tilde{\alpha}_1>\tilde{\alpha}_2$；

③ 若 $H(\tilde{\alpha}_1)=H(\tilde{\alpha}_2)$，则 $\tilde{\alpha}_1=\tilde{\alpha}_2$。

基于上述区间直觉模糊数的 Einstein 积与 Einstein 和运算法则，Wang 和 Liu 提出了区间直觉模糊爱因斯坦几何加权（$IVIFWG^\varepsilon$）算子[25]。

定义 3[25] 设 $\tilde{\alpha}_j=([a_j,b_j],[c_j,d_j]),(j=1,2,\cdots,n)$ 为一组区间直觉模糊数，$IVIFWG^\varepsilon$ 算子为一个 n 维映射，$IVIFWG^\varepsilon:\Omega^n\rightarrow\Omega$。

$$IVIFWG^\varepsilon=\left(\left[\frac{2\prod\limits_{j=1}^{n}a_j{}^{w_j}}{\prod\limits_{j=1}^{n}(2-a_j)^{w_j}+\prod\limits_{j=1}^{n}a_j{}^{w_j}},\frac{2\prod\limits_{j=1}^{n}a_j{}^{w_j}}{\prod\limits_{j=1}^{n}(2-a_j)^{w_j}+\prod\limits_{j=1}^{n}a_j{}^{w_j}}\right],\right.$$

$$\left.\left[\frac{\prod\limits_{j=1}^{n}(1+c_j)^{w_j}-\prod\limits_{j=1}^{n}(1-c_j)^{w_j}}{\prod\limits_{j=1}^{n}(1+c_j)^{w_j}+\prod\limits_{j=1}^{n}(1-c_j)^{w_j}},\frac{\prod\limits_{j=1}^{n}(1+d_j)^{w_j}-\prod\limits_{j=1}^{n}(1-c_j)^{w_j}}{\prod\limits_{j=1}^{n}(1+c_j)^{w_j}+\prod\limits_{j=1}^{n}(1-c_j)^{w_j}}\right]\right);$$

$$(7-7)$$

其中 $w=(w_1,w_2,\cdots,w_n)$ 为权重向量，则满足 $w_j\in[0,1]$，$\sum\limits_{j=1}^{n}w_j=1$。

定义 4[26] 设 S 是一有限集合，$P(S)$ 表示为 S 的幂集，若 $P(S)\rightarrow[0,1]$，若满足下列条件，则称 μ 为定义在 $(S,P(S))$ 上的模糊测度。

(1) $\mu(\varphi)=0,\mu(S)=1$；

(2) $A,B\in P(S),A\subseteq B\Rightarrow\mu(A)\leqslant\mu(B)$。

由于模糊测度是定义的幂集上的函数，当集合内成员个数为 n 时，需要确定 2^n 个参数，求解参数较为复杂，因此为了便于计算 Sugeno[26]重新定义了 λ 模糊测度，即对于任意的 $C,D\in P(S),C\cap D=\varphi$，有 $g(C\cup D)=g(C)+g(D)+\lambda g(C)g(D)$，其中 $\lambda\in(-1,+\infty)$，称 g 为 λ 的模糊测度。

对于有限集 S,g_λ 满足下列条件：

$$g(D)=\begin{cases}\dfrac{1}{\lambda}\left\{\prod\limits_{i\in D}[1+\lambda g(i)]-1\right\} & \lambda\neq0;\\[2mm]\sum\limits_{i\in D}g(i), & \lambda=0。\end{cases}$$

$$(7-8)$$

因为 $\mu(S)=1$，λ 通过下式来确定。

$$\prod_{i=1}^{n}[1+\lambda g(i)]-1=\lambda。 \tag{7-9}$$

定义 5[27]　若 f 为定义在 S 上的非负实值函数，μ 为定义在 S 上的模糊测度，则 f 关于模糊测度 μ 的离散 Choquet 积分为

$$C_{\mu}(f(x_{(1)}),f(x_{(2)}),\cdots f(x_{(n)}))=\sum_{i=1}^{n}[\mu(A_{(i)})-\mu(A_{(i+1)})]f(x_{(i)}),$$
$$\tag{7-10}$$

式中 $\{(1),(2),\cdots,(n)\}$ 为 $\{1,2,\cdots,n\}$ 的一组置换，满足 $0\leqslant f(x_{(1)})\leqslant f(x_{(2)})\leqslant\cdots\leqslant f(x_{(n)})$，$A_{(i)}=\{x_{(i)},x_{(i+1)},\cdots,x_{(n)}\}$，$A_{(n+1)}=\varphi$。

定义 6[28]　设 $\tilde{\alpha}=([a_j,b_j],[c_j,d_j])$，$\tilde{\beta}=([a'_j,b'_j],[c'_j,d'_j])$，$(j=1,2,\cdots,n)$ 为 $X=(x_1,x_2,\cdots,x_n)$ 两组区间直觉模糊数，$w=(w_1,w_2,\cdots,w_n)$ 为 $X=(x_1,x_2,\cdots,x_n)$ 所对应的权重向量，则加权的区间直觉模糊 Euclidean 距离为

$d(\tilde{\alpha},\tilde{\beta})=$

$$\sqrt{\frac{1}{4}\sum_{j=1}^{n}w_j(|a_j-a'_j|+|b_j-b'_j|+|c_j-c'_j|+|d_j-d'_j|+|e_j-e'_j|+|f_j-f'_j|)},$$
$$\tag{7-11}$$

其中 e_j,e'_j,f_j,f'_j 为犹豫度的上界和下界。

上述加权区间直觉模糊 Euclidean 距离，仅仅考虑到属性间相互独立的情况下，因此本文在上述距离基础上进行改进，结合 Choquet 积分提出基于 Choquet 积分的区间直觉模糊 Euclidean 距离公式，计算属性间相关联的区间直觉模糊距离。

定义 7　设 $\tilde{\alpha}=([a_j,b_j],[c_j,d_j])$，$\tilde{\beta}=([a'_j,b'_j],[c'_j,d'_j])$，$(j=1,2,\cdots,n)$ 为 $X=(x_1,x_2,\cdots,x_n)$ 两组区间直觉模糊数，μ 为 X 上的模糊测度，则基于 Choquet 积分的区间直觉模糊 Euclidean 距离表示为

$$d(\tilde{\alpha},\tilde{\beta})=\sqrt{\frac{1}{4}\sum_{j=1}^{n}d_{(j)}(\tilde{\alpha},\tilde{\beta})(\mu(A_{(j)})-\mu(A_{(j+1)}))}; \tag{7-12}$$

其中，$d_j(\tilde{\alpha},\tilde{\beta})=(a_j-a'_j)^2+(b_j-b'_j)^2+(c_j-c'_j)^2+(d_j-d'_j)^2+(e_j-e'_j)^2+(f_j-f'_j)^2$，$\{(1),(2),\cdots,(n)\}$ 为 $\{1,2,\cdots,n\}$ 的一组置换，满足 $d_{(1)}(\tilde{\alpha},\tilde{\beta})\leqslant d_{(2)}(\tilde{\alpha},\tilde{\beta})\leqslant\cdots\leqslant d_{(n)}(\tilde{\alpha},\tilde{\beta})$，$A_{(j)}=\{x_{(j)},x_{(j+1)},\cdots,x_{(n)}\}A_{(n+1)}=\varphi$。

7.5.2　区间直觉模糊爱因斯坦几何 Choquet 积分算子

在日常多属性决策中,往往出现属性间存在相关联性并相互影响。为了解决这类决策问题,本章提出了区间直觉模糊爱因斯坦几何 Choquet 积分（IVIFEGC）算子并研究该算子相关性质。

定义 8　设 $\tilde{\alpha}_j = ([a_j, b_j], [c_j, d_j]), (j = 1, 2, \cdots, n)$ 为 $X = (x_1, x_2, \cdots, x_n)$ 一组区间直觉模糊数,μ 为 X 上的模糊测度,$IVIFGC_\mu^\varepsilon$ 算子为一个 n 维映射,$IVIFEGC : \Omega^n \to \Omega$。

$$IVIFEGC(\tilde{\alpha}_1, \tilde{\alpha}_2, \cdots, \tilde{\alpha}_n) = \oplus^\varepsilon \tilde{\alpha}_{\sigma(j)} (\mu(A_{(j)}) - \mu(A_{(j+1)})), \quad (7\text{-}13)$$

其中 $\{\sigma(1), \sigma(2), \cdots, \sigma(n)\}$ 为 $\{1, 2, \cdots, n\}$ 的一组置换,满足 $\tilde{a}_{\sigma(1)} \leqslant \tilde{a}_{\sigma(2)} \leqslant \cdots \leqslant \tilde{a}_{\sigma(n)}$,且集合 $A_{(j)} = \{x_{(j)}, x_{(j+1)}, \cdots, x_{(n)}\}$,$A_{(n+1)} = \varphi$。

进一步,可以写成

$IVIFEGC =$

$$\left(\left[\frac{2 \prod_{j=1}^n a_{\sigma(j)}{}^{w_{\sigma(j)}}}{\prod_{j=1}^n [2 - a_{\sigma(j)}]^{w_{\sigma(j)}} + \prod_{j=1}^n a_{\sigma(j)}{}^{w_{\sigma(j)}}}, \frac{2 \prod_{j=1}^n b_{\sigma(j)}{}^{w_{\sigma(j)}}}{\prod_{j=1}^n [2 - b_{\sigma(j)}]^{w_{\sigma(j)}} + \prod_{j=1}^n b_{\sigma(j)}{}^{w_{\sigma(j)}}} \right], \right.$$
$$\left. \left[\frac{\prod_{j=1}^n [1 + c_{\sigma(j)}]^{w_{\sigma(j)}} - \prod_{j=1}^n [1 - c_{\sigma(j)}]^{w_{\sigma(j)}}}{\prod_{j=1}^n [1 + c_{\sigma(j)}]^{w_{\sigma(j)}} + \prod_{j=1}^n [1 - c_{\sigma(j)}]^{w_{\sigma(j)}}}, \frac{\prod_{j=1}^n [1 + d_{\sigma(j)}]^{w_{\sigma(j)}} - \prod_{j=1}^n [1 - d_{\sigma(j)}]^{w_{\sigma(j)}}}{\prod_{j=1}^n [1 + d_{\sigma(j)}]^{w_{\sigma(j)}} + \prod_{j=1}^n [1 - d_{\sigma(j)}]^{w_{\sigma(j)}}} \right] \right);$$

$$(7\text{-}14)$$

为了方便表示,令 $w_{\sigma(j)} = (\mu(A_{(j)}) - \mu(A_{(j+1)}))$。

下面,本章将研究该算子的相关性质

性质 1（幂等性）　设 $\tilde{\alpha}_j = ([a_j, b_j], [c_j, d_j]), (j = 1, 2, \cdots, n)$ 为 $X = (x_1, x_2, \cdots, x_n)$ 的一组区间直觉模糊数,μ 为 X 上的模糊测度。若所有区间直觉模糊数相等,即 $\tilde{\alpha}_j = \alpha = ([a, b], [c, d])$,则

$$IVIEGC(\tilde{\alpha}_1, \tilde{\alpha}_2, \cdots, \tilde{\alpha}_n) = \tilde{\alpha}。$$

证明:由于所有 $\tilde{\alpha}_j = \alpha = ([a, b], [c, d])$,则

$IVIFEGC =$

$$\left\{ \left[\frac{2\prod\limits_{j=1}^{n}a^{w_{\sigma(j)}}}{\prod\limits_{j=1}^{n}(2-a)^{w_{\sigma(j)}}+\prod\limits_{j=1}^{n}a^{w_{\sigma(j)}}}, \frac{2\prod\limits_{j=1}^{n}b^{w_{\sigma(j)}}}{\prod\limits_{j=1}^{n}(2-b)^{w_{\sigma(j)}}+\prod\limits_{j=1}^{n}b^{w_{\sigma(j)}}} \right]; \right. $$

$$\left. \left[\frac{\prod\limits_{j=1}^{n}(1+c)^{w_{\sigma(j)}}-\prod\limits_{j=1}^{n}(1-c)^{w_{\sigma(j)}}}{\prod\limits_{j=1}^{n}(1+c)^{w_{\sigma(j)}}+\prod\limits_{j=1}^{n}(1-c)^{w_{\sigma(j)}}}, \frac{\prod\limits_{j=1}^{n}(1+d)^{w_{\sigma(j)}}-\prod\limits_{j=1}^{n}(1-d)^{w_{\sigma(j)}}}{\prod\limits_{j=1}^{n}(1+d)^{w_{\sigma(j)}}+\prod\limits_{j=1}^{n}(1-d)^{w_{\sigma(j)}}} \right] \right\}$$

进一步

$IVIFEGC =$

$$\left\{ \left[\frac{2a_j^{\sum\limits_{j=1}^{n}w_{\sigma(j)}}}{(2-a)^{\sum\limits_{j=1}^{n}w_{\sigma(j)}}+a^{\sum\limits_{j=1}^{n}w_{\sigma(j)}}}, \frac{2b_j^{\sum\limits_{j=1}^{n}w_{\sigma(j)}}}{(2-b)^{\sum\limits_{j=1}^{n}w_{\sigma(j)}}+b^{\sum\limits_{j=1}^{n}w_{\sigma(j)}}} \right]; \right.$$

$$\left. \left[\frac{(1+c)^{\sum\limits_{j=1}^{n}w_{\sigma(j)}}-(1-c)^{\sum\limits_{j=1}^{n}w_{\sigma(j)}}}{(1+c)^{\sum\limits_{j=1}^{n}w_{\sigma(j)}}+(1-c)^{\sum\limits_{j=1}^{n}w_{\sigma(j)}}}, \frac{(1+d)^{\sum\limits_{j=1}^{n}w_{\sigma(j)}}-(1-d)^{\sum\limits_{j=1}^{n}w_{\sigma(j)}}}{(1+d)^{\sum\limits_{j=1}^{n}w_{\sigma(j)}}+(1-d)^{\sum\limits_{j=1}^{n}w_{\sigma(j)}}} \right] \right\}$$

因为

$$\sum_{j=1}^{n}w_{\sigma(j)}=\sum_{j=1}^{n}\mu((A_{(j)})-\mu(A_{(j+1)}))=\mu(A_{(1)})-\mu(A_{(n+1)})=1,$$

则 $IVIFEGC(\tilde{\alpha}_1,\tilde{\alpha}_2,\cdots,\tilde{\alpha}_n)=\tilde{\alpha}$。

性质 2（单调性）　设 $\tilde{\alpha}_j=([a_j,b_j],[c_j,d_j])$，$\tilde{\beta}_j=([a'_j,b'_j],[c'_j,d'_j])$，$(j=1,2,\cdots,n)$ 为 $X=(x_1,x_2,\cdots,x_n)$ 的两组直觉模糊数，μ 为 X 上的模糊测度，且 (j) 表示 $\tilde{\alpha}_j,\tilde{\beta}_j$ 在 X 的一个置换，满足 $\tilde{\alpha}_{\sigma(j)}\leqslant\tilde{\alpha}_{(j+1)}$，$\tilde{\beta}_{\sigma(j)}\leqslant\tilde{\beta}_{(j+1)}$，且存在 $a_{\sigma(j)}\leqslant a'_{(j)}$，$b_{\sigma(j)}\leqslant b'_{(j)}$，$c_{\sigma(j)}\geqslant c'_{(j)}$，$d_{\sigma(j)}\geqslant d'_{(j)}$，则

$$IVIFEGC(\tilde{\alpha}_1,\tilde{\alpha}_2,\cdots,\tilde{\alpha}_n)\leqslant IVIFEGC(\tilde{\beta}_1,\tilde{\beta}_2,\cdots,\tilde{\beta}_n)。$$

证明：因为 $A_{(i+1)}\subseteq A_{(i)}$，$\mu(A_{(j)})-\mu(A_{(j+1)})\geqslant0$，对于任意 j，$a_{\sigma(j)}\leqslant a'_{(j)}$，$b_{\sigma(j)}\leqslant b'_{(j)}$，$c_{\sigma(j)}\geqslant c'_{(j)}$，$d_{\sigma(j)}\geqslant d'_{(j)}$，有

$$\prod_{j=1}^{n}\left[\frac{2-a_{\sigma(j)}}{a_{\sigma(j)}}\right]^{w_{\sigma(j)}}\geqslant\prod_{j=1}^{n}\left[\frac{2-a'_{\sigma(j)}}{a'_{\sigma(j)}}\right]^{w_{\sigma(j)}}\Leftrightarrow$$

$$\frac{2}{\prod\limits_{j=1}^{n}\left[\dfrac{2-a'_{\sigma(j)}}{a'_{\sigma(j)}}\right]^{w_{\sigma(j)}}+1}\geqslant\frac{2}{\prod\limits_{j=1}^{n}\left[\dfrac{2-a_{\sigma(j)}}{a_{\sigma(j)}}\right]^{w_{\sigma(j)}}+1},$$

即

$$\frac{2\prod_{j=1}^{n}\left[a'_{\sigma(j)}\right]^{w_{\sigma(j)}}}{\prod_{j=1}^{n}\left[2-a'_{\sigma(j)}\right]^{w_{\sigma(j)}}+\prod_{j=1}^{n}\left[a'_{\sigma(j)}\right]^{w_{\sigma(j)}}} \geqslant \frac{2\prod_{j=1}^{n}\left[a_{\sigma(j)}\right]^{w_{\sigma(j)}}}{\prod_{j=1}^{n}\left[2-a_{\sigma(j)}\right]^{w_{\sigma(j)}}+\prod_{j=1}^{n}\left[a_{\sigma(j)}\right]^{w_{\sigma(j)}}},$$

同理

$$\frac{2\prod_{j=1}^{n}\left[b_{\sigma(j)}\right]^{w_{\sigma(j)}}}{\prod_{j=1}^{n}\left[2-b_{\sigma(j)}\right]^{w_{\sigma(j)}}+\prod_{j=1}^{n}\left[b_{\sigma(j)}\right]^{w_{\sigma(j)}}} \geqslant \frac{2\prod_{j=1}^{n}\left[b'_{\sigma(j)}\right]^{w_{\sigma(j)}}}{\prod_{j=1}^{n}\left[2-b'_{\sigma(j)}\right]^{w_{\sigma(j)}}+\prod_{j=1}^{n}\left[b'_{\sigma(j)}\right]^{w_{\sigma(j)}}},$$

此外

$$\prod_{j=1}^{n}\left[\frac{1-c_{\sigma(j)}}{1+c_{\sigma(j)}}\right]^{w_{\sigma(j)}} \leqslant \prod_{j=1}^{n}\left[\frac{1-c'_{\sigma(j)}}{1+c'_{\sigma(j)}}\right]^{w_{\sigma(j)}} \Leftrightarrow$$

$$\frac{2}{1+\prod_{j=1}^{n}\left[\frac{1-c_{\sigma(j)}}{1+c_{\sigma(j)}}\right]^{w_{\sigma(j)}}}-1 \geqslant \frac{2}{1+\prod_{j=1}^{n}\left[\frac{1-c'_{\sigma(j)}}{1+c'_{\sigma(j)}}\right]^{w_{\sigma(j)}}}-1,$$

即

$$\frac{\prod_{j=1}^{n}\left[1+c_{\sigma(j)}\right]^{w_{\sigma(j)}}-\prod_{j=1}^{n}\left[1-c_{\sigma(j)}\right]^{w_{\sigma(j)}}}{\prod_{j=1}^{n}\left[1+c_{\sigma(j)}\right]^{w_{\sigma(j)}}+\prod_{j=1}^{n}\left[1-c_{\sigma(j)}\right]^{w_{\sigma(j)}}} \geqslant \frac{\prod_{j=1}^{n}\left[1+c'_{\sigma(j)}\right]^{w_{\sigma(j)}}-\prod_{j=1}^{n}\left[1-c'_{\sigma(j)}\right]^{w_{\sigma(j)}}}{\prod_{j=1}^{n}\left[1+c'_{\sigma(j)}\right]^{w_{\sigma(j)}}+\prod_{j=1}^{n}\left[1-c'_{\sigma(j)}\right]^{w_{\sigma(j)}}},$$

同理

$$\frac{\prod_{j=1}^{n}\left[1+d_{\sigma(j)}\right]^{w_{\sigma(j)}}-\prod_{j=1}^{n}\left[1-d_{\sigma(j)}\right]^{w_{\sigma(j)}}}{\prod_{j=1}^{n}\left[1+d_{\sigma(j)}\right]^{w_{\sigma(j)}}+\prod_{j=1}^{n}\left[1-d_{\sigma(j)}\right]^{w_{\sigma(j)}}} \geqslant \frac{\prod_{j=1}^{n}\left[1+d'_{\sigma(j)}\right]^{w_{\sigma(j)}}-\prod_{j=1}^{n}\left[1-d'_{\sigma(j)}\right]^{w_{\sigma(j)}}}{\prod_{j=1}^{n}\left[1+d_{\sigma(j)}\right]^{w_{\sigma(j)}}+\prod_{j=1}^{n}\left[1-d'_{\sigma(j)}\right]^{w_{\sigma(j)}}}。$$

因此

$$IVIFEGC(\tilde{\alpha}_1,\tilde{\alpha}_2,\cdots,\tilde{\alpha}_n) \leqslant IVIFEGC(\tilde{\beta}_1,\tilde{\beta}_2,\cdots,\tilde{\beta}_n)。$$

性质 3(有界性)　设 $\tilde{\alpha}_j=([a_j,b_j],[c_j,d_j])$,$(j=1,2,\cdots,n)$ 为集合 $X=(x_1,x_2,\cdots,x_n)$ 一组区间直觉模糊数,μ 为 X 上的模糊测度,令 $\tilde{\alpha}^-=([\min_j a_j,\min_j b_j],[\max_j c_j,\max_j d_j])$,$\tilde{\alpha}^+=([\max_j a_j,\max_j b_j],[\min_j c_j,\min_j d_j])$,则

$$\tilde{\alpha}^- \leqslant IVIFEGC(\tilde{\alpha}_1,\tilde{\alpha}_2,\cdots,\tilde{\alpha}_n) \leqslant \tilde{\alpha}^+。$$

证明:对于任意 $\tilde{\alpha}_j=([a_j,b_j],[c_j,d_j])$,$(j=1,2,\cdots,n)$,有 $\tilde{\alpha}^-=([\min_j a_j,$

$\min\limits_{j} b_j]$，$[\max\limits_{j} c_j,\max\limits_{j} d_j])$ 和 $\widetilde{\alpha}^{+}=([\max\limits_{j} a_j,\max\limits_{j} b_j],[\min\limits_{j} c_j,\min\limits_{j} d_j])$ 都是区间直觉模糊数，且 $A_{(i+1)}\subseteq A_{(i)}$，$\mu(A_{(j)})-\mu(A_{(j+1)})\geqslant 0$，$(j)$ 表示 $\widetilde{\alpha}_j$ 在 X 的一个置换，满足 $\widetilde{\alpha}_{\sigma(j)}\leqslant\widetilde{\alpha}_{(j+1)}$。

因为

$$\min\limits_{j} a_j\leqslant a_{\sigma(j)}\leqslant\max\limits_{j} a_j,\min\limits_{j} b_j\leqslant b_{\sigma(j)}\leqslant\max\limits_{j} b_j,\min\limits_{j} c_j\leqslant c_{\sigma(j)}\leqslant\max\limits_{j} c_j,$$
$$\min\limits_{j} d_j\leqslant d_{\sigma(j)}\leqslant\max\limits_{j} d_j$$

$$\frac{2\prod\limits_{j=1}^{n}(\min\limits_{j} a_j)^{w_{\sigma(j)}}}{\prod\limits_{j=1}^{n}(2-\min\limits_{j} b_j)^{w_{\sigma(j)}}+\prod\limits_{j=1}^{n}(\min\limits_{j} b_j)^{w_{\sigma(j)}}}\leqslant\frac{2\prod\limits_{j=1}^{n}[b_{\sigma(j)}]^{w_{\sigma(j)}}}{\prod\limits_{j=1}^{n}[2-b_{\sigma(j)}]^{w_{\sigma(j)}}+\prod\limits_{j=1}^{n}[b_{\sigma(j)}]^{w_{\sigma(j)}}}$$

$$\leqslant\frac{2\prod\limits_{j=1}^{n}(\max\limits_{j} b_j)^{w_{\sigma(j)}}}{\prod\limits_{j=1}^{n}(2-\max\limits_{j} b_j)^{w_{\sigma(j)}}+\prod\limits_{j=1}^{n}(\max\limits_{j} b_j)^{w_{\sigma(j)}}};$$

同理

$$\frac{2\prod\limits_{j=1}^{n}(\min\limits_{j} b_j)^{w_{\sigma(j)}}}{\prod\limits_{j=1}^{n}(2-\min\limits_{j} b_j)^{w_{\sigma(j)}}+\prod\limits_{j=1}^{n}(\min\limits_{j} b_j)^{w_{\sigma(j)}}}\leqslant\frac{2\prod\limits_{j=1}^{n}[b_{\sigma(j)}]^{w_{\sigma(j)}}}{\prod\limits_{j=1}^{n}[2-b_{\sigma(j)}]^{w_{\sigma(j)}}+\prod\limits_{j=1}^{n}[b_{\sigma(j)}]^{w_{\sigma(j)}}}$$

$$\leqslant\frac{2\prod\limits_{j=1}^{n}(\max\limits_{j} b_j)^{w_{\sigma(j)}}}{\prod\limits_{j=1}^{n}(2-\max\limits_{j} b_j)^{w_{\sigma(j)}}+\prod\limits_{j=1}^{n}(\max\limits_{j} b_j)^{w_{\sigma(j)}}},$$

此外

$$\frac{\prod\limits_{j=1}^{n}(1+\min\limits_{j} c_j)^{w_{\sigma(j)}}-\prod\limits_{j=1}^{n}(1-\min\limits_{j} c_j)^{w_{\sigma(j)}}}{\prod\limits_{j=1}^{n}(1+\min\limits_{j} c_j)^{w_{\sigma(j)}}+\prod\limits_{j=1}^{n}(1-\min\limits_{j} c_j)^{w_{\sigma(j)}}}\leqslant\frac{\prod\limits_{j=1}^{n}[1+c_{\sigma(j)}]^{w_{\sigma(j)}}-\prod\limits_{j=1}^{n}[1-c_{\sigma(j)}]^{w_{\sigma(j)}}}{\prod\limits_{j=1}^{n}[1+c_{\sigma(j)}]^{w_{\sigma(j)}}+\prod\limits_{j=1}^{n}[1-c_{\sigma(j)}]^{w_{\sigma(j)}}}$$

$$\leqslant\frac{\prod\limits_{j=1}^{n}(1+\max\limits_{j} c_j)^{w_{\sigma(j)}}-\prod\limits_{j=1}^{n}(1-\max\limits_{j} c_j)^{w_{\sigma(j)}}}{\prod\limits_{j=1}^{n}(1+\max\limits_{j} c_j)^{w_{\sigma(j)}}+\prod\limits_{j=1}^{n}(1-\max\limits_{j} c_j)^{w_{\sigma(j)}}},$$

同理

$$\frac{\prod_{j=1}^{n}(1+\min_j d_j)^{w_{\sigma(j)}} - \prod_{j=1}^{n}(1-\min_j d_j)^{w_{\sigma(j)}}}{\prod_{j=1}^{n}(1+\min_j d_j)^{w_{\sigma(j)}} + \prod_{j=1}^{n}(1-\min_j d_j)^{w_{\sigma(j)}}} \leqslant \frac{\prod_{j=1}^{n}[1+d_{\sigma(j)}]^{w_{\sigma(j)}} - \prod_{j=1}^{n}[1-d_{\sigma(j)}]^{w_{\sigma(j)}}}{\prod_{j=1}^{n}[1+d_{\sigma(j)}]^{w_{\sigma(j)}} + \prod_{j=1}^{n}[1-d_{\sigma(j)}]^{w_{\sigma(j)}}}$$

$$\leqslant \frac{\prod_{j=1}^{n}(1+\max_j d_j)^{w_{\sigma(j)}} - \prod_{j=1}^{n}(1-\max_j d_j)^{w_{\sigma(j)}}}{\prod_{j=1}^{n}(1+\max_j d_j)^{w_{\sigma(j)}} + \prod_{j=1}^{n}(1-\max_j d_j)^{w_{\sigma(j)}}},$$

因为

$$\sum_{j=1}^{n} w_{\sigma(j)} = \sum_{j=1}^{n}\big[\mu(A_{(j)}) - \mu(A_{(j+1)})\big] = \mu(A_{(1)}) - \mu(A_{(n+1)}) = 1,$$

所以

$$\min_j a_j \leqslant \frac{2\prod_{j=1}^{n}[a_{\sigma(j)}]^{w_{\sigma(j)}}}{\prod_{j=1}^{n}[2-a_{\sigma(j)}]^{w_{\sigma(j)}} + \prod_{j=1}^{n}[a_{\sigma(j)}]^{w_{\sigma(j)}}} \leqslant \max_j a_j。$$

$$\min_j b_j \leqslant \frac{2\prod_{j=1}^{n}[b_{\sigma(j)}]^{w_{\sigma(j)}}}{\prod_{j=1}^{n}[2-b_{\sigma(j)}]^{w_{\sigma(j)}} + \prod_{j=1}^{n}[b_{\sigma(j)}]^{w_{\sigma(j)}}} \leqslant \max_j b_j,$$

$$\min_j c_j \leqslant \frac{\prod_{j=1}^{n}[1+c_{\sigma(j)}]^{w_{\sigma(j)}} - \prod_{j=1}^{n}[1-c_{\sigma(j)}]^{w_{\sigma(j)}}}{\prod_{j=1}^{n}[1+c_{\sigma(j)}]^{w_{\sigma(j)}} + \prod_{j=1}^{n}[1-c_{\sigma(j)}]^{w_{\sigma(j)}}} \leqslant \max_j c_j,$$

$$\min_j d_j \leqslant \frac{\prod_{j=1}^{n}[1+d_{\sigma(j)}]^{w_{\sigma(j)}} - \prod_{j=1}^{n}[1-d_{\sigma(j)}]^{w_{\sigma(j)}}}{\prod_{j=1}^{n}[1+d_{\sigma(j)}]^{w_{\sigma(j)}} + \prod_{j=1}^{n}[1-d_{\sigma(j)}]^{w_{\sigma(j)}}} \leqslant \max_j d_j,$$

因此

$$([\min_j a_j, \min_j b_j], [\max_j c_j, \max_j d_j]) \leqslant IVIFEGC(\tilde{\alpha}_1, \tilde{\alpha}_2, \cdots, \tilde{\alpha}_n) \leqslant ([\max_j a_j,$$
$$\max_j b_j], [\min_j c_j, \min_j d_j]),$$

即,$\tilde{\alpha}^- \leqslant IVIFEGC(\tilde{\alpha}_1, \tilde{\alpha}_2, \cdots, \tilde{\alpha}_n) \leqslant \tilde{\alpha}^+$。

性质 4(置换不变性)　设 $\tilde{\alpha}_j = ([a_j, b_j], [c_j, d_j]), (j = 1, 2, \cdots, n)$ 为集

合 $X=(x_1,x_2,\cdots,x_n)$ 的一组区间直觉模糊数，μ 为 X 上的模糊测度，$(\tilde{a'_1},\tilde{a'_2},\cdots,\tilde{a'_n})$ 为 $(\tilde{a_1},\tilde{a_2},\cdots,\tilde{a_n})$ 的任意置换，则

$$IVIFEGC(\tilde{\alpha_1},\tilde{\alpha_2},\cdots,\tilde{\alpha_n})=IVIFEGC(\tilde{\alpha'_1},\tilde{\alpha'_2},\cdots,\tilde{\alpha'_n})。$$

证明：由定义可证得性质 4。

7.5.3　基于供应链整合的跨境电商公共海外仓运作绩效评价方法

本节是在 7-4 节的基于供应链整合的跨境电商公共海外仓服务绩效评价指标体系构建的基础上，采用直觉模糊评价理论对跨境电商企业在不同区域采用不同类别的公共海外仓服务绩效进行评价，具体的方法如下：

设 $A=\{a_1,a_2,\cdots,a_m\}$ 为境外不同区域所采用的公共海外仓服务的集合，$E=\{e_1,e_2,\cdots,e_t\}$ 为评价专家集，$C=\{c_1,c_2,\cdots,c_n\}$ 为评价指标集。设 $A^k=(r_{ij}^{(k)})$ 为评价矩阵。其中 $(r_{ij}^{(k)})=([\mu_{ij}^{L(k)},\mu_{ij}^{U(k)}],[v_{ij}^{L(k)},v_{ij}^{U(k)}])$ 表示专家 e_k 对候选待评价公共海外仓服务 a_i 关于属性 c_j 的评价信息。下面给出基于直觉模糊评价理论对跨境电商公共海外仓服务绩效评价方法步骤：

第一步，确定专家模糊测度。

通过专家主观判断，确定单个专家的模糊测度，即 $g_i=g(e_i)$。根据式 (7-9) 计算确定系数 λ_1，在利用式 (7-8) 计算专家集合的模糊测度。

第二步，利用区间直觉模糊爱因斯坦几何 Choquet 积分算子进行专家评价信息的集结，得到综合评价矩阵 $A=(r_{ij})_{m\times n}$。

第三步，构建正、负理想方案。

$a^*=(r_1^*,r_2^*,\cdots,r_n^*),r_j^*=([1,1],[0,0]),(j=1,2,\cdots,n)$；

$a^-=(r_1^-,r_2^-,\cdots,r_n^-),r_j^-=([0,0],[1,1]),(j=1,2,\cdots,n)$；

第四步，确定属性模糊测度。

通过专家主观判断确定单个属性的模糊测度，即 $g_i=g(c_i)$。根据式 (7-9) 计算确定系数 λ_2，在利用式 (7-8) 计算属性集合的模糊测度。

第五步，确定各候选方案与正、负理想方案之间的距离以及相对贴近度。

利用式 (7-12) 计算候选方案与正、负理想解之间的距离，利用 TOPSIS 方法[30]计算各方案的相对贴近度，即

$$\zeta(a_i)=\frac{d(a_i,a^-)}{d(a_i,a^-)+d(a_i,a^*)}。 \tag{7-15}$$

第六步,根据贴近度大小进行排序,得到该跨境电商企业在不同境外国家(区域)所采用的公共海外仓服务的绩效,并通过分析,找出差距,提出改进公共海外仓服务的对策。

7.6 算例分析

A 集团是宁波地区的外贸龙头企业,业务遍布全球 60 多个国家和地区。随着跨境电子商务的发展,自 2013 年开始,公司开始依托亚马逊、Ebay、阿里速卖通等跨境出口电商平台开展跨境出口电子商务,业务涉及 B2B 和 B2C 等多种电商业态。尤其是近三年来跨境 B2C 业务发展迅速,为了更好地降低跨境物流成本和提升境外客户的消费体验,公司自 2017 年初开始通过第三方海外仓服务商开展海外仓业务,目前已经在北美片区(美国)、欧盟(英国)、澳洲(澳大利亚)和中东欧(捷克)开展海外仓业务(简化起见用 a_1, a_2, a_3, a_4 表示)。为了更好地掌握所采用的公共海外仓业务的绩效和分析比较不同区域的实施情况,公司在 2018 年初组织团队对公共海外仓服务的绩效进行了分析评价,评价专家由企业财务主管、供应链主管、高校专家及市跨境电商协会的专家共五人组成(简化起见用 e_1、e_2、e_3、e_4、e_5 表示),通过查阅公司的材料、海外仓开展的业务信息、相关人员的访谈及合作伙伴的调查,综合专家的经验进行分析评价。由于评价指标的复杂性和不确定性,专家评价值采用直觉模糊数表示,具体评价的原始数据如表 7-2 所示。

表 7-2 专家评价矩阵

		a_1	a_2	a_3	a_4
	c_1	([0.3,0.5],[0.1,0.3])	([0.5,0.7],[0.1,0.3])	([0.7,0.8],[0.1,0.2])	([0.4,0.5],[0.3,0.4])
	c_2	([0.5,0.7],[0.1,0.3])	([0.5,0.6],[0.2,0.3])	([0.5,0.6],[0.1,0.2])	([0.5,0.6],[0.2,0.3])
e_1	c_3	([0.3,0.5],[0.2,0.3])	([0.5,0.7],[0.1,0.2])	([0.4,0.6],[0.2,0.3])	([0.5,0.6],[0.1,0.3])
	c_4	([0.5,0.6],[0.2,0.3])	([0.6,0.8],[0.1,0.2])	([0.5,0.7],[0.1,0.2])	([0.4,0.8],[0.1,0.2])
	c_5	([0.5,0.6],[0.3,0.4])	([0.5,0.6],[0.3,0.4])	([0.2,0.4],[0.5,0.6])	([0.5,0.6],[0.1,0.2])

续表

		α_1	α_2	α_3	α_4
e_2	c_1	([0.6,0.7],[0.1,0.2])	([0.5,0.6],[0.1,0.2])	([0.5,0.7],[0.1,0.2])	([0.5,0.6],[0.2,0.3])
	c_2	([0.5,0.6],[0.2,0.3])	([0.4,0.7],[0.2,0.3])	([0.5,0.6],[0.1,0.2])	([0.4,0.5],[0.3,0.4])
	c_3	([0.6,0.8],[0.1,0.2])	([0.5,0.6],[0.2,0.3])	([0.6,0.7],[0.2,0.3])	([0.3,0.4],[0.4,0.5])
	c_4	([0.5,0.7],[0.2,0.3])	([0.5,0.8],[0.1,0.2])	([0.5,0.6],[0.2,0.3])	([0.6,0.7],[0.1,0.2])
	c_5	([0.4,0.5],[0.2,0.3])	([0.4,0.5],[0.3,0.4])	([0.3,0.4],[0.5,0.6])	([0.5,0.6],[0.1,0.2])
e_3	c_1	([0.4,0.6],[0.3,0.4])	([0.5,0.6],[0.1,0.3])	([0.6,0.8],[0.1,0.2])	([0.6,0.7],[0.1,0.2])
	c_2	([0.6,0.8],[0.1,0.2])	([0.7,0.8],[0.1,0.2])	([0.5,0.6],[0.1,0.3])	([0.5,0.6],[0.2,0.3])
	c_3	([0.6,0.7],[0.2,0.3])	([0.4,0.6],[0.3,0.4])	([0.5,0.6],[0.2,0.3])	([0.4,0.6],[0.1,0.2])
	c_4	([0.4,0.5],[0.1,0.2])	([0.6,0.7],[0.1,0.2])	([0.6,0.7],[0.1,0.2])	([0.6,0.7],[0.2,0.3])
	c_5	([0.3,0.5],[0.2,0.4])	([0.4,0.5],[0.1,0.2])	([0.2,0.3],[0.5,0.6])	([0.4,0.5],[0.4,0.5])
e_4	c_1	([0.5,0.7],[0.1,0.2])	([0.4,0.6],[0.2,0.3])	([0.7,0.8],[0.1,0.2])	([0.5,0.7],[0.2,0.3])
	c_2	([0.5,0.7],[0.2,0.3])	([0.6,0.7],[0.1,0.2])	([0.6,0.7],[0.1,0.3])	([0.5,0.6],[0.1,0.2])
	c_3	([0.4,0.6],[0.1,0.2])	([0.5,0.6],[0.2,0.3])	([0.5,0.6],[0.2,0.3])	([0.5,0.7],[0.1,0.2])
	c_4	([0.5,0.6],[0.2,0.3])	([0.6,0.7],[0.1,0.2])	([0.5,0.6],[0.2,0.3])	([0.6,0.7],[0.2,0.3])
	c_5	([0.3,0.5],[0.3,0.4])	([0.4,0.5],[0.2,0.3])	([0.2,0.3],[0.6,0.7])	([0.3,0.4],[0.4,0.5])
e_5	c_1	([0.5,0.6],[0.3,0.4])	([0.6,0.7],[0.1,0.3])	([0.6,0.8],[0.1,0.2])	([0.5,0.6],[0.1,0.3])
	c_2	([0.4,0.7],[0.1,0.2])	([0.6,0.7],[0.2,0.3])	([0.5,0.6],[0.2,0.3])	([0.5,0.7],[0.1,0.2])
	c_3	([0.5,0.6],[0.2,0.3])	([0.4,0.6],[0.1,0.2])	([0.5,0.6],[0.2,0.4])	([0.5,0.6],[0.2,0.3])
	c_4	([0.6,0.7],[0.2,0.3])	([0.5,0.6],[0.1,0.2])	([0.6,0.7],[0.2,0.3])	([0.6,0.7],[0.2,0.3])
	c_5	([0.3,0.5],[0.3,0.4])	([0.4,0.5],[0.3,0.4])	([0.2,0.3],[0.5,0.6])	([0.2,0.3],[0.4,0.5])

　　第一步：通过专家主观判断，确定单个专家的模糊测度为 $g(e_1)=0.14, g(e_2)=0.16, g(e_3)=0.21, g(e_4)=0.29, g(e_5)=0.26$。利用式 (7-9) 计算出系数 $\lambda=-0.16$，再利用式 (7-8) 计算出专家集合的模糊测度，如表 7-3 所示。

表 7-3　专家及专家集的模糊测度

c_i	$g(c_i)$	c_i	$g(c_i)$	c_i	$g(c_i)$	c_i	$g(c_i)$
{1}	0.15	{1,5}	0.39	{1,2,4}	0.61	{3,4,5}	0.73
{2}	0.17	{2,3}	0.36	{1,2,5}	0.55	{1,2,3,4}	0.78
{3}	0.21	{2,4}	0.46	{1,3,4}	0.63	{1,2,3,5}	0.74
{4}	0.30	{2,5}	0.41	{1,3,5}	0.58	{1,2,4,5}	0.83
{5}	0.25	{3,4}	0.50	{1,4,5}	0.68	{1,3,4,5}	0.87
{1,2}	0.32	{3,5}	0.44	{2,3,4}	0.65	{2,3,4,5}	0.84
{1,3}	0.35	{4,5}	0.54	{2,3,5}	0.59	{1,2,3,4,5}	1
{1,4}	0.44	{1,2,3}	0.51	{2,4,5}	0.69		

第二步：利用区间直觉模糊爱因斯坦几何 *Choquet* 积分算子进行专家信息的集结，得到综合评价矩阵 $A=(r_{ij})_{m \times n}$。

表 7-4　综合评价矩阵

	α_1	α_2	α_3	α_4
c_1	([0.56,0.67], [0.15,0.25])	([0.54,0.64], [0.11,0.28])	([0.64,0.79], [0.12,0.20])	([0.53,0.63], [0.17,0.28])
c_2	([0.58,0.68], [0.14,0.25])	([0.57,0.71], [0.15,0.25])	([0.53,0.63], [0.12,0.28])	([0.48,0.61], [0.16,0.26])

续表

	α_1	α_2	α_3	α_4
c_3	([0.52,0.64], [0.14,0.25])	([0.50,0.61], [0.21,0.32])	([0.52,0.61], [0.17,0.29])	([0.45,0.58], [0.16,0.28])
c_4	([0.48,0.61], [0.19,0.28])	([0.54,0.71], [0.10,0.21])	([0.54,0.66], [0.17,0.26])	([0.57,0.71], [0.16,0.26])
c_5	([0.35,0.49], [0.26,0.38])	([0.42,0.51], [0.22,0.33])	([0.23,0.32], [0.53,0.61])	([0.34,0.45], [0.32,0.48])

第三步：构建正、负理想方案，

设正理想解为 $a^* = (r_1^*, r_2^*, \cdots, r_5^*)$，$r_j^* = ([1,1],[0,0])$，$(j=1,2,\cdots,5)$；

设负理想解为 $a^- = (r_1^-, r_2^-, \cdots, r_5^-)$，$r_j^- = ([0,0],[1,1])$，$(j=1,$

$2,\cdots,5)$。

第四步:确定属性模糊测度,

专家给出的单个属性间的模糊测度为 $g(c_1)=0.29, g(c_2)=0.24,$ $g(c_3)=0.25, g(c_4)=0.31, g(c_5)=0.34$。利用式(7-9)的参数 $\lambda=-0.65$。根据式(7-8)得出属性集合的模糊测度如下:

表 7-5　指标及指标集的模糊测度

c_i	$g(c_i)$	c_i	$g(c_i)$	c_i	$g(c_i)$	c_i	$g(c_i)$
{1}	0.29	{1,5}	0.58	{1,2,4}	0.71	{3,4,5}	0.74
{2}	0.24	{2,3}	0.46	{1,2,5}	0.74	{1,2,3,4}	0.84
{3}	0.25	{2,4}	0.51	{1,3,4}	0.71	{1,2,3,5}	0.87
{4}	0.31	{2,5}	0.54	{1,3,5}	0.73	{1,2,4,5}	0.89
{5}	0.34	{3,4}	0.51	{1,4,5}	0.77	{1,3,4,5}	0.89
{1,2}	0.51	{3,5}	0.54	{2,3,4}	0.67	{2,3,4,5}	0.88
{1,3}	0.51	{4,5}	0.58	{2,3,5}	0.71	{1,2,3,4,5}	1
{1,4}	0.54	{1,2,3}	0.67	{2,4,5}	0.74		

第五步,根据 TOPSIS 方法,利用本文提出距离测度计算各候选方案与正、负理想方案之间的距离及相对贴近度。

$$d(a_1,a^*)=0.44, d(a_1,a^-)=0.72, \xi(a_1)=0.62;$$
$$d(a_2,a^*)=0.43, d(a_3,a^-)=0.73, \xi(a_2)=0.63;$$
$$d(a_3,a^*)=0.52, d(a_3,a^-)=0.72, \xi(a_3)=0.58;$$
$$d(a_4,a^*)=0.45, d(a_4,a^-)=0.70, \xi(a_4)=0.60。$$

第六步,根据贴近度大小进行排序,确定最优方案。

根据上述贴近度大小,得到海外仓绩效评价的排序为 $\alpha_2 > \alpha_1 > \alpha_4 > \alpha_3$。

从这个结果可以看出,目前,A 集团的公共海外仓服务中英国仓运作绩效最佳,美国仓次之,然后是澳大利亚仓和捷克仓。

当前,A 集团主要业务集中在欧美等发达国家,公司积极设置海外分支机构,当地市场环境成熟、业务需求量大、员工素质较高,有成功的运营经验,需要重点关注此区域的海外仓发展趋势。对于该类成熟市场,应通过加强与第三方企业的合作、不断培养海外仓人才、搭建稳定的信息平台等措施,提升海外仓运作绩效水平。而中东欧地区是新兴市场,但是发展较为迅速,需要不断拓展业务范围,构建成熟的市场环境,提升消费者的忠诚度和满意度,提升公共海外仓运营水平。总的来看,A集团对公共海外仓绩效进行评价,可以有效解决跨境物流体验中存在的配送效率低、成本高、消费者体验差等诸多痛点,实现跨境出口业务的本土化运营以提升消费者的黏性和忠诚度,提高公司的整体运作效率。

对A集团来说,如何提升公共海外仓运作的绩效对企业的运营和跨境业务的发展具有重要的意义。为此,公司需要对公共海外仓运作全流程的多个主体(主要包括跨境出口电商企业、海外仓服务提供商、跨境电商买家以及第三方机构)进行有效协调,实现资源的整合,搭建完善的信息平台,推进信息化建设,实现全流程的信息共享。此外,还应积极拓展业务范围、提升消费者满意度及公司影响力,从而提升海外仓运作的绩效。

7.7 提升跨境电商公共海外仓运作绩效的建议

公共海外仓作为跨境出口电商企业降低跨境物流成本,提升海外客户服务体验的重要模式,已经成为跨境出口电商企业开拓海外市场,构建全球分销系统的重要支撑。从上一节的案例分析可以看出,在不同区域、不同的公共海外仓服务,跨境电商企业的海外仓运作效率差别较大。为更好提升跨境电商企业的公共海外仓运作绩效,本节从跨境电商企业运作需求的角度,提出提升公共海外仓运作绩效的建议。

(1)公共海外仓运营商应进一步推进公共海外仓的开放与功能完善。为了更好地拓展海外市场,传统的外贸龙头企业和跨境出口电商龙头企业有迫切的需求在美国东西岸、欧洲、英国、澳大利亚、巴西等地开拓和采用公共海外仓服务,因此,公共海外仓服务商可以通过开放运营和提供更多的增值服务为其他跨境电商提供服务。同时海外仓除了具备发挥代收和发运两大仓库传统功能外,应拓展从上门提货、头程集货、清关、国际物流、保险、报税、仓储作业、库内增值加工、本地派送、本地营销、售后服务、海外VAT注册、供应链金融、线下展示厅等服务,通过海外仓的平台有效联合起来,形成一个商业生态系统,从而通过拓展新的海外仓服务提升公共海外仓的运作和管理水平。

(2)公共海外仓服务商应深化与其他物流企业深度合作提升公共海外仓物流服务绩效。公共海外仓是全球供应链的重要节点,近年来,大型物流集团不断延伸产业链,依托其雄厚的资本实力、人力资源及跨国业务运作经验建设和运营公共海外仓,使海外仓业务与现有的货代、海运等业务有效衔接,将海外仓的建设和运营作为企业国际化战略的重要组成部分。公共海外仓运营商选择与物流企业合作,以共享资源为原则,努力打造跨境电商和物流供应链合作的服务平台。公共海外仓运营商深化与其他物流企业平台业务的有效结合既可以有效地分摊公共海外仓的建设运营成本,也可以最大化地提升公共海外仓的运作效率。

(3)大力推进公共海外仓服务信息化建设。公共海外仓的有效运作依赖于跨境电商物流、信息流、资金流的有效集成,在公共海外仓的运作过程中,信息流至关重要,是整个业务运作系统的数字神经系统。在整个跨境出口电商流程中,信息从跨境电商交易产生的电商平台开始,到后台交易管理订单系统 ERP,到海外仓的仓储作业系统 WMS,再到最后的物流派送服务TMS 系统,每一个环节都对系统的稳定性、规范性和用户体验要求很高。同时,公共海外仓的运作过程中需要与境内外海关、检验检疫机构及政府的相关监管机构进行信息对接,因此,加大公共海外仓服务的信息化建设是提升公共海外仓运作绩效的重要途径。首先应加强公共海外仓服务各环节的信息化系统建设,如仓内的 WMS 系统、配送信息系统、产品展示信息平台等。其次要加强信息的集成,实现公共海外仓服务与跨境电商交易平台、与跨境出口电商企业的 ERP 系统以及政府监管部门信息系统的集成和及时的信息共享。最后,要加强公共海外仓服务大数据系统的建设和应用,通过大数据的挖掘和分析,为提升客户体验和公共海外仓业务运作提供数据支持。

(4)进一步提供高质量售后服务,提升消费者满意度。一是提供集货式退换货服务。依托信息化平台,收集不同客户的退换货商品,汇总后以成本较低的海运方式发回国内,有效降低物流成本。二是优化售后维修。研发有关系统,检测分析商品故障,定制维修方案,开展当地维修,及时定向返回消费者。三是延伸售后服务。定期开展消费者回访,挖掘售后数据资源,实时向卖家反馈故障原因、零部件耗材使用等情况,助力商品质量提升。

(5)开展本土化运营,提升消费者的服务体验。将公共海外仓有机融入所在国的经济和社会体系,实现共同发展,互利共赢。一是要尊重不同国家的人文风俗。如在伊斯兰国家提供礼拜场所等。二是要提高当地员工占比。通过完善的培训体系和持续投入,加强对当地人才培养,提高当地员工占比,有的海外仓当地员工比例已超 70%。三是要加强与所在国有关部门和机构合作。通过合资、签订战略合作协议等方式,与当地商业合作伙伴、商协会保持良好关系。同时,加强与所在国相关政府部门沟通,积极融入当地社会,履行企业社会责任。

7.8　本章小结

为了更好地促进跨境电商的发展,本章对供应链整合环境下跨境电商公共海外仓的运作绩效评价进行了研究,取得以下结论:

(1)在分析了供应链整合下跨境电商公共海外仓运作绩效评价基本原则的基础上,构建了绩效评价的流程,该流程由评价目标确定、评价指标体系构建、指标权重确定、评价方法研究、评价数据采集与绩效评价、持续改进等六个环节构成。

(2)基于 SCOR 模型构建了供应链整合下跨境电商公共海外仓运作绩效评价指标体系,该指标体系由客户满意度、标准化能力、协同服务与价值创造能力、服务优化与创新能力、运营盈利能力等五个维度、十八个二级评价指标构成。

(3)针对评价指标的模糊性,采用区间直觉模糊数对评价指标进行刻画,设计了基于区间直觉模糊爱因斯坦几何 Choquet 积分算子进行指标的集结和评价并进行了实证分析。

(4)从跨境电商公共海外仓需求的视角,公共海外仓运营商应从推进公共海外仓的开放与功能完善、深化与其他物流企业深度合作提升公共海外仓物流服务绩效、大力推进公共海外仓服务信息化建设等方面提出了提升跨境电商公共海外仓运作绩效的建议。

7.9　本章主要参考文献

[1] Shou Y, Li Y, Park Y, Kang M. Supply chain integration and operational performance: The contingency effects of production systems[J]. Journal of Purchasing and Supply Management,

2018，24(4)：352-360.

[2] Flynn B，Huo B，Zhao X. The impact of supply chain integration on performance：A contingency and configuration approach[J]. Journal of Operations Management，2010，28(1)：58-71.

[3] Christos T，Carlos M. Supply chain integration configurations：process structure and product newness[J]. International Journal of Operations & Production Management，2015，35（10）：1437-1459.

[4] Frohlich M T. E-Integration in the supply chain：Barriers and performance[J]. Decision Sciences，2002，33(4)：537-556.

[5] Iyer K N，Germain R，Claycomb C. B2B e-commerce supply chain integration and performance：A contingency fit perspective on the role of environment[J]. Information & Management，2009，46(6)：313-322.

[6] Huang M，Yen G，Liu T. Reexamining supply chain integration and the supplier's performance relationships under uncertainty[J]. Supply Chain Management：An International Journal，2014，19(1)：64-78.

[7] Zhao X，Huo B，Flynn B，Yeung J. The impact of power and relationship commitment on integration between manufacturers and customers in a supply chain[J]. Journal of Operations Management，2008，6(3)：368-388.

[8] 李荷华.化工物流服务供应链运营研究[M].上海：复旦大学出版社，2012.

[9] 葛健，郭慧馨.物流服务供应链与制造业转型升级的关联分析[M].北京：经济管理出版社，2017.

[10] Nalebuff B J，Brandenburger A M. 合作竞争[M]. 王煜全，王煜昆译. 合肥：安徽人民出版社，2013.

[11] 王琦峰."互联网＋"背景下物流服务价值共创与服务创新研究[M].杭州：浙江大学出版社，2017.

[12] 蔡霞，耿修林.精益绿色供应链绩效评价设计及实证研究[J].科技管理研究，2016(9)：85-88. .

[13] 戴君,贾琪,谢琍等.基于结构方程模型的可持续供应链绩效评价研究[J].生态经济,2015,31(4):86-90.

[14] 赵盼红,王利,孟庆良.基于平衡计分卡的食品供应链绩效动态测评研究[J].科技管理研究,2012(5):52-56.

[15] 王洪鑫,樊雪梅,孙承志.基于物流能力的农产品供应链绩效评价问题研究[J].生产力研究,2009(19):26-28.

[16] 闫秀霞,孙林岩,王侃昌.物流服务供应链模式特性及其绩效评价研究[J].中国机械工程,2005,16(11):969-974.

[17] 张婷,赵宁.服务供应链绩效的可拓评价研究[J].科技管理研究,2013(6):50-54.

[18] 綦方中,钟凌燕,潘晓弘.敏捷供应链绩效评价过程与方法研究[J].计算机集成制造系统,2006,12(9):1472-1476.

[19] 方凯,钟涨宝,王厚俊.基于绿色供应链的我国冷链物流企业效率分析[J].农业技术经济,2014(6):45-53.

[20] 冀巨海,刘清丽,郭忠行.钢铁企业绿色供应链管理绩效评价[J].科技管理研究,2013(16):53-57.

[21] K. T. Atanassov. Intuitionistic fuzzy sets [J]. Fuzzy Sets and Systems, 1986, 20(1):87-96.

[22] K. T. Atanassov, G. Gargov. Interval valued intuitionistic fuzzy sets[J]. Fuzzy Sets & Systems, 1989, 31(3):343-349.

[23] W. Z. Wang, X. W. Liu. Interval-valued intuitionistic fuzzy hybrid weighted averaging operator based on Einstein operation and its application to decision making. Journal of Intelligent & Fuzzy Systems, 2013, 25(2):279-290.

[24] Z. S. Xu Methods for aggregating interval-valued intuitionistic fuzzy information and their application to decision making[J]. Control and Decision, 2007, 22(2):215-219.

[25] W. Z. Wang, X. W. Liu. The multi-attribute decision making method based on interval-valued intuitionistic fuzzy Einstein hybrid weighted geometric operator [J]. Computers & Mathematics with Applications, 2013, 66(10):1845-1856.

[26] M. Sugeno. Theory of fuzzy integral and its application [D].

Tokyo：Tokyo Institute of Technology，1974.

[27] G. Choquet. Theory of capacities [J]. Annales Institut Fourier，1954，5(1)：131-295.

[28] C. L. Hwang，K. Yoon. Multiple attribute decision making [M]. Berlin：Springer Berlin Heldelberg，1981.

第8章 实证分析——宁波跨境电商公共海外仓建设路径与对策

8.1 我国公共海外仓建设运营现状及经验借鉴

为了进一步扩大进出口贸易和推进以跨境电商为代表的"互联网＋外贸"新模式,国家商务部在 2015 年 5 月发布的《"互联网＋流通"行动计划》就提出要基于市场化机制推动建设 100 个电子商务海外仓。2016 年政府工作报告中明确提出要支持企业建设一批出口产品海外仓的工作要求。商务部等五个部门也在《商贸物流发展"十三五"规划》(商流通发〔2017〕29号)中特别指出:"以跨境电子商务发展为重点,引导和鼓励有条件的企业科学规划、有序建设海外物流基础设施,打造具有较强辐射能力的公共海外仓"。鼓励电商企业走出去,建立海外营销渠道,要做好 B2B 以及 B2B2C 跨境电商,海外仓尤其是公共海外仓的建设和利用是关键[1-2]。通过公共海外仓建设,完善与跨境电商新业态相匹配的海外仓储物流体系和配套服务网络,逐步建立形成遍布全球重点区域的"跨境电商采购＋海外展示交易＋集散分拨配送＋售后服务保障＋当地市场开拓"海外仓模式[3-5]。目前公共海外认定主要包括以下三种类型①:

(1)物流型公共海外仓。依托固定航线(海、铁、空)和固定时间的优势约价,根据客户的需求,为客户提供运输、货物代理、仓储、配送等多种物流服务的海外仓。定时定量集中处理国际发运、仓储、分拣、打包、配送和转运的供应链一体化服务。优势体现在国际支线运输费用和目的国末端配送运

---

① 浙江省商务厅,浙江省财政厅.《关于开展 2018 年省级公共海外仓(第四批)申报工作的通知》,2018 年 12 月。

费用低于其他公共海外仓。

(2)贸易型公共海外仓。在固有的贸易活动基础上,依托目的国本地细分销售渠道和网络关系,在原有的国际贸易背景下,搭建国内卖家的线下销货和线上展示平台,依靠本地海外仓的时效性,实现良好的 B 端采购体验。

(3)平台型公共海外仓。通过第三方平台下单,物流发货到海外仓分解、再包装、再配送到客户端的海外仓。专注于境内卖家、海外仓和境外买家处于同一系统平台,优势在于方便三方沟通,统一管理、统一解决问题,专注于系统性开发、国际支付、良好的 C 端用户体验。

8.1.1 国内典型城市跨境出口电商公共海外仓建设政策梳理

自 2015 年杭州成为我国首个跨境电子商务综合试验区以来,到 2020 年底,国家共批准设立 5 批 105 个城市为跨境电子商务综合试验区,形成了区域全面覆盖格局。各城市围绕跨境电子商务综试区建设的目标都推出了综试区建设的实施方案及相关政策,其中,公共海外仓建设成为国内城市推进跨境出口电商发展的重要举措[6]。下面对国内典型城市跨境电商公共海外仓建设的相关政策进行梳理和分析,具体如表 8-1 所示。

表 8-1 国内典型城市跨境电商公共海外仓建设的相关政策

序号	城市	是否跨境电商综试区	跨境电商公共海外仓建设的相关政策
1	杭州	第一批综试区	浙江省人民政府:《浙江省加快培育外贸竞争新优势行动计划(2018—2020 年)》(浙政办发〔2018〕14 号); 浙江省商务厅:《关于开展省级跨境电商公共海外仓建设试点工作的通知》(浙商务联发〔2014〕81 号); 浙江省商务厅:《浙江省跨境电子商务发展三年行动计划》(2015—2017); 杭州市商务局:《关于开展我市跨境电商公共海外仓建设试点工作的通知》(杭商务跨贸〔2015〕324 号)。

续表

序号	城市	是否跨境电商综试区	跨境电商公共海外仓建设的相关政策
2	深圳	第二批综试区	综试区实施方案：通过建设海外仓，将服务链向境外延伸； 广东省人民政府：《广东省人民政府办公厅关于促进跨境电子商务健康快速发展的实施意见》（粤府办〔2016〕24 号）； 深圳市商务局：《深圳市关于进一步促进电子商务发展若干措施的通知》。
3	苏州	第二批综试区	综试区实施方案：探索通过建立海外仓储、海外体验店等渠道拓展海外市场； 江苏省商务厅：《省商务厅关于开展 2019 年省级公共海外仓认定工作的通知》（苏商贸〔2019〕406 号）。
4	大连	第二批综试区	综试区实施方案：加强国际货运班线和公共海外仓建设，发展船舶及航运交易； 大连市人民政府：《大连市人民政府关于跨境电子商务扶持资金管理暂行规定》。
5	宁波	第二批综试区	综试区实施方案：建设 50 个跨境电子商务公共海外仓； 浙江省人民政府：《浙江省加快培育外贸竞争新优势行动计划（2018—2020 年）》（浙政办发〔2018〕14 号）； 浙江省商务厅：《关于开展省级跨境电商公共海外仓建设试点工作的通知》（浙商务联发〔2014〕81 号）； 浙江省商务厅：《浙江省跨境电子商务发展三年行动计划》（2015—2017）； 宁波市跨境电商综试区办公室：《关于开展跨境电商标杆企业、优秀海外仓评选以及跨境电商物流园区评定的通知》。

序号	城市	是否跨境电商综试区	跨境电商公共海外仓建设的相关政策
6	温州	第四批综试区	浙江省人民政府:《浙江省加快培育外贸竞争新优势行动计划(2018—2020 年)》(浙政办发〔2018〕14 号); 浙江省商务厅:《关于开展省级跨境电商公共海外仓建设试点工作的通知》(浙商务联发〔2014〕81 号); 浙江省商务厅:《浙江省跨境电子商务发展三年行动计划》(2015—2017); 温州市委:《关于进一步加快开放型经济发展的若干政策意见》(温委办〔2018〕47 号)。

从上面的分析可以看出,公共海外仓作为跨境电商物流服务模式的重要创新举措在绝大部分跨境电商综试区城市的实施方案中都得到了体现。同时,各省市出台的推动跨境电商发展的政策文件中均把海外仓作为重要举措进行推进,但各综试区单独出台海外仓政策或海外仓认定标准的还相对较少,主要集中在浙江省的跨境电商综试区中,相关精细化、规范化的建设和认定标准还有待各地结合具体情况进行制定。

8.1.2　国内典型城市跨境出口电商海外仓建设情况分析

跨境电商作为"互联网＋外贸"的新型模式越来越得到各地的重视,至2020 年底,国家也先后推出了 5 批 105 个城市作为国家跨境电子商务综合试验区,旨在跨境电子商务交易、支付、物流、通关、退税、结汇等环节的技术标准、业务流程、监管模式和信息化建设等方面先行先试,通过制度创新、管理创新、服务创新和协同发展,破解跨境电子商务发展中的深层次矛盾和体制性难题,打造跨境电子商务完整的产业链和生态链,推动跨境电子商务的发展。而海外仓作为跨境电子商务产业链的重要一环和跨境物流的创新模式,也得到了各个城市的高度重点。上一节对典型城市的海外仓相关政策进行了梳理,本节以杭州和深圳为例对其海外仓的建设情况及特点进行分析。

（1）杭州跨境电商海外仓建设情况分析①

杭州是国家首批跨境电商综合试验区,自 2015 年 3 月 7 日,国务院批复杭州在全国设立首个跨境电商综合试验区以来,杭州在完善"六大体系"、"两个平台"建设的基础上,着力在跨境电子商务 B2B 方式相关环节的技术标准、业务流程、监管模式和信息化建设等方面先行先试,为推动全国跨境电子商务健康发展创造更多可复制推广的经验。杭州市紧紧围绕"一带一路"倡议,结合杭州出口特色优势,积极支持企业建设一批出口产品"海外仓",通过制度创新、管理创新、服务创新,发挥市场主导、企业主体作用,解决跨境电子商务海外仓发展中存在的困难和问题,不断做大做强跨境电商海外仓网络。目前,杭州市已建立 40 余个公共海外仓,其中有 13 个被列入浙江省级跨境电商公共海外仓建设试点名单。据不完全统计,杭州市利用海外仓做跨境电商出口的企业有将近 400 家,主要销往美国、加拿大、德国、澳大利亚、荷兰、法国、英国、日本、俄罗斯、沙特、加纳等国家和地区。

杭州市支持企业申报"浙江省公共海外仓建设试点",积极开展"杭州市公共海外仓试点"认定,鼓励有条件的区、县(市)培育"区级公共海外仓建设试点",形成省、市、区三级培育体系。近年来杭州市相关龙头企业结合自身实际纷纷建设海外仓,虽然都还在探索中,但是已经取得了一定成效。杭州市目前建设公共海外仓的主要有以下三类企业:

第一类是跨境出口电商企业。出于对自身平台发展的支撑,缓解物流成本高和压缩配送时长等因素,提升平台交易量,纷纷布局"海外仓"。该类企业熟悉跨境电商整个流程,可以为其他跨境电商企业提供一站式的海外仓服务。如浙江全麦网尚电子商务有限公司在美国列克星敦、日本东京、俄罗斯莫斯科、阿联酋迪拜、德国柏林、泰国曼谷、印尼雅加达、马来西亚巴生港等地共有 8 个海外仓,8 个仓库的实际使用面积高达 8000 平方米,可使用面积将近 3 万平方米,覆盖了全球最主要的经济板块,海外仓的覆盖能力远远超过中外运、递四方、出口易这些专业物流企业。全麦在建立海外仓的同时也和当地物流企业建立了非常好的合作,可以为仓内电商企业的商品配送选择最优的配送物流,公司也完全熟悉跨境电子商务规范报关出口的流程。全麦海外仓可以提供客户上门参观、现场购买,以及售后投诉、退换货等服务。

---

① 跨境电商看杭州海外仓,国际商报,2016-4-25。

　　第二类是原先的国际货代物流企业转型的"海外仓"。该类企业有着专业的国际物流服务能力,能更好地帮助跨境电商企业进行海外业务布局。如浙江点际通国际货运代理有限公司,该公式作为杭州首批 247 家跨境电商试点企业之一,已开通国际 56 条专线,旗下有"三只小鹿"品牌跨境快递。它的荷兰兹沃勒仓建于 2015 年 7 月,面积 12000 平方米,拥有 40 个卸货车位、16000 个托盘货架空间,专业服务于欧洲的中国电商卖家提供仓储、分拣、包装、派送等项目服务。

　　第三类是电商平台服务企业。在全球布局、建立海外仓,为平台上的跨境电商卖家提供更好的服务。如速卖通菜鸟海外仓,目前速卖通平台推出三种仓的分层,即商家仓、菜鸟认证仓、菜鸟官方仓。提供一站式的物流解决方案,菜鸟联合海外优势仓储资源及本地配送资源,为速卖通商家提供海外仓仓储管理、仓发、本地配送、售后赔付一站式的物流解决方案;海外仓订单自动流转,菜鸟建立海外仓官方认证体系,打通订单流,官方认证仓订单及物流信息自动流转回传;真实仓发流量扶持,商家订购菜鸟海外仓服务产品后,菜鸟官方认证仓内的货品和平台资源倾斜强绑定,强化海外仓商品的消费者服务心智,提升商家动销。

　　(2)深圳跨境电商海外仓建设情况分析

　　深圳市我国重要的外贸城市,也是国家第二批跨境电商综合试验区。在 2010 年前,深圳跨境电商及物流企业就开始布局海外仓建设,起步早的企业有递四方、飞鸟国际、万方、浩方、傲基等公司。据不完全统计,目前深圳海外仓建设数量超过 200 个,海外仓建设面积超过 100 万平方米。有超过一半的企业拥有 1～2 个海外仓,建设面积集中在 1000～10000 平方米以内;有接近 30% 的企业海外仓建设面积超过 10000 平方米;大部分跨境电商中小卖家及物流仓储企业海外仓面积在 1000 平方米以内。深圳的海外仓主要集中在美国、德国、英国等欧美电商大国,其中美、德、英三国的海外仓数量超过海外仓总数的一半。其次,分布较多的国家包括波兰、西班牙、意大利、加拿大、澳大利亚、日本等。随着"一带一路"战略实施,近两年深圳市企业纷纷向俄罗斯、捷克、土耳其、迪拜、马来西亚、越南、缅甸、巴基斯坦等新兴市场进军。

　　深圳的海外仓建设主体分为三类:第一类主体是跨境电商 B2C 企业。深圳集聚了国内主流的跨境电商 B2C 出口企业,其中年销售额超过 10 亿元人民币的跨境电商平台企业有十几家,过亿元的大卖家超过 200 多家。

代表性企业有棵树、通拓科技、赛维网络、傲基、万方、浩方、爱淘城、百事泰、环球易购、价之链等跨境电商大卖家均设有海外仓。第二类主体是物流仓储货代企业。深圳具有完善的现代物流体系，拥有各类快递、仓储企业上万家，其中具备国际货运代理资格、专业的仓储管理能力、海内外贸易清关能力的大部分企业逐渐由经营国际直发的快递业务进而开发海外仓业务。代表性企业有递四方、飞鸟国际、顺丰、中国邮政、华运国际、海格物流等。第三类主体是具有 IT 系统开发能力的第三方海外仓公司。IT 公司组建的海外仓在操作系统方面有较明显的优势，尤其在海外仓储运作方面。代表性企业有万邑通、易达云、泽宝等。

经过多年的发展，深圳的海外仓发展特色明显，主要包括：一是跨境电商大卖家自营海外仓向中小卖家开放，如傲基、赛维、有棵树、通拓、爱淘城等大企业自建海外仓不仅限于自营，还可以为中小卖家以及创业新兴公司拓展海外市场提供低成本物流解决方案。二是自营海外仓与 FBA 互为补充，例如百事泰、邻友通将自主经营的海外仓目的地设在与 FBA 仓相距较近，派送相对便捷的区域，自营仓主要负责货物的中转，FBA 负责分拣配送等功能。三是海外仓功能不断优化完善，如基于多年海外仓沉淀的飞鸟国际把海外仓分为十个等级，从最简单的提供仓库代发的小仓库；到帮助客户进行产品质检，到海外 VAT 注册，再到供应链金融。终极模式是整合了生产商、销售商、消费者以及相关的第三方服务商，还有线下展示厅等，通过海外仓的平台有效联合起来，形成一个商业生态系统。四是海外仓的经营品类向品牌化发展，例如傲基国际自主品牌"Aukey"在海外被越来越多的消费者知晓，万方网络公司自主研发与生产的"iRULU"品牌平板电脑、智能手机在全球主要国家和地区建立了大型的专业化储运基地以及中转中心，实现全球一体化的产品供应链。

8.1.3 国内外典型城市发展海外仓的经验借鉴

从上面的分析可以看出，海外仓建设已经成为各跨境电商综试区推进跨境电子商务发展的重要抓手，也是各地跨境出口电商发展壮大、构建全球分销体系、实现"卖全球"的重要支撑，通过典型城市的做法能够为宁波发展海外仓，尤其是公共海外仓建设提供以下经验借鉴。

（1）需强化海外仓的顶层设计

从政府层面而言，推动公共海外仓的建设和运营，须做好顶层设计，具体包括建立推进海外仓建设的领导和协调机构，制定和出台促进公共海外仓建设和发展的系列政策，包括公共海外仓的扶持政策、建设和认定标准、融资政策等。要引导和完善公共海外仓的行业组织，通过行业组织发展和引导公共海外仓规范化发展。

（2）需大力引进和培育海外仓市场主体

公共海外仓应跨境电商发展的需求而生，因此跨境电商的发展对公共海外仓提出巨大的市场需求，这必然要求政府培育大量的公共海外仓运营商以满足市场的需求。从杭州及深圳的例子可以看出，数量众多、种类各异的海外仓服务为当地跨境电商的发展提供了重要的支撑。因此要结合市场需求，引进国内外具有海外仓资源和服务能力的大型海外仓服务企业，在当地设立总部或区域总部以更好地服务跨境电商企业。同时，要积极引导和鼓励本地物流企业、跨境电商企业、跨境电商平台企业及外贸综合服务平台企业积极建设和开拓公共海外仓服务，延伸其服务链以更好地为跨境电商企业服务。

（3）需推动公共海外仓完善功能服务

公共海外仓除要进一步提升仓储、配送等基本服务能力之外，需围绕跨境出口电商企业的需求，进一步完善各类增值服务，如商务资讯信息服务、海外分销配套服务、贸易壁垒规避服务、以及海外运营公共服务等，从而帮助本地跨境出口电商企业开拓境外市场提供综合配套服务，助推本地企业走出去。

8.2　宁波跨境电商公共海外仓现状概述

公共海外仓建设是中国（宁波）跨境电子商务综合试验区建设的重要内容之一。按照中国（宁波）跨境电子商务综合试验区实施方案，宁波要加快公共海外仓建设，鼓励有条件的跨境电子商务出口企业发展自营海外仓、海外体验店和配送网点，融入境外分销体系，到 2020 年建设期内建成 50 个跨境电子商务公共海外仓。

目前，宁波在 21 个国家建立海外仓近 100 个，覆盖 46 个大城市。宁波公共海外仓建设从国别分布上看,主要集中在美国西海岸和西欧,为33.33%;美国东海岸和中东欧分布其次,分别为22.22%和16.67%;其他地区的宁波海外仓分布相对少。在宁波公共海外仓的主要服务功能中,仓储服务占64.34%,配送占48.72%,分销占27.14%,展示与退换货均占25%,提供知识产权等商务服务占6.09%,流通加工占9.82%。目前宁波市海外仓大多以租用为主,自建仓的占比相对较少[7-8]。

为了推进宁波跨境电商综试区建设,进一步推动外贸升级和企业转型,宁波市出台了《关于开展跨境电商标杆企业、优秀海外仓评选以及跨境电商物流园区评定的通知》等文件,共评选出10家优秀的海外仓服务企业,如表8-2所示。

表 8-2 宁波市优秀海外仓服务企业

序号	公司名称	海外仓位置
1	遨森电子商务股份有限公司	美国,3268 Democrat Road, Memphis, TN 38118
2	宁波豪雅进出口集团有限公司	美国,加州杨树大道 11250 号
3	宁波网优达供应链管理有限公司	美国,North Brunswick. NJ 08902
4	宁波发现物流国际有限公司	美国,970E 236th street,Carson, CA 90745
5	宁波美航物流有限公司	美国,4411 Schaefer Ave. , Chino, CA 91710
6	乐歌人体工学科技股份有限公司	美国,6475 LAS POSITAS RD, LIVERMORE, CA 94551
7	宁波众心电子科技有限公司	澳大利亚,32 Drake Blvd Altona Vic 3018
8	宁波捷时进出口有限公司	英国,欧洲公园,蓝牙路 12 单元
9	宁波派瑞特户外用品有限公司	美国,1351 Doubleday Ave Ontario CA 91761
10	宁波佳信旅游用品集团有限公司	美国, 5576A Onfario Mills Pkwy, Onfario CA 91764

资料来源:中国(宁波)跨境电子商务综合试验区网站。

8.3　宁波跨境电商公共海外仓发展现状分析

　　2016 年,国务院常务会议决定设立中国(宁波)跨境电子商务综合试验区(以下简称宁波跨境电商综试区),积极落实国务院及中央部委、浙江省与宁波市委市政府关于建设海外仓的若干指示精神要求,服务好宁波跨境电商产业与企业,成为宁波跨境电商综试区的工作重点。

　　为更好地落实浙江省商务厅关于海外仓建设的三年行动计划及宁波跨境电商综试区实施方案,推进宁波跨境电商海外仓建设,切实发挥公共海外仓在宁波跨境电商综试区中的功能和作用,推动宁波跨境出口电子商务快速有序发展,助推"宁波制造"走向全球市场,课题组通过访谈和问卷相结合的方式对当前跨境出口电商公共海外仓的发展现状进行了系统的调研,其中,对政府主管部门和行业协会以访谈为主,对跨境出口电商企业和第三方物流企业以问卷为主、访谈为辅的方式进行了调研。针对跨境出口电商企业,课题组先后走访了中基、广博、萌恒等跨境出口电商企业,发放问卷 100份,回收 87 份,其中有效调查问卷 73 份。下面分别对调研的结果进行分析。

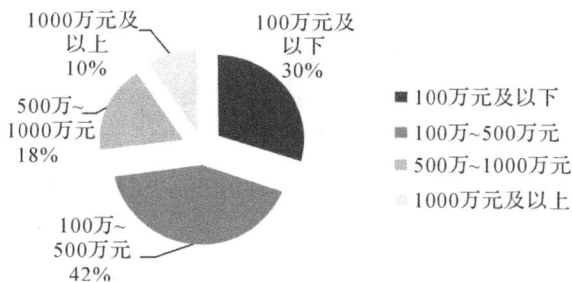

图 8-1　调研对象企业规模

　　在接受调研的跨境出口电商企业中,注册资本在 100 万元及以下的企业占 30%,100 万～500 万元的企业占 42%,500 万～1000 万元的企业占18%,1000 万元以上的企业占 10%,其中国有企业占 4%,民营企业占 80%,外商独资企业占 11%,中外合资企业占 1%。从上面的数据可以看出,调查对象的主体为从事跨境出口业务的中型及小型民营跨境出口电商企业。

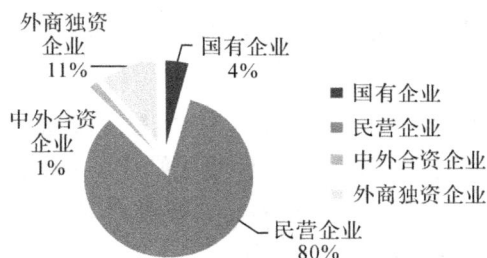

图 8-2　调研对象企业类别

（1）跨境出口电商企业出口商品类别分析

目前，跨境出口电商企业通过跨境电商平台出口的产品主要是小家电、办公用品、纺织服装、户外用品和电子产品等宁波传统优势产品，与宁波传统产业的契合度较大，但智能家电、关键零部件、装备产品等新兴产业的产品较少，具体如图 8-3 所示。

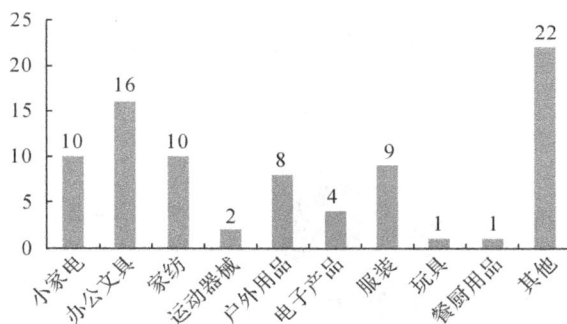

图 8-3　跨境出口电商企业出口商品类别

（2）2018 年跨境出口电商规模分析

在被调查的从事跨境出口电子商务的企业中，年销售额 500 万美元以上的企业在一半以上，其中 200 万美元及以下的企业占 30%，200 万～500 万美元的企业占 24%，年销售额在 5000 万美元以上的企业仅占 10%，其中在 1 亿美元以上的企业仅占 3%。总体来讲，跨境出口电商商品的单价较小，跨境电商出口市场提升空间较大。

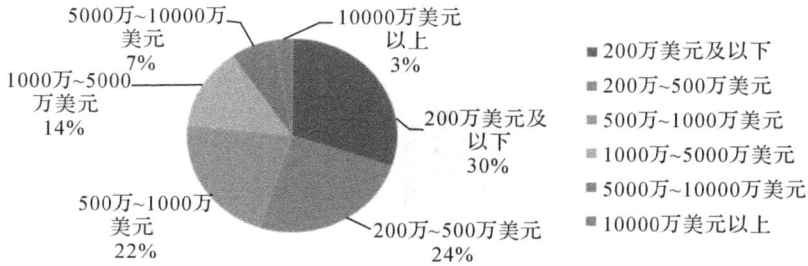

图 8-4　2018 年跨境出口电商规模

（3）主要跨境出口电商平台

目前，宁波跨境出口电商所采用的平台主要基于主流的跨境出口电商平台，如阿里速卖通、亚马逊、Ebay 及 Wish 平台。近年来，宁波引入与亚马逊、eBay 的战略合作，如亚马逊全球开店"宁波跨境电商园"的启动、eBay 与宁波跨境电商综合试验区战略合作建立跨境 B2C 产业圈等，亚马逊和 eBay 已经成为宁波跨境出口电商企业开展业务的首选平台。另外也有部分跨境出口电商企业选择自建平台、在敦煌网及境外区域性电商平台（如新蛋网、Argos 等）开展跨境电商业务，详见图 8-5。

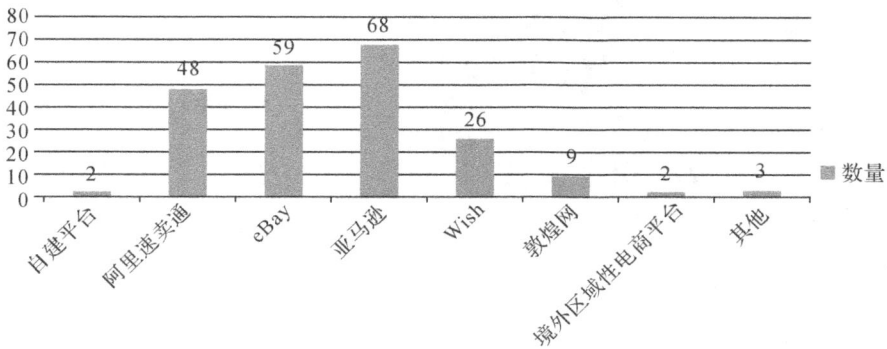

图 8-5　使用的主要跨境出口电商平台

（4）跨境出口物流模式及物流服务商类型分析

跨境物流是跨境电商业务发展的重要支撑，是跨境出口电商产业链的重要组成。从调查来看，通过海外仓海外备货占比 23%，其他则通过直邮或委托外贸综合服务平台、第三方代运营等方式,如图8-6所示。

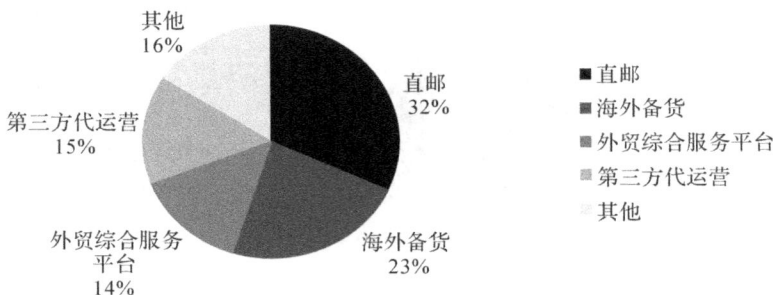

图 8-6　主要跨境物流模式

在跨境物流服务商选择方面,32%的企业选择 UPS 等境外物流企业,26%的企业选择邮政及万国邮联,19%的企业选择通过世贸通等综合服务商,11%的企业选择顺丰等国内快递企业,5%的企业选择航运物流企业,而7%的跨境电商企业选择其他方式,如图8-7所示。

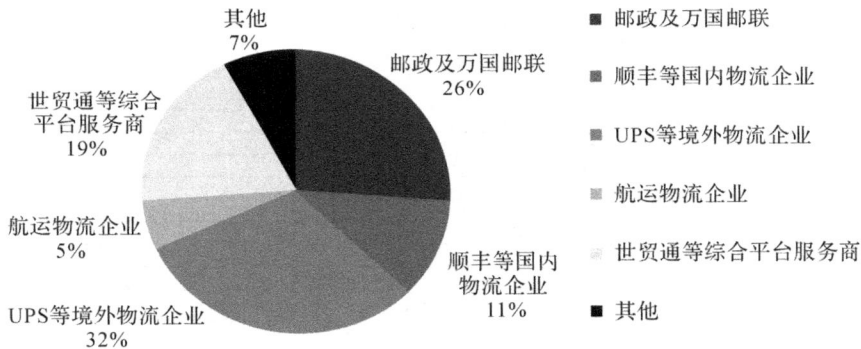

图 8-7　主要物流服务商类型

(5)跨境出口电商企业使用海外仓的方式

随着宁波跨境电商交易量的扩大,以国际快递、邮政小包为代表传统的跨境电商物流模式已经很难支撑企业开展业务的需求,依托海外仓发展跨境电商备货、仓储、配送等服务开始成为宁波跨境电商的发展趋势。从调查数据来看,已经有超过50%的企业开始使用海外仓开展跨境电商业务(如图8-8)。其中,企业自建的海外仓占比25%,主要是从事传统外贸业务的企业向跨境出口电商的转型企业,这些企业对布局海外仓的意愿总体较强。租赁的海外仓占比 57%,以新兴的跨境电商企业为主。合作建仓的占比 12%(如图 8-9 所示)。

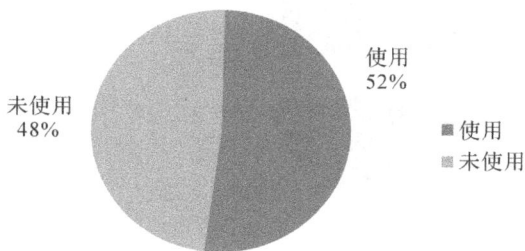

图 8-8　海外仓使用情况

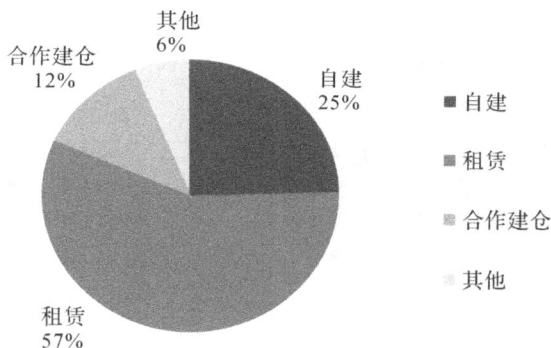

图 8-9　海外仓建设情况

(6)海外仓启用时间

从调查数据来看,60%以上的跨境电商企业近三年才开始启用海外仓业务,其中 2018 年开始启用的企业占 45%。26%的企业在建设中,只有 11%的企业启用海外仓的时间超过 4 年,基本上是从事传统外贸向跨境电商转型的外贸企业。

(7)使用的海外仓面积

从调查的数据来看,企业使用的面积普遍较小,其中 1000 平方米及以下占了 82%,使用超过 5000 平方米的仅占 5%,海外仓当前主要还是作为一种补充的跨境物流方案,如图 8-11 所示。

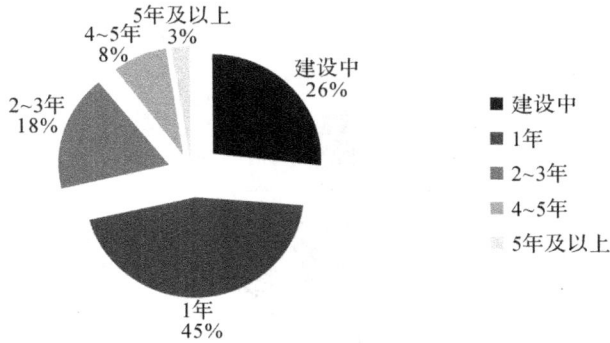

图 8-10　使用海外仓的时间分析

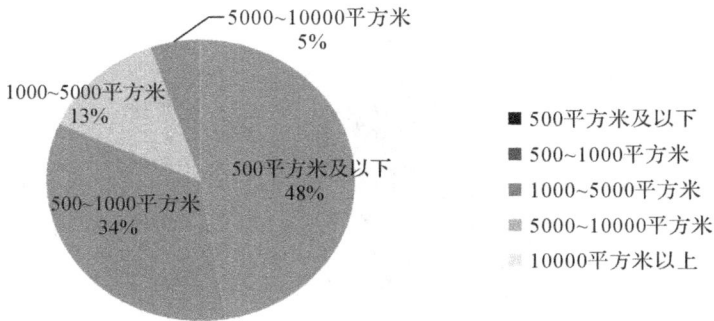

图 8-11　海外仓使用面积分析

（8）海外仓的主要分布地区

近年来,宁波海外仓布局呈现明显加快趋势。通过调研发现,已建成、建设中的海外仓覆盖了全球主要国家和区域,从国别分布来看,宁波海外仓主要布局在市场和分销体系相对成熟的地区,其中美国西海岸、美国东海岸、西欧排在前列,其次是澳大利亚、中东欧等地区,其他区域相对较少,具体如图 8-12 所示。海外仓的区域分布与宁波出口产品市场区域特征基本匹配。

（9）使用的海外仓选址的区位特征

从地理位置看,宁波海外仓的区位选择主要靠近港口等交通便利或靠近消费者的区域,具体分布见图 8-13。从调查数据可以看出,海外仓分布

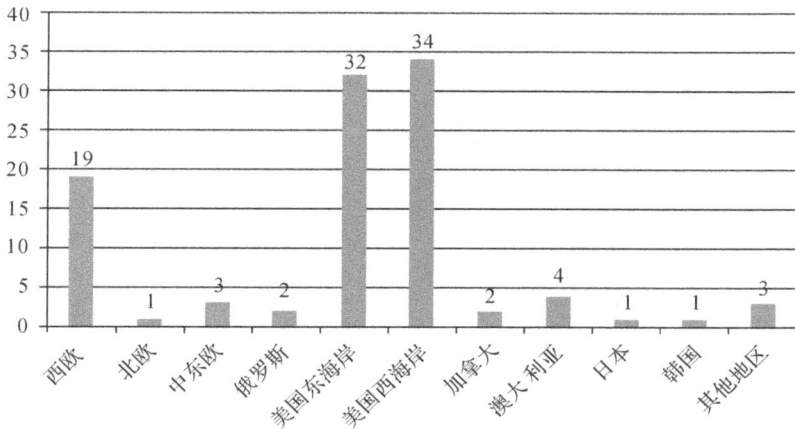

图 8-12　海外仓的主要分布地区分析

在港口周边、城区和机场周边的最多,分别占 30%、27% 和 22%,而分布在高速公路周边、铁路周边及其他区域较少,合计占比 10%。

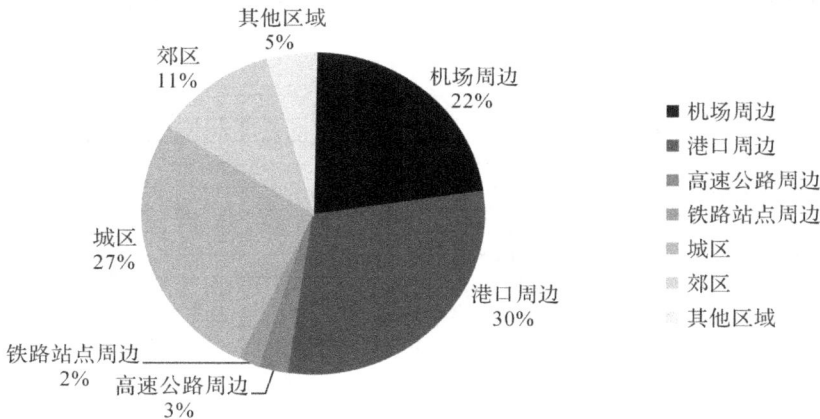

图 8-13　海外仓选址的特征分析

(10)企业使用的海外仓可对外出租的面积比例

目前,在接受调查企业中,已建好的海外仓以自用为主,建设自用不出租的企业占 84%,16% 的企业可以部分出租,但出租部分占比较少,如图 8-14 所示。但从趋势来看,一些企业开始在探索将多余的仓库向第三方开放以降低企业海外仓总体运作成本和尝试新的增值服务。

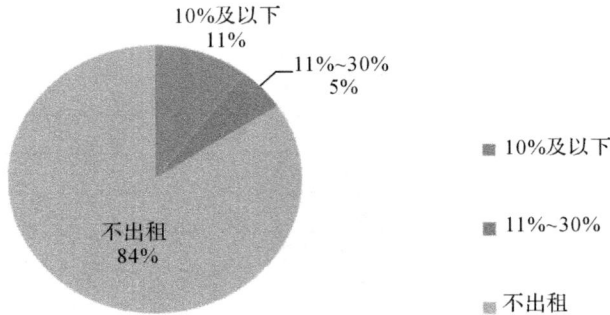

图 8-14　海外仓使用的公共属性分析

(11)目前使用的海外仓的主要服务功能

宁波海外仓的功能在不断拓展,尤其是在欧美、澳大利亚等运作相对成熟的区域,基础仓储、配送以外的增值服务在不断拓展,但总体而言,还是以传统的仓储和配送为主。从调查数据来看,仓储和配送业务占比最多,其次是流通加工和退换货服务,而产品展示、分销服务、知识产权及法律服务等增值服务较少涉及。

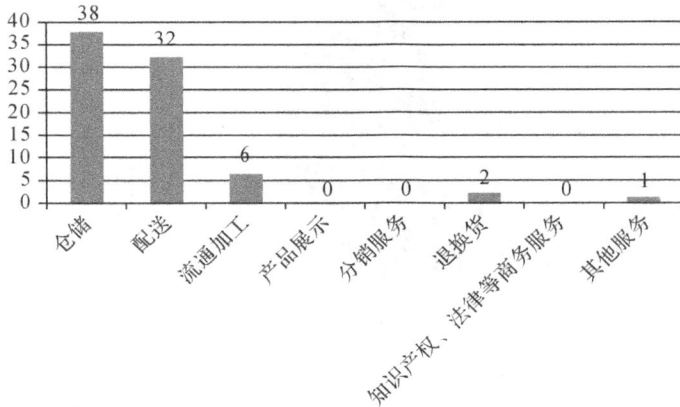

图 8-15　使用的海外仓的主要服务功能

(12)海外仓管理模式

受到跨国文化交流及管理方式等原因,海外仓管理模式比较复杂,各企业采用的方式差异也较大。从问卷数据可以看出,委托第三方管理占比

42%，企业外派占比 27%，其他方式占比 26%，聘请当地运营团队和派职业经理人到当地组建团队占比较少，两者合起来仅占比 5%，这也反映了跨文化和理念的管理难度较大。

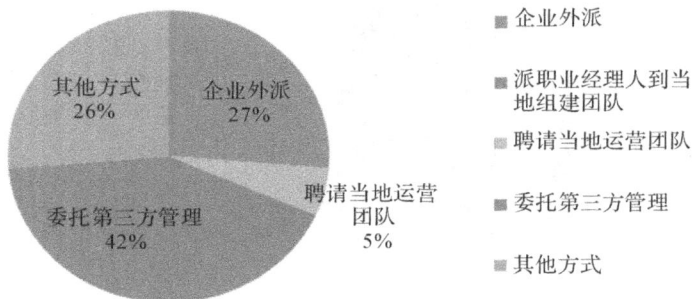

图 8-16　目前使用的海外仓管理模式分析

（13）海外仓信息系统建设方式及互联互通情况

跨境电商企业在推进海外仓服务的过程中应重视海外仓信息系统的建设，但建设和应用方式有较大差别，具体如图 8-17 所示，其中，21% 的企业采用自建信息系统，29% 的企业采用跨境电商平台提供的信息系统，26% 的企业采用第三方五路服务商提供的信息平台，而 21% 的企业采用外贸综合服务平台提供的信息系统，跨境电商企业海外仓信息系统的应用方式与其所采用的海外仓服务相关。

在海外仓服务中采用信息新系统的企业中，有 43% 的海外仓信息系统与企业内部信息系统之间实现互联互通，27% 的海外仓信息系统与境外配送企业的信息系统互联，14% 的海外仓信息系统与跨境物流企业信息系统互联，分别有 5% 和 2% 的海外仓信息系统与宁波跨境电商综试区单一窗口及与境外口岸信息系统互联，如图 8-18 所示。这表明跨境电商企业的海外仓信息系统建设水平在逐步提升，而且企业越来越意识到信息系统互联互通的重要性。

（14）跨境出口企业对公共海外仓需求及希望公共海外仓提供的服务

随着宁波跨境出口电商的发展，越来越多的跨境电商企业意识到公共海外仓服务对促进业务发展的重要性。调查数据显示，63% 的跨境出口电商企业对公共海外仓需求非常迫切，29% 的企业对公共海外仓需求迫切，只有 1% 的企业表示无明确需求，具体如图 8-19 所示。同时，跨境出口企业对

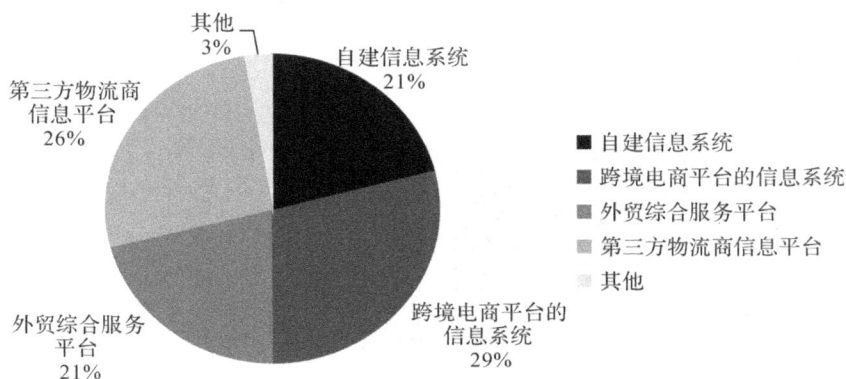

图 8-17　海外仓信息系统建设方式分析

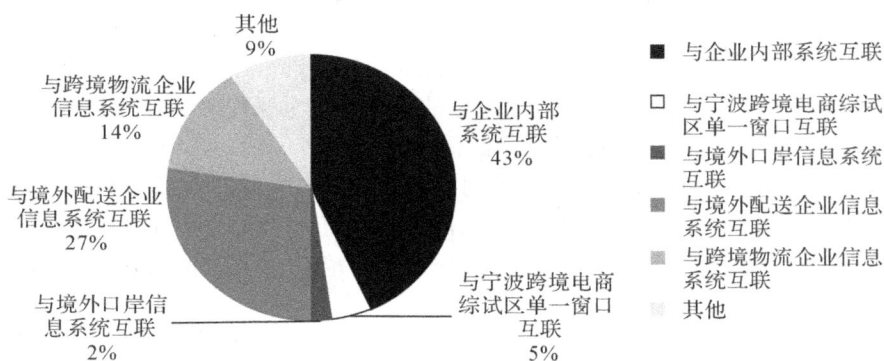

图 8-18　海外仓信息系统互联互通情况分析

公共海外仓的服务除了传统的仓储和配送之外，对产品展示、分销服务、退换货、知识产权及法律服务、流通加工等增值服务需求不断上升，具体如图 8-20 所示。

(15)对公共海外仓重点布局区域的建议

宁波跨境电商企业对公共海外仓的布局区域除了美国东海岸、美国西海岸、西欧、澳大利亚等重点区域需求迫切外，随着国家"一带一路"及宁波中东欧"17＋1"试验区的不断推进，对"一带一路"沿线国家及中东欧国家布局公共海外仓也表达了较大的需求，具体如图 8-21 所示。

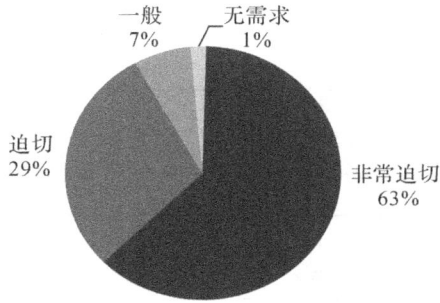

图 8-19 公共海外仓需求迫切性分析

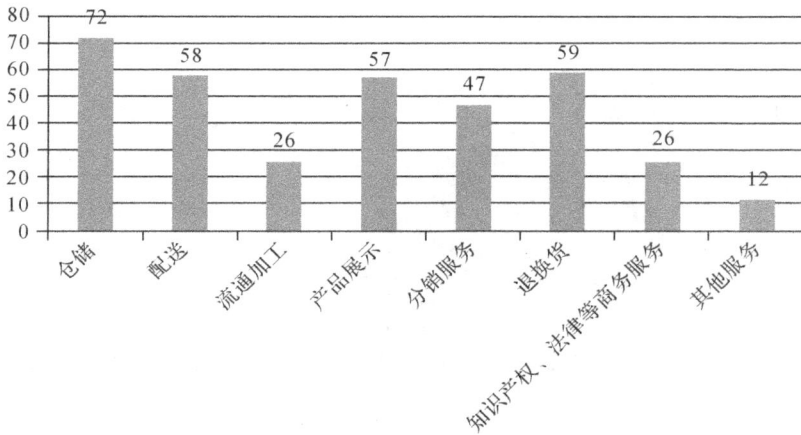

图 8-20 公共海外仓功能服务需求分析

（16）公共海外仓建设运营主体的建议

调查数据显示，对于公共海外仓建设运营主体的建议，34％的跨境出口电商企业认为跨境电商物流服务商比较适合，25％的企业认为由跨境电商平台来建设运营比较合适，另外有 15％和 16％的企业分别认为应由外贸综合服务平台和外贸龙头企业来建设运作，其他主体则较少，如图 8-22 所示。从跨境出口电商企业的需求和建议来看，由跨境电商产业链中的某一主体延伸其业务来建设和运营公共海外仓的接受度较高，行业经验重要性可见一斑。

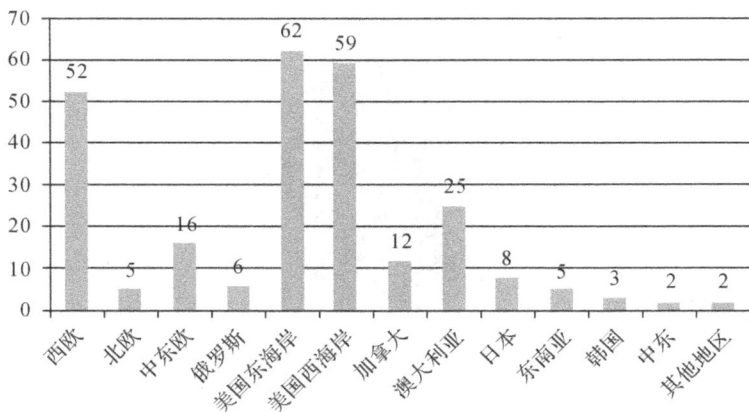

图 8-21　公共海外布局需求分析

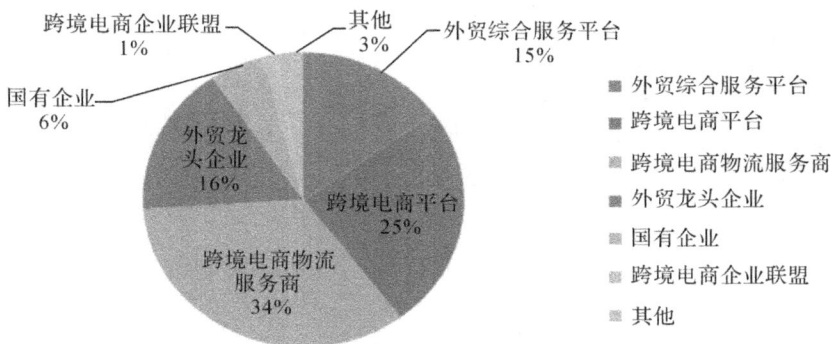

图 8-22　公共海外仓建设运营主体的建议

8.4　宁波跨境电商公共海外仓存在问题分析

通过访谈和调查问卷可以看出,公共海外仓作为创新的跨境物流服务模式已经引起了政府主管部门及行业企业的高度重视,但是作为"互联网＋外贸"新经济环境及新技术环境下的新生事物,目前发展还处于起步摸索阶段。不管是政府主管部门、跨境电商平台、跨境物流企业及直接从事交易的跨境出口电商企业,对公共海外仓的建设、运营及管理都还存在不少问题,有待在推进过程中解决。

（1）顶层设计有待完善，政府推动公共海外仓发展力度有待加强。

浙江省先后于 2014 年出台了《浙江省商务厅 浙江省财政厅关于开展省级跨境电商公共海外仓建设试点工作的通知》，2015 年初出台了《浙江省跨境电子商务发展三年行动计划（2015-2017）》，把公共海外仓建设作为推进跨境出口电子商务发展的重点工作。与杭州、金华、温州等城市相比，宁波市海外仓发展整体水平落后。同时，宁波公共海外仓发展标准制定相对滞后，主要表现在缺乏一套完整的公共海外仓信息系统标准体系，无法有效地与宁波"单一窗口"、当地海关及海外分销的信息系统进行无缝对接；在甬高校及培训机构尚未形成一套完整的海外仓建设人才标准化培养和培训体系，各层次跨境电商人才比较缺乏。

（2）规模普遍偏小，公共属性不明显，建设和运营资金、费用压力大。

从调研的情况来看，目前宁波建成的海外仓除少数大型集团建成"一司多仓"外，主要以"一司一仓"为主，而且规模普遍偏小且以满足自身业务为主，很少对外提供服务。海外仓的建设是重资产投入，包括租赁海外仓库的租金、人力、系统等多项投入，在欧美国家的建仓成本远高于国内。另外，海外仓库存占用大量的流动资金，据乐歌集团给出的估计数据，一般海外仓库存资金是月销售额的 2.5 倍，如果产品预测失准、滞销和各种意外情况出现则会占用更多的流动资金，企业面临较大的流动资金和库存压力。

（3）服务单一，市场开拓难度大。

根据调研，目前宁波建成的海外仓绝大部分信息化程度比较低，仅提供单一的仓储服务，没有形成与物流、跨境电商平台等环节的有效衔接，缺乏提供清关、仓库管理、订单处理、配送、售后服务、品牌展示等服务的能力，市场分析、法律援助、知识产权保护、代运营、担保、质押贷款等综合配套服务能力较弱。同时，普遍缺乏具有丰富经验的本地化运营团队，无法为跨境电商企业解决在跨国销售后通过本地仓储配送过程中产生的法律、税务、退货等问题，与亚马逊等国际巨头及国内专业的海外仓服务提供商（如万邑通、出口易、飞鸟等）相比缺乏足够的竞争力，非正规海外仓之间的价格竞争也使海外仓市场开拓的难度加大，运营亏损压力大。另外，宁波公共海外仓供需机制不完善，无法实现公共海外仓的供需信息发布、交易撮合、信用评估、服务推介等基础服务，导致公共海外仓服务运营商开展市场难度较大。

（4）公共海外仓建设尚未形成合力，服务体系尚不健全。

从调研结果来看，当前宁波公共海外仓建设各自为战、重复建设现象明显。从建设层面来看，各级政府、各企业在公共海外仓建设方面存在不同程度的重复建设现象；从公共海外仓运营层面来看，不同主体建设的公共海外仓基本上也是各自为政，相互之间业务协同难度较大，而且存在无序竞争现象；另外，大部分企业建设的公共海外仓信息化程度较低，信息孤岛现象严重，无法有效地将海外仓建设、运营的信息进行整合优化。同时，公共海外仓服务体系尚不健全，尤其公共海外仓的建设运营刚出于发展初期，大多数公共海外仓还未建立认定标准、监督、管理、评价、信用等系统化的管理运作机制，无法为宁波中小跨境电商企业提供可靠、优质的公共海外仓服务。

（5）海外仓建设面临海外政治、经济、法律法规及文化等影响的风险。

海外仓作为独立的实体在海外开展本土化的运营，受到所在国的贸易政策、经济环境、文化及法律法规的影响。对宁波跨境电商企业来讲，基于海外仓的跨境电商模式面临知识产权的压力。海外电子商务发达和适合发展电子商务的国家一般是发达国家，十分重视知识产权。国外同类型企业处于自身利益保护，一般会对来自中国的产品进行知识产权围剿。目前宁波大部分的工厂缺少强大的研发团队，更缺少专业的法务律师团队，知识产权的意识也十分薄弱。一旦有涉及知识产权问题，海外电商平台对于专利知识产权纠纷第一反应就是责令产品下架，严重时甚至封店。对于从事出口跨境电商企业的风险是产品下架直接变成库存，造成资金无法周转，而且可能引发专利官司。另外也面临海外法律法规风险，如海外仓聘请当地用工，对于国外劳动法不了解，不正当的辞退或问及到个人隐私等问题，企业非常有可能面临高额的诉讼。

8.5　宁波跨境出口电商公共海外仓建设路径

建设公共海外仓为宁波跨境出口电商企业提供新的跨境物流服务解决方案有助于推动宁波跨境电子商务跨越式发展，从而带动宁波制造业和外贸业的发展。在推动跨境电商公共海外仓的发展过程中，政府应发挥好引导作用，用政策、标准规范公共海外仓的建设和运营。首先，公共海外仓的建设要遵循需求驱动，制定科学合理的政策及规范。要充分发挥市场需求在公共海外仓建设过程中的主导作用,同时,充分发挥政府在政策制定、资金扶持及公共海外仓布局等方面的引导性作用,逐步形成可复制、可推广的公共海外仓建设与认定标准。其次,推动公共海外仓的合理布局,在新兴信息技术的支撑下高质量发展。政府主管部门应根据宁波跨境出口电商海外渠道拓展的实际情况,积极引导各类市场主体在海外精准布局公共海外仓,推动自营海外仓与公共海外仓协同发展。同时,引导公共海外仓建设主体通过应用互联网、大数据、人工智能、区块链等新兴信息技术,建设境内外互联互通的全球分销网络,助推宁波制造的国际市场竞争力提升。最后,推动公共海外仓服务创新和规范化发展。政府主管部门要引导和支持公共海外仓建设及运营主体推进信息平台建设,通过建设完善的公共海外仓信息平台,实现与"单一窗口"、跨境电商交易平台、境内外物流服务平台的互联互通和信息共享,在提升海外仓基础服务的同时不断创新和扩展品牌展示、售后服务等增值服务。同时,进一步完善公共海外仓发展所需要的税务、法律服务、知识产权保护、劳务派遣等服务,促进公共海外仓健康规范发展。

公共海外仓不等于在海外建个仓库,它应该是一个完整的海外贸易体系,包含物流、财务、税收、单证、品牌展示、售后服务等各个方面,为跨境电商提供系统、专业的支持,是一个需要专业团队运营的海外综合运营的实体。结合宁波跨境电商公共海外仓当前的发展现状及公共海外仓建设和运营存在的潜在风险,宁波推进跨境电商公共海外仓建设可采用如下的途径。

(1)宁波企业现有自用海外仓的开放与功能拓展。为了更好地拓展海外市场,宁波传统的外贸龙头企业(如中基宁波集团股份有限公司等)基于自身外贸业务的需求在美国东西岸、欧洲、英国、澳大利亚、巴西等地均有海外仓资源,但目前主要以服务自身业务为主,服务功能相对单一。这些自用的海外仓资源可以通过开放运营和提供更多的增值服务为宁波的跨境电商提供服务。这种模式基于已有的海外仓运作经验可以规避新建海外仓可能存在的风险,同时本地的信誉保障有利于开展宁波跨境电商客户的市场开拓。

(2)宁波航运企业延伸产业链,建设和运营公共海外仓。公共海外仓是全球供应链的重要节点,鼓励宁波本地龙头港口、航运企业,如宁波舟山港集团、宁波海运集团等延伸产业链,依托其雄厚的资本实力、人力资源及跨国业务运作经验建设和运营公共海外仓,使海外仓业务与现有的货代、海运等业务有效衔接,将海外仓的建设和运营作为企业国际化战略的重要组成部分。

（3）携手海外宁波帮共建公共海外仓。海外宁波帮是宁波企业"走出去"战略可以依托的重要力量,宁波帮遍布全球,海外宁波帮熟悉当地的法律、文化和经济环境,语言交流没有障碍,运营海外仓具有得天独厚的便利和优势。近年来海外宁波帮回国投资踊跃,对国内的商业机会具有较高的敏感度,跨境电商及海外仓已经引起了他们的高度关注,同时,由于家乡情结使其对与本地企业的合作具有较强的认同感,与海外宁波帮携手共建公共海外仓是宁波建设公共海外仓的一条可行的途径。

（4）政、企、园区联动,PPP模式建设公共海外仓。公共海外仓是宁波跨境电商发展的重要商业公共基础设施,为有效促进宁波跨境电商的发展,地方政府、跨境电商企业、跨境物流企业和跨境电商园区可以通过合同契约形成伙伴关系,采用PPP模式对海外重点市场合作共建海外仓,通过充分发挥政府和园区的引领和监管作用以及企业的主导作用,各方利益共享和风险分担,合力助推海外仓建设。

（5）利用第三方的海外仓资源开展跨境电商业务。坚持"不求所有,但求所用"的原则,结合宁波跨境电商企业海外仓服务的需求,与国外巨头(如亚马逊的FBA)、国内专业的公共海外仓服务提供商(如万邑通等)、有海外资源的国内外大型企业及其他跨境电商综试区共享共用海外仓资源,依托其专业的服务开展海外分销业务,提升海外市场品牌推广、市场运营、物流配送、客户管理、商品售后等服务功能。

8.6 宁波推进跨境电商公共海外仓建设的政策建议

（1）做好顶层设计,高起点制定公共海外仓建设的规范与标准。一是建立和完善公共海外仓建设领导组织和协调机构。由市商务委牵头成立公共海外仓建设领导小组,总体负责公共海外仓建设的政策制定及产业扶持等工作,并协同口岸办、发改委、经信局、海关、税务、邮政、交通等职能部门协调公共海外仓建设和运营过程中涉及的商务、报关报检、信息化建设、保税及物流等事务。二是在对接国家、浙江省培育和推进公共海外仓建设规范及吸纳杭州综试区经验的基础上,结合宁波的产业结构和跨境电商的特点,高起点出台宁波培育和认定公共海外仓的办法,从建设主体的资质、海外仓面积、服务规范、信息系统、运营团队等方面制定相关的规范和标准。三是加快制定促进公共海外仓发展的系列政策,以 eWTP 建设为契机,加快建立健全公共海外仓的双边和多边协调体系,加强与宁波海外仓集群所在国的双边和多边合作,开展多层次、多渠道沟通磋商,通过政策引导和资金补助建设一批示范性公共海外仓样板。

(2)针对性地实施公共海外仓培育工程,做好项目推进。一是开展跨境电商市级公共海外仓培育工程,鼓励支持企业通过自建、租用、合作等方式在我市的主要出口国家(欧盟、美国和东盟)、"一带一路"沿线重点国家及印度、伊朗、阿联酋和墨西哥等新兴市场建设跨境电商公共海外仓,积极推进和完善跨境电商出口 B2B2C 供应链体系。推动"宁波制造"建立境外自主营销体系和零售体系,提升"宁波制造"在国际市场的定价话语权。二是培育多种类型的公共海外仓市场主体。引进全球具有公共海外仓资源的大型企业在宁波设立总部或区域总部,鼓励央企和上市公司直接参与公共海外仓的建设,鼓励外贸综合服务平台、跨境电商平台等主体,以海外仓增值服务为切入点,围绕跨境出口电商产业链发展面向全产业链整合和一站式服务的专业化公共海外仓服务商。三是促进宁波本土物流企业、外贸龙头企业、跨境出口电商企业及跨境出口电商园区等多种类型市场主体参与公共海外仓建设,推动跨境电商海外仓示范企业建设。

(3)出台鼓励宁波本土企业开展公共海外仓建设和运营的补贴政策。一是设立财政专项资金对宁波本土企业开展公共海外仓建设和运营进行补助,包括对设立海外仓的企业三年租金和运营补助,对跨境电子商务企业专利申请、专利维权、抵御专利围剿的补助,对投保海外产品质量险、责任险、召回险进行补助以及跨境电商人才补助等。通过财政资金补助鼓励宁波本土企业走出去开展公共海外仓的建设和运营服务。二是引导金融机构支持公共海外仓建设和运营。对公共海外仓建设所需设备、技术和软件提供融资支持,鼓励政策性银行、商业银行和其他金融机构对公共海外仓建设和运营企业提供金融服务。鼓励公共海外仓企业到境内外证券市场、股权市场挂牌融资,按市场化方式设立投融资平台、产业投资基金和产业投资基金。建立健全公共海外仓风险担保体系、中小企业融资担保体系,鼓励海外仓建设风险投资的发展。

(4)完善公共海外仓建设的配套服务,做好服务支撑。一是以宁波跨境电商综试区建设为依托,在通关、检验检疫、税收、商品质量监管和金融等方面探索创新跨境电商监管和服务机制。为企业走出去建设和运营公共海外仓提供各种服务,如组织和落实各项海外关于消费者权益、劳动法、税法等法律法规的培训。二是组织企业对接 Amazon、eBay、速卖通等平台的运营高层,通过企业和平台运营商的接洽,促进企业在平台运营中获得更多的资源;提供海外法律援助,通过设立与政府战略合作的专业专利事务所和法律事务所,为公共海外仓运营公司提供法律服务等。三是做好公共海外仓人才服务。依托"3315 计划"及泛"3315"计划吸引国内外与海外仓建设和运营相关的创新创业项目和团队,支持宁波公共海外仓的建设和运营。依托宁波跨境电子商务学院,加大与海内外各类院校的合作办学,建立一批服务于海外仓建设与运营的小语种人才培养基地,鼓励宁波的高校与园区和企业开展合作,加强公共海外仓职业教育培训,建设海外仓人才实训基地,为宁波公共海外仓建设和运营提供人才支撑。

8.7　本章小结

本章首先在分析国内典型城市跨境电商公共海外仓建设的相关政策及建设发展情况的基础上,通过问卷和实地调研的方式对宁波跨境电商公共海外仓发展现状及存在的问题进行了分析,并基于宁波跨境电商公共海外仓的发展实际,从宁波企业现有自用海外仓的开放与功能拓展,宁波航运企业延伸产业链建设和运营公共海外仓,携手海外宁波帮共建公共海外仓,政、企、园区联动,以 PPP 模式建设公共海外仓,利用第三方的海外仓资源开展跨境电商业务等方面分析了宁波跨境电商公共海外仓的建设路径。最后,从做好顶层设计、高起点制定公共海外仓建设的规范与标准,针对性地实施公共海外仓培育工程,出台鼓励宁波本土企业开展公共海外仓建设和运营的补贴政策,完善公共海外仓建设的配套服务、做好服务支撑等四个方面提出了宁波推进跨境电商公共海外仓建设的政策建议。

8.8　本章主要参考文献

[1] 孙韬.跨境电商与国际物流机遇、模式及运作[M].北京:电子工业

出版社,2017.

[2] 孙韬,胡丕辉.跨境物流及海外仓市场、运营与科技[M].北京:电子工业出版社,2020.

[3] 潘意志.海外仓建设与跨境电商物流新模式探索[J].物流技术与应用,2015(9):130-133.

[4] 牟娟娟.中国跨境电商企业海外仓模式选择研究[D].兰州:兰州财经大学,2018.

[5] 蒋礼.我国跨境电子商务海外仓模式选择的策略研究[D].长沙:湖南大学,2018.

[6] 李肖钢,王琦峰.基于公共海外仓的跨境电商物流产业链共生耦合模式与机制[J].中国流通经济,2018,32(9):41-48.

[7] 张慧,楼百均.宁波市跨境电商物流海外仓模式分析[J].中国市场,2019(6):166-167.

[8] 袁娅娅."一带一路"背景下宁波海外仓建设及推进策略研究[J].科技视界,2018(10):87-91.